以悟为径
润泽生命

孟庆阳◎编著

小学数学润悟教学的探索与实践

南开大学出版社　天津社会科学院出版社

图书在版编目（CIP）数据

以悟为径 润泽生命：小学数学润悟教学的探索与
实践 / 孟庆阳编著. -- 天津：南开大学出版社：天津
社会科学院出版社，2022.12
ISBN 978-7-310-06338-3

Ⅰ. ①以… Ⅱ. ①孟… Ⅲ. ①小学数学课－教学研究
Ⅳ. ①G623.502

中国版本图书馆 CIP 数据核字(2022)第 220021 号

以悟为径　润泽生命
小学数学润悟教学的探索与实践
YI WU WEI JING　RUNZE SHENGMING
XIAOXUE SHUXUE RUN WU JIAOXUE DE TANSUO YU SHIJIAN

南阔大學出版社
天津社会科学院出版社　出版发行

出版人：陈　敬
地址：天津市南开区卫津路94号　邮政编码：300071
营销部电话：(022)23508339　营销部传真：(022)23508542
https://nkup.nankai.edu.cn

英格拉姆印刷(固安)有限公司　全国各地新华书店经销
2022年12月第1版　2022年12月第1次印刷
787毫米×1092毫米　16开本　19.5印张　250千字
定价：78.00元

如遇图书印装质量问题，请与本社营销部联系调换，电话（022）23508339

序
我和我的数学育人梦

时光荏苒,转眼已经工作二十余载。1999 年毕业后,我阴差阳错地被分配到蓟县(现蓟州区)第六小学工作。其实当一名老师并不是我最初的理想,对于当好一个老师我自然没有什么概念。二十几年来,每次回家母亲都反复叮嘱我:"每个家长都希望自己的孩子遇到一个好老师,你要好好教人家的孩子……"这么多年来,我在母亲的叮嘱中不断地体味着教师的责任。

在我刚踏上三尺讲台时,我觉得教师的责任是教会学生做题,帮他们取得好成绩,让学生高兴、家长满意;当我从教三年时,我希望自己能够教会学生学习的方法,让他们学得轻松一些,考试的时候能用上我的"独门绝技",一个好老师有责任帮助学生把取得让好成绩变成一件轻松的事情;当我从教八年以后,我觉得一个好老师应该帮学生爱上数学;而当我从教十年后,我希望通过自己的课堂,带给学生的一种思想,一种对知识和未来的渴望……

一转眼,我做了二十多年的小学教师,常常会被问及:"孟老师,您是教什么的?"起初我总是回答:"我是教数学的。"后来面对这样的问题,我的回答是:"我是数学教师!"这样的回答,在一般人看来好像没有太大的区别,而在我的心中,这却有着不一样的意味。

这几年我一直在追问自己,数学是什么?在世人眼中,数学是基础学科,也是"思想教育的工具";在学生眼中,数学是一门课程;在我们教师的眼中,数学又该是什么呢?我们的教育到底该给学生留下什么?成绩好的学生不一定不能成才,成绩不好的学生也可以成才,那成才的关键是

1

什么？数学在我的眼中，不仅仅是我所教的一门课，它是教育的一部分。我心中对教师的职业追求有三重境界：第一重为"教书"，就是教给学生知识和技能；第二重为"育人"，教师不仅要教给学生知识和技能，还要为学生的发展助力；第三重为"启迪智慧，点化生命"，就是在教书育人的过程中进入学生的灵魂，成为他们的精神支柱！

　　曾和同事聊天时，聊到了教育孩子的方法和认识。我觉得教育要从心开始，从思想入手，从行动中升华。有一次接班后感觉很吃力，同事劝我不要太较真，因为班级间的学生差距太大了。其实我并不那么想，我不是和别人比，我只是希望通过我和孩子们共同的努力，让我的学生都能有长足的进步，都能成为最好的自己。正如我在教师资源中心给县级骨干教师做培训的时候提出的观点那样：我们教给学生的不能仅仅只有知识，还应有一种积淀。成绩的提高只是表象，而学生自身的成长才是最关键的。成长从认识开始，从思想开始。

　　罗尔斯说："信念值多少钱？信念是不值钱的，它有时是一个善意的欺骗，然而你一旦坚持下去，它就会迅速增值。"教育家马卡连柯曾说过："培养人就是培养他们对前途的希望。"有梦的人是幸福的，学生看到希望了，教师就是幸福的，我们教师所能做的就是帮学生点亮心灵之灯，让孩子的求学之路变得温暖又明亮，用我们自己的心灵之灯温暖孩子的心，帮每一个孩子都能看到希望：只要努力，"人皆可以为尧舜"！

　　假使我们从自己熟悉的数学教学中抽身，站在数学教育的高度去审视我们的课堂，我们又会有怎样的发现和感悟呢？也许我们会突然顿悟，传授知识、训练技能、发展思维只是教育的一部分，只是我们育人的手段和途径，我们真正该做的，该达到的境界，恰恰是我们忽视的第三重境界——启迪智慧，点化生命。用数学教育智慧去点亮学生的心灯，照亮他们的人生之路。

　　我觉得，我找到了自己数学课堂教学的方向。

孟庆阳

2021 年 12 月 31 日

目 录

第一编　小学数学"润悟"教学

通过仔细审视、反思数学学习通过课堂教学实现数学育人的现状,以体验教学和感悟教学的有关理论和研究为指导,提出了小学数学"润悟"教学,针对目前教师在日常教学中对"培养和提升学生数学素养,落实立德树人"的不得要领,导致数学课堂教学出现片面强调知识技能习得等现象,从教师的教学实施策略入手,探索"以悟为径,润泽生命"的有效教学解决方案,对转变教师教育观念及教学行为,实现从数学教学到数学教育的转变具有积极的促进作用,让教师在教学实践中有"法"可依。

小学数学"润悟"教学的实践研究依据儿童心理学、认知心理学及《义务教育数学课程标准(2011年版)》,研究探索两个问题:什么是小学数学"润悟"教学? 如何在课堂教学中实施小学数学"润悟"教学? 并对实施"润悟"教学的实践效果进行分析,为日常教学实践中教与学方式的变革提供新的可操作性方案。

"润悟"教学的内涵

一、"润"的界定

"润"乃温润、润泽、细润无声之义。润,从教师的角度讲,既是教师教书育人方式,亦是其目标和方向,即通过教师潜移默化地润泽,润物细无声地引领,自然无痕地点化,使学生感悟思想方法,形成对其数学思考的"培",对情感、态度、价值观的"育"。因此,润从学生的角度讲是在学习之中要达到的通达。

小学数学之"润",即在课堂教学中教师以数学知识为媒介,围绕数学知识本质,营造数学育人氛围,通过启发、点拨、引领实现启迪智慧,点化生命,使数学教育真正达成新的育人方式和目标;同时也是学生通过学习活动达成的在知识、技能、情感、态度、价值观方面的通达。《义务教育数学课程标准(2011 年版)》明确指出：数学是人类文化的重要组成部分，数学素养是现代社会每一个公民应该具备的基本素养。作为促进学生全面发展的重要组成部分，数学教育既要使学生掌握现代生活和学习中所需要的数学知识与技能，更要发挥数学在培养人的思维能力和创新能力方面不可替代的作用。从中我们不难发现数学核心素养不仅包括建立在数学知识、技能习得过程中形成的数学关键能力，还应包括通过数学学习所获得的个体自主发展必备的品格。如，数学特有的理性精神，严谨求实的态度，良好的学习习惯，勇于探索、善于反思、敢于质疑等非智力品格，这些对促进学生全面的、可持续性发展有着积极的作用。但这些又并非是学生仅仅在教师的言传或是说教中就可以习得的，需要在学科教学中润物无声地达成，需要在课堂学习进程中促进，潜移默化地润泽，细润无声地引领，自然无痕地点化。

二、"悟"的界定

"悟"的本义是觉醒、明白。《说文·心部》："悟，觉也。""悟"从心，从吾，它强调是靠自己的本心去领悟、开悟、觉悟。因此，"悟"是人的一种认识转变过程，即由迷惑到清醒、由混沌到清晰、由错误到正确的认识过程。所以，悟是学生在经历、体验、思考、分享中的觉醒过程，是一个同化与顺应的过程，是一个思想试验的过程，是一个将习得的数学概念精致化的过程，是一个探索寻求数学规律、形成数学模式的过程，是学生"学"的途径。

小学数学之"悟"使学生的学习真正发生。《义务教育数学课程标准(2011 年版)》强调："教学活动是师生积极参与、交往互动、共同发展的过程。有效的教学活动是学生学与教师教的统一，让学生能够有足够时空经历自主探究的过程，让学生在充分的时空内经历观察、操作、推理、验证的活动过程。"[①]小学数学"润悟"教学主张的提出是破解"标准化"教

---

① 中华人民共和国教育部. 义务教育数学课程标准(2011 年版)[M]. 北京：北京师范大学出版社，2012：9-15.

育模式,培育良性教育生态的需要,是矫正重"结果"轻"过程"教学弊端的需要。

学习是一个个体行为反省体察的过程。学生以个体的认知方式去独立操作,在操作中有发现、有感悟、有体验,这种体验是引发心智活动在头脑中建立相应认知结构的基础。有了"悟",才有真正的学习,才有实质性学习活动发生;有了"悟",才有我们期待已久的主动学习、独立思考、创新活动的发生;有了"悟",才有基本经验的积累,基本数学思想的感悟,才有学生数学核心素养的提升。学生数学核心素养的培养靠的就是学生在数学活动中的积淀与提升,而"悟"正是达成这一目标的途径。

三、小学数学"润悟"教学的内涵

小学数学"润悟"教学,从广义的角度讲,是一种倡导"以悟为径,润泽生命"教学理念,即学生在数学活动中通过自身的"悟",得到智慧的启迪和生命的润泽。从狭义的角度讲,即教师创设"润"境,引导学生在数学活动中通过"悟",在知识、技能、思想、方法、情感态度、价值观等方面得到发展,进而在课堂上落实立德树人根本任务的教学方法。

小学数学"润悟"教学,以生为本,以悟为径,以育润心,启迪智慧,点化生命,是从数学教学走向数学教育的探索。小学数学"润悟"教学强调教师的"润"与学生"悟"的和谐统一。教师的教以润泽生命为目标,通过构建细润无声的课堂育人环境和课堂学习活动中的启发、引导、点拨,实现对学生潜移默化地润泽,润物细无声式地引领,自然无痕地点化,教师的以润为本,通过以润导悟、以润促悟,实现对学生的"育",让数学教学走向数学教育成为可能。而学生的学以悟为径,因悟得润。学生的学因悟而真正发生,悟作为学生参与学习活动的途径贯穿整个学习活动始终,是学生在自主思考的前提下,在经历、体验、思考、分享中同化与顺应的过程,是一个觉醒、自洽的过程,悟让学生在学习活动的自主性得以充分展现,让学生在课堂学习活动的同时,在知识、技能、思想、方法、情感态度、价值观等方面得到发展,从"知"走向"智",不断提升其核心素养。

"润悟"教学的特征

小学数学"润悟"教学的本质特征是以悟为径,润泽生命。具体而言,小学数学"润悟"教学具有如下三个特征:

一、主导性

小学生受年龄特点和认知规律的限制,加上缺乏正确的判断力,价值观念有待进一步规范,是非完全独立的主体,所以小学数学"润悟"教学,倡导教师的教以润泽生命为目标,在课堂教学中教师创设"润"境,以润导悟、以润促悟,通过规范、指导,给予学生精神的鼓励和情感的支持,引领学生向着健康积极的方向发展,达成对学生全面的"育"。也就是说,在小学数学"润悟"教学中,是以教师的润,帮助学生在经历、体验中内省自悟,发挥其主动性,形成其个体经验,所以在小学数学"润悟"教学中,学生主体地位必须结合教师主导性的积极作用来实现。

二、内省性

感悟是中国传统智慧和思维发展的结晶,小学数学"润悟"教学基于建构主义理论,倡导学生的学习活动应以"悟"为基本途径。在课堂学习的过程中,教师创设"润"境,以润导悟、以润促悟,其目的是给学生提供在经历、体验、思考、分享的过程中,去体悟、感悟、领悟、顿悟的机会,而学生"悟"的过程,则是其利用已有知识和经验不断内省的过程,是学生主动构建新知,形成新的新经验的过程,是学习真正发生的过程。基于已有知识经验的内省,促进了学生不断尝试迁移已有知识经验,实现对知识本质的理解和建构,对数学思想方法的领会,使一次又一次的悟得以延续,实现从"束手无策"到"灵光一闪",再到"豁然开朗",达成其自身核心素养的提升。

三、悟得性

小学数学"润悟"教学的着眼点在于学生,关注点是学生,因悟而有所得,因悟通达,是小学数学"润悟"教学终极追求。悟是理解的开始,学生因为悟实现对知识的理解;实现对知识、方法、思想的融会贯通;实现数学能力的提升、技能的学以致用;实现在情感、态度、价值观层面的意会与豁然,所以悟,是小学数学"润悟"教学的关键所在。

"润悟"教学的理论基础

国内外的文献中,虽然没有直接对小学数学"润悟"教学的论述,但对于与小学数学"润悟"教学相关的体验教学、感悟教学的研究,均为小学数学"润悟"教学研究的理论探索和实践应用提供了借鉴,奠定了小学数学"润悟"教学相关研究的基础。

一、体验教育理论

体验教育理论由美国杜威的经验发展而来,强调学生通过实践与亲身经历获取知识,在我国也备受关注。与体验学习、体验教学、生命体验等相关教育理念得到迅速发展。

小学数学"润悟"教学,认为体验使学生的认知行为及内在的精神世界发生变化,学生的动手尝试、分享交流、辨析比较,不仅是对知识、方法由表及里的体验感受,也是其对数学本质的领悟和其在学校积淀的情感、态度、价值观的升华,进而对生命意义产生顿悟的基础。叶澜教授从生命哲学的角度探讨过课堂教学中情感体验、生命体验的重要意义,认为课堂教学目标不能局限于认识方面的目标,还应关注学生的情感体验,使学生在对外部世界的不断感受、体验、认识、创造的过程中丰富和完善自己的生命世界，从而提升生命的意蕴。① 张楚廷教授也表达了其对体验教育的基本观点：一是体验的生成性，既体验是指认知过程中不断情感融入和态度的生成；二是体验的内化性，这表明人的良好素质，必须通过体验才能达到心灵的深处；三是体验的超越性，体验价值在于使人在必然的行动中超越行动，它不仅能产生观念理念，还能生成情感态度信仰；四是体验的导向性，体验在教学中具有价值导向的作用，因为教学不仅要使学生认识到，更要使学生感受到、体验到。② 可见，体验教育理论能为小学数学"润悟"教学，提供一种程度上的理论支撑。

二、感悟教育理论

小学数学"润悟"教学旨在课堂教学中，探索"以悟为径"，充分发挥学生的主观能动性，通过学生的体悟、感悟、领悟、顿悟让学习真正发生，达到对知识、方法、思想的融会贯通、学以致用，同时在情感、态度、价值观层面达到意会与豁然的学习新范式。体验教学和感悟教学理论，特别是杜尚荣教授的《感悟教学论》为小学数学"润悟"教学的研讨和探索提供了极大的启发，提供了教育学基础。贵州师范大学的杜尚荣教授在《感悟教学论》一书中，强调感悟教学是一种在充分尊重学生个体差异的基础上，围绕某个主题，通过教师的点拨、引导，使学生在悟性思维的作用下，对外来知识与信息进行积极感受与领悟，以求对知识的整体把握与理解的"复合型特殊交往"活动。感悟教学，不仅关注学生如何获取知识，更关注知识对学生的发展意义。③

此外，悟是中国传统智慧和思维发展的结晶，道家著名的代表人物庄子"行不言之教"的教育思想，强调学习者的自觉领悟。老子的哲学思想体系崇尚自然，顺其自然，无为而无不为，大音稀声，大象无形，皆是一种

---

① 刘德华，李勋亮.叶澜基于生命立场的教育思想解读[J].教育科学研究，2011(11)：28-31.

② 吴敏.体验教育模式研究 [D].无锡：江南大学硕士论文，2009：3.

③ 杜尚荣.感悟教学论[M].福州：福建教育出版社，2016：39.

和美的自然朴素,而没有任何人为痕迹的最高的本真境界。① 这为小学数学"润悟"教学试图达到教师以润导悟、以润孕悟,学生以悟为径、因悟得润的教育追求提供了哲学基础。

三、相关概念

（一）"润悟"教学与体验教学

国外体验教学的研究主要源于杜威的经验论,强调教学中学生的亲身感受和体验,强调教学对学生情感层面和精神层面的关注。国内学者认为,体验教学是一种以人的生命发展为依归的教学,它尊重生命、关怀生命、拓展生命、提升生命,蕴含着高度的生命价值与意义。② 体验是体验教学最基本的特征,倡导教学对人之生命的完整性、独特性、生成性、自主性以及人的精神成长和人格健全等方面的关注。③ 在这个意义上说,体验与小学数学"润悟"教学中"润"的终极意义是一致的。可以说体验教学的相关研究为小学数学"润悟"教学的深入探讨提供了坚实的基础。小学数学"润悟"教学追求的是由教师的"润"到学生的"悟"再到学生的"润"的动态过程,而体验贯穿这一过程的始终,学生因悟得润,可以说,这正是其深入体验的结果。

（二）"润悟"教学与感悟教学

从广义上说,感悟教学是一种基于师生悟性参与教学的教学理念。就具体教学而言,感悟教学是一种基于感性认识的意义性创造活动,这个活动是通过师生间的互动交往而得以实现的。④ 洪显利认为:"感悟教学既是一种教学思想、教学精神,也是一种教学方式。"⑤感悟教学强调有感

---

① 李媛.论老子的"无为而无不为"的哲学思想[J].哈尔滨学院学报,2016,37(6):11-15.

② 辛继湘.体验教学研究[M].长沙:湖南大学出版社.2005.

③ 辛继湘.试论体验性教学模式的建构[J].高等教育研究,2005(03):64-68.

④ 杜尚荣.感悟教学论[M].福州:福建教育出版社,2016:53.

⑤ 洪显利.试论感悟式教学的理论基础及其教学实质[J].山东师范大学学报(人文社会科学版),2009,54(05):139-142.

而悟，而小学数学"润悟"教学，认为学生的"悟"是在"行"中产生的，即在学生动手尝试、分享讨论、质疑思辨、应用反思的过程中发生的，就这一点而言，感悟教学与小学数学"润悟"教学本质是相同的。感悟教学的相关理论特别是杜尚荣教授的《感悟教学论》对小学数学小学数学"润悟"教学的研究提供了认识论和方法论上的启示。

四、实践研究

1995 年出版的《体验教育理论》(*The Theory of Experiential Education*)，收集了先后发表在《体验教育季刊》上的 46 篇论文。英国强调学校课堂教学的主体体验，探索先体验后结论的教学程序。[①] 柯尔保等在此基础上进一步提出体验学习的概念，许多国家都探索将体验教育理论运用到具体教学实践中，英国、美国、法国、日本等国家的学校，教育普遍注重道德情感体验，并以此促进道德认知和培养道德行为。[②] 国内感悟教学的研究要丰富得多，苏州大学教育硕士付建伟认为"体验式"教学"即在教学活动中，教师运用相应的教学理论、理念，有目的创设教学情境，激发学生学习的热情，引导学生在亲历和体验中对'未知'进行探索、感悟、理解、运用、反思、再运用，并得到知识、发展能力、形成积极的情感、态度和价值观等'真知'的教学方法、教学模式、教学策略"[③]。上海师范大学硕士研究生徐兰对初中数学课堂开展体验式教学的可行性进行分析后，结合自身的教学实践，将教学中的体验分为"在丰富的情境中体验数学""在知识的探究中体验数学""在互动与交流中体验数学""在实践与反思中体验数学"这四种体验模式。同时，这四种模式相对应的情感转变依次为：激发情感→深化情感→激活情感→升华情感。[④]

---

① 潘红星.英国课堂特色：自主体验[J].上海教育，2015(11)：41-42.

② 孟祥林.英国先体验后结论的教学程序[J].课程教材教学研究(中教研究)，2005(Z2)：87.

③ 付建伟."图形的相似"体验式教学研究[D].苏州：苏州大学硕士学位论文，2013：17.

④ 徐兰.初中数学体验式教学初探[D].上海：上海师范大学硕士学位论文，2007.

国内关于感悟教学的实践探讨,以杜尚荣教授的《感悟教学论》最为系统,其对感悟教学的发生机理、操作设计、实践策略和教学评价等方面都进行了深入研究,从各个学科共性的角度探讨了感悟教学的启发诱导式、机构优化式、情感渗透式等基本策略。①

国内对于感悟教学的探讨主要集中在三个方面:一是有学者从功能角度深入探讨了感悟教学的作用,认为感悟教育"是一种创新教育;是一种优化的学习之道;是学生进一步发展的内在动力"②。二是有学者从实施策略角度研究了感悟教学策略,林土法对感悟教学的课堂结构模式进行了探讨,提出感悟教学法的外部五步教学流程和内在结构模式,即从求知到创新的螺旋体结构模型和从初步感知到心灵感悟的圆台体结构模型。③ 三是从具体学科角度进行研究,但多集中在文科或艺术学科。

五、文献述评

通过对国内外有体验教学、感悟教学的研究梳理,可以发现:

第一,关于体验教学、感悟教学的研究,国内比国外要更显著,国外有关感悟教学的研究主要是从体验教学的角度,"体验式"教学关注的不单单是知识的传授,更是一种关注人生命的教学。"体验式"教学最重要的就是学生学习的过程,教师在教授过程中,更应注重学生的学,而不是简单地知识传递,关注学生自主性和创造性,从而让学生在学习过程中不仅仅获得学习内容的结果。体验教学不等于感悟教学,体验教学强调"体验",强调学生通过亲身经历,感受知识,而不足以表达感悟教学中的"悟"在通达学生精神生命过程中的积极作用。而中国传统哲学则更加注重和强调悟性、直觉和体验,这或许是感悟教学在中国文化背景下更受重视的原因。④

第二,目前关于体验教学、感悟教学实践层面的研究,视域相对比较

---

① 杜尚荣.感悟教学论[M].福州:福建教育出版社,2016.
② 朱永娟.论感悟教学的作用[J].考试周刊,2010(45):225-226.
③ 林土法.感悟教学在课堂流程层面的操作设计[J].新教师教学,2010(4):55.
④ 杜尚荣.感悟教学研究述评[J].郑州师范教育,2012,1(03):6-12.

狭小,文献显示,从文科或艺术学科教学角度进行研究的比较多,而从数学角度进行研究的几乎没有。

第三,关于体验教学、感悟教学的研究虽然有了一定的研究成果,但是有待进一步深入,特别是在"感悟"在数学课堂教学当中的研究以及学生的"悟"与教师的"育"之间的关联方面几乎是空白的,这也就为本研究创造了极大的研究空间和可行性。

"润悟"教学的形成过程

一、初始阶段

对小学数学"润悟"教学的思考与探索可以追溯到 2014 年"天津市第八届双优课大赛"后的那段时间,笔者在蓟州区别山小学支教之余,曾对自己多年的教学风格和课堂教学设计的原则进行过初步的梳理,概括出了 2013—2018 年课堂教学设计的一般方法和基本流程(如图 1)。

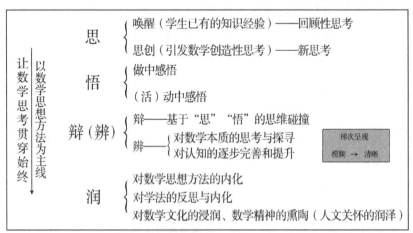

图 1-1　2013-2018 课堂教学设计的一般方法和基本流程

即:以数学思想方法为主线,将数学思考贯穿始终,通过"思—悟—

辩(辨)—润"四步,达到传授知识、训练技能、启迪智慧、点化生命的目标。

2018年末,笔者在天津市教科院胡振京主任的指导下,对自己近六年的课堂教学实践经验和在天津、全国参加赛课活动以及在浙江、北京、广西、河北、江西等地进行教学观摩展示活动中的心得感悟进行了梳理,提出了"以悟为径,润泽生命"的教学主张,确立了小学数学"润悟"教学的探索方向,并在查阅文献的基础上对小学数学"润悟"教学的理论基础进行了梳理。

二、探索阶段

2019年初,笔者在天津市教科院特聘专家的指导下,对小学数学教学中的"润"和"悟"的内涵在文献研究的基础上进行了初步的探索,尝试着对小学数学"润悟"教学进行了初步的界定,并对其特征进行了梳理。我们认为,小学数学"润悟"教学中的"润"是尝试从数学教学走向数学教育,以教学内容为媒介,通过教师的以润孕悟(即创设"润"境,提供大问题情景)、以润促悟(即引导、启发、点拨中润情润心),达成启迪智慧、点化生命的育人目标;而"悟"是学生学的途径,是学生在数学活动中通过体悟、感悟、领悟、顿悟实现自己的生命成长。

在进一步论证、思考的基础上,笔者进一步完善了初始阶段小学数学"润悟"教学的流程图,提出学生的悟是贯穿课堂教学始终的,在不同的学习活动中,学生的悟也处于不同的层面。比如,在动手尝试的活动中,学生的悟更多的是一种体悟,是表层的、偏于感性的,而随着研究活动的不断深入,学生的悟会逐渐深入,更加全面。此外,我们认为,润和悟不是相互独立的,而是相互关联、相互影响的,并重新诠释了我们在这一阶段对小学数学"润悟"教学的理解(如图1-2)。

三、成熟阶段

基于前面两个阶段的探索,经过天津市教科院专家的指导,我们对小

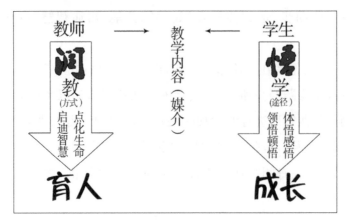

图1-2　对小学数学"润悟"教学的理解

学数学"润悟"教学的研究方向更加坚定,对研究的路径也越发清晰,对小学数学之"润"、小学数学之"悟"以及小学数学课堂教学中的"润"和"悟"之间的关系进行了深入的思考和研究,并依托课堂教学实践,对小学数学教学的实施原则、策略、一般流程进行了梳理。

　　我们认为,小学数学"润悟"教学之"润"有三重含义,其中对教师而言的,即教师创"润"境——以润导悟、以润促悟;对学生而言,即学,以悟为径,学生因悟得润,最终达成润泽生命的育人目标。小学数学"润悟"教学的"悟"有四重含义,即行中体悟、辩中感悟、辨中领悟、思中顿悟。基于这样的认识,我们对小学数学"润悟"教学进行了重新架构(如图1-3)。

　　回顾整个研究过程,我们发现自己走过了由教数学,到教人学数学,再到用数学育人的不断进化过程,也体现了重视数学的工具性的同时,从注重学科教学到重视学科素养养成,再到注重落实学科育人功能的不断进化过程。

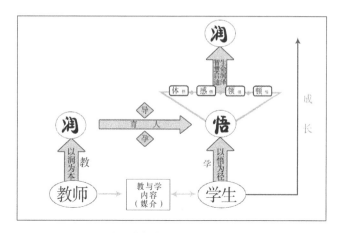

图 1-3　对小学数学"润悟"教学的重新架构

"润悟"教学的实践策略

以往我们总是认为对学生思想的引领,品德的教育,意志力的培养等诸如此类的教育似乎与数学学科教学关系不大。其实不然,任何一门学科都有其育人价值。数学作为一门研究数量、结构、变化以及空间模型等概念的学科,更能促进人的理性思维的发展,能够透过现象看本质,追求思考问题的严谨性、逻辑性。正像《义务教育数学课程标准(2011 年版)》中明确指出:"数学课程要致力于实现义务教育阶段的培养目标,要面向全体学生,适应学生个性发展的需要,使得人人获得良好的数学教育,不同的人获得不同的发展。"所谓良好的数学教育,不单指学生在数学知识习得过程中所获得的数学关键能力,还指学生在数学学习活动中所参悟的必备品格。如,基于数学高度的抽象性、严谨的逻辑性、广泛的应用性,学生经历数学学习必然要形成勤于思考、善于反思、严谨求实的科学态度,透过现象看本质的辩证思想,以及形成克服困难的意志品质,乐观向上的人生态度等,这就是数学教育的真谛所在。所以真正意义的数学教学则必然是润情润心,启迪智慧,润泽生命。

一、教——以润为本

(一)创"润"境,以润孕悟

"润"境在这里特指学习环境,是学生建构认知,发现、探索数学问题的场所。建构主义学习理论指出:知识是个体在与周围环境相互作用的过程中,逐步建构起关于外部世界的认知,从而使自身认知结构得到发展。学习是学习者在原有知识经验的基础上,在一定的社会文化环境中,主动对新信息进行加工处理,建构知识意义的过程。因此,教师要为学生营造发现、提出问题,分析、解决问题的良好课堂环境,让课堂如同是人类文明发展的微缩景观,让学生成为探索者,经历、体验人类文明发展历程,并从中感悟提升思维品质与能力。①

如何创造"润"境? 首先,笔者认为,教师要站在育人的高度,要思考数学教学能够带给学生怎样的发展,然后再思考如何实现学生的发展,这也是我们所提倡的小学数学"润悟"教学教育理念的具体体现。为此,结合多年来的教学实践以及成功的教学案例,笔者认为,落实小学数学"润悟"教学的教育理念,教师应以"以润孕悟"为指导思想,具备以追求育人品质为目标的逆向设计能力,即以数学育人为目标,以数学学习内容为媒介,以数学活动为平台,创设适宜学生发现、探索、应用自主建构认知的环境,以其自主理解,迁移应用,获得数学能力与品质的提升。

【案例】

人教版五年级数学教材中的"分数基本性质"一课,教材内容是以分子、分母不同,但分数大小相等为基础进行呈现,学生通过观察一组组相等分数的分子、分母的变化规律,进而归纳出分数的基本性质。笔者在执教本节课前,首先思考定位本节课的发展性目标:理解分数的基本性质,在经历"质疑—验证—推理—反思"的过程,发展学生合情推理能力,能有条理地思考并清楚地表达自己的思考过程和结果;理解其本质,感悟推

---

① 孙松军, 王树芹.创设教学情境 促进积极建构[J].山东教育,2000(08):41.

理思想,积累活动经验;感受数学的严谨性及会思善问的思维品质。其次,基于学生已有的认知经验,创设适宜学生自主构建的数学活动的"润"境。

第一个"润"境:猜相等分数——悟法。

核心问题:你觉得可能和$\frac{1}{2}$相等的分数可能有哪些?如果请你去证明这些分数确实和$\frac{1}{2}$相等,你准备怎样做?

本活动学生的经验基础有两个:一是学生的知识经验,借助三年级对分数的认识,让学生思考有可能与和$\frac{1}{2}$相等的分数有哪些,帮助学生提取已有的对分数的认知,作为本节课的认知起点。二是研究方法经验,即借助如何进行验证的问题,提取已有的活动经验,为后续的研究活动积蓄方法和策略。为此,教师创设此活动情境的目的在于学生充分调动已有的储备,不仅进一步认可大小相等但分子分母不同的分数确实存在,而且还体会到可以从"数""形"两个不同的角度去思考和验证,为后续的深入研究做了方法经验的唤醒,提高后续研究的有效性。

第二"润"境:找相等的分数——悟理。

核心问题:像这样相等的分数还有吗?请再想两个,并用自己喜欢的方法去验证它们是否真的相等。

本活动为学生自主找可能相等分数、独立验证搭建平台。活动过程不是学生单纯、机械地完成教师指令,而是学生个体行为反省体察的过程。学生以个体的认知方式去独立操作,体悟变与不变中背后的本质,感悟数学思想,积累活动经验,发展数学推理的关键一环。

第三"润"境:找与指定分数相等的分数——法理交融。

核心问题:你能迅速想到和$\frac{1}{2}$相等的分数吗?你是怎么想到的?

学生基于前面两个活动中积累的丰富经验,再次思考与$\frac{12}{30}$相等的分数时，头脑中必然建立起"形"与"数"两种视角下的明理表象(一个是从"数"的角度思考变化规律，另一个以"形"为支撑，头脑中不断闪现一份分几份、几份合一份的直观表象)。此时的明理过程完全是学生思维的活动过程，是完成新知的自主建构过程。

搭建了适合学生认知进阶的"润"境，才能促进学生的主动思考，推理验证，促进学生养成好学善思的学习品质。

(二)施"润"法——启智润心

1.启发点拨重润心

数学中的润心教育就是要让孩子们动手、动脑，自主探究知识、建构知识，在探究的过程中，培养兴趣，掌握知识，滋养心灵，提高能力。教师要根据学生的最近发展区适时适度地拓展学生的经验宽度和深度，给学生点亮智慧，实现自我超越的机会。

【案例】

比如，在一年级"找规律"一课的拓展环节，大部分的学生都能将教师提供的素材按形状、颜色、方向、大小等摆出有规律的图案。

我们抓住没有统筹使用手中学具的难得的生成性资源，启发学生动脑想一想，通过点拨，点燃了孩子们创造性思维的火花。在此学生不仅仅经历了一个再深入研究的过程，更是经历了一次把认为不可能的事情变成可能的挑战。我们在让学生体味从肤浅走向深邃的喜悦的同时，也在孩子的心里埋下了创新思变的种子。多年以后孩子也许不会记得一年级时他们曾经上过一节关于找规律的数学课，但是在他们面临困难和挑战时脑海里却可能浮现一个信念——只要肯动脑筋、想办法，一切皆有可能。良好的数学教育是让每一个孩子都获得不同的发展，帮他们走向属于自己的成功。

2.互动交流重润情

第斯多惠曾说："教学的艺术不在于传授本领，而在于激励、唤醒、鼓舞。"可见教学中要提升师生互动的有效性,丰富互动的内容与形式,互动的主体就要从一元走向多元。教师要用欣赏的眼光看待孩子的思维生成,多采用正向激励的评价,引导孩子的思维方向,提升互动的广度与深度,营造和谐、民主的学习氛围,促进师生、生生间的情感的传递、知识的共享和智慧的交融,从而有效促进学生的"悟"。

【案例】

如在"三角形面积"一课教学中,有的学生借助方格纸,利用剪拼的方法得出直角三角形的面积之后,教师不急于点评,而是先询问:"还有谁也想到了剪拼的方法?"这样可以让凡是想到这个方法的同学哪怕是想到了剪拼但却没有成功得到面积的同学都会有成功的感觉,打散学生的聚焦点,由纯粹的关注结果到聚焦策略,使学生认识到思考的过程同样重要,同时也使更多的学生意识到应用以前学过的知识经验去解决问题的思路是正确的,进而让学生主动再次在大脑中搜索与三角形和面积有关知识,试图去寻找其他解决问题的途径。以润为本的互动交流方式的普惠性不言自明。

再如,当学生尝试分别用剪拼和拼组的方法推算出锐角三角形的面积之后,我们先让学生组内交流推选具有分享价值的作品展示,并鼓励学生评价所展示的作品。评价中教师抓住学生无意识说出的:"和我的方法一样!"引导学生与学生之间的评价:"既然他的想法和你一样,那夸他就等于夸自己呀!你觉得他的作品中那些地方做得好?"从组内推选到班内评议,伴随互动方式的演变,评价的方式也走向了多元,在评价的过程中学生的思维得以不断生长,思维路径也越来越清晰,同时这样多元的互动让学生在课堂中获得了积极的情感体验。

二、学——以悟为径

数学的学习,"悟"才是根本,在数学课堂中教师要使学生想去悟、能去悟、悟有所得,使学生在学习活动中体悟、感悟数学方法,积累数学活动经验,领悟、顿悟数学思想,即数学知识表象背后的理,进而形成数学智慧。

(一)行中悟"法"

"法"即为方法,解决问题的方法。"悟"的生发离不开"行","行"即为做,指学生在学习过程中必然经历的操作、实践、应用的过程。这样的过程让学生的数学学习因经历、体验、思考而有所悟。这样的体悟或感悟是于无形之中而有形的意会,称之为无形,是因其属于学生依靠本心去悟的意会体验;谓之有形,是因其在体悟、感悟的过程中终能形成自身认识事物的方法。所以,从这一点来说,这样的体悟、感悟是引发学生数学思考、感悟数学思想、积累活动经验不可或缺的必要条件,也是让学生学习真正发生的标尺。

【案例】

比如,在教学"三角形的面积"一课时,笔者引导学生经历了两个不同层次的"悟"。

首先是基于已有知识经验的"体悟"。在本课伊始,笔者设计了这样的数学活动:让学生在(图1-4)中任选一个三角形,想办法弄清它的面积

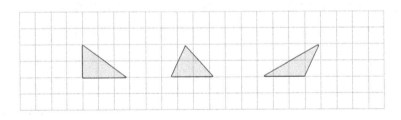

图 1-4

有多大,并把自己的想法在方格纸上画一画、算一算。这样让学生通过动手实践获得三角形面积的设计是基于学生的最近发展区,巧妙将学生带到对剪拼转化和拼组转化的感悟中,借助熟悉的平行四边形、长方形,通过剪拼或拼组的方法去尝试获得三角形的面积(图1-5)。在这一活动中,给予每一位学生思考的机会,使其初步感知时空。经历了此环节的学习学生悟到三角形的面积可以用剪拼或拼组的方法去尝试获得。然后,

让学生根据活动中所受到的启发研究锐角三角形和钝角三角形面积。

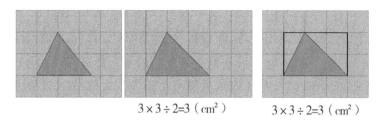

$3 \times 3 \div 2 = 3（cm^2）$　　　$3 \times 3 \div 2 = 3（cm^2）$

图 1-5

其次是基于新经验的深入"感悟"。基于前面的数学活动,请学生继续思考能否借助数方格的方法快速得到任意三角形的面积(图 1-6)。学生在数方格得到直角三角形、锐角三角形和钝角三角形的面积的过程中同时感受、想象底乘高是谁的面积。最后,出现没有方格的三角形,帮助学生联想、思考和推理三角形面积的计算方法。

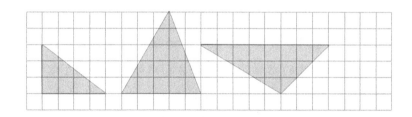

图 1-6

总之,整个过程让学生经历了从有方格到没方格,从有数据到没数据,从束手无策到形成策略,从感悟积累解决问题的数学方法,到感悟抽象三角形面积的计算方法,层层递进,让学生从无意识的操作到有意识的思考,实现自然生成,形成对三角形面积计算方法的认识。可以说,感悟贯穿全课的始终,真正看到了学生思维水平的提升,看到了学生认知水平的发展,看到了解决问题策略形成的过程,即知识、思维、能力三个维度的生长过程。

(二)辨中悟"理"

所谓"理"即为道理,指数学领域中知识的本质,是学生在经历知识的形成过程中获取的。悟"理"是将前人间接经验转化为学生探究的问题,通过让学生以个体的认知方式,以其自身的已有经验和知识背景分析新问题,了解其来龙去脉,清晰其逻辑关系,解释新经验的合理性,进而深入知识结构领悟知识本质。辨,即辨析,是学生在经历自主的操作尝试和初步的分享与交流基础上进行的更高层次的思考。其过程往往伴随修正性和完善性的辩论,所以学生往往是因辩而辨,这个过程是学生将碎片化的认知形成系统化、结构化的过程,是学生将旧知纳入新知,将知识及经验提升的过程。

【案例】

比如"分数基本性质"一课,为了让学生领悟"分数的分子、分母发生变化,而分数的大小不变"的原因、"分数的分子、分母怎样变化,分数的大小不变",我们做了如下尝试:

比如,引导学生再写出 1 至 2 组分子分母不同,但大小可能相等的分数,并用自己喜欢的方法去证明。在分享过程中,一方面借助用计算方法证明的学生作品,引导学生将从比较计算的结果提升为运用商不变的性质类比推理,提升学生的思维品质;另一方面巧妙地引导学生依托直观的图形从分数意义的角度理解分数的基本性质,体味变中的不变,呈现知识本质。通过观察最具直观性的一幅学生证明的作品,让学生直观认识到虽然平均分的份数和取的份数发生变化,但其部分与整体的关系没变;利用体现思考性的用一幅图证明的学生作品,让学生经历将两份合成一份、将一份再平均分成两份的过程,再次体会无论分数的分子、分母怎样变化,而分数的大小不变的道理。这一过程不仅提高思考性,而且引领学生深入知识结构中认识分数的基本性质。利用线段图拓展想象,即线段图上的标识,让学生想象它会与哪些分数相等,以促进学生对知识内化,领悟分数的分子分母同时除以几,相当于把图中的每几份合并成一份;分子和分母都乘几,就相当于把图上每一份再平均分成几份,所取的部分与"单位1"的关系始终不变。而后以找和 $\frac{12}{30}$ 相等的分数的活动,将学生"数"与"形"两个角度的思维成果自然地结合起来,帮助学生进一步从借助"形"中的变和不变以及"数"中的类比关系两个维度深入感悟分数基本性质的本质。在合情推理的基础上探究"形变值同"的缘由,可以说,"悟"贯穿全课的始终。在学生"悟"的过程中,我们看到了学生思维水平的提升,看到了学生认知水平的发展,看到了解决问题策略的形成过程,即知识、思维、能力三个维度的生长过程。

以悟为径,悟之有声,引发学生的深度思考与交流,启迪学生的智慧;润之有道,于无形中润泽生命的成长,使其获得持续发展的内驱力,全面提升学生的数学素养,助力学生的终身发展。[①]

三、育——以人为本

(一)明"润"标,启迪智慧,点化生命

目标是课程实施的风向标,是学科育人的目标和方向。从学生长远发展思考,它蕴含着培养什么样的人的问题;从中期目标思考,它预示着学生的阶段成长;从课时目标看,则是学习者通过课堂教学之后能够做什么的具体、明确要求。当然,无论是宏观的育人目标,还是中观的学生发展目标,抑或是微观的课时目标,都要以促进学生的发展为上位目标,要指向学生能力培养和素养发展。因此,教师要善于挖掘学科教学的育人价值,定位育人目标,打破只着眼知识技能的传统认识束缚,以数学知识为媒介,围绕数学知识本质,营造数学育人氛围,通过启发、点拨、引领实现启迪智慧、点化生命,促进学生全面发展。

新时代对小学数学教师提出了新的要求,要全面落实立德树人的根本任务,我们一线教师就要调整自己的教育观、学生观和教学观,切实从教书走向育人,把教书和育人紧密地结合起来,做好学生锤炼品格、学习知识、创新思维、奉献祖国的引路人。小学数学学习核心课堂倡导重视育人过程,通过教书实现育人。我们认为,至少要做到以下三个方面:

第一,以知识学习为媒介,联系教材和学习内容或是课堂上的生成资

---

① 孟庆阳.以悟为径,润泽生命——小学数学课堂教学的实践探索和思考[J].天津教育,2017(05):53-54.

源,不失时机地对学生进行适宜的思想教育,培养学生确立正确的价值观。

第二,以学习活动为依托,培养学生的核心素养,重视学法的指导和问题意识培养,关注思维方式和思维方法的培养,关注学习兴趣、方法及品质的培养,让学生好学、会学、乐学。

第三,以教师言行为示范,重视教法和学习活动的创新,做学生创新思维的引路人,言教不如身教,教师的创新会潜移默化地给学生积极的影响和启发。

(二)达"润"果——立德树人,以教育人

数学核心素养不仅包括数学关键能力,还应包括通过数学学习所获得的个体自主发展必备品格。如,数学特有的理性精神,严谨求实态度,良好学习习惯等非智力品格,这些对促进学生全面、可持续性发展有积极作用。但这些又并非是学生在教师的言传中可以习得的,学生在分享交流和思维碰撞过程中的相互启发也是另一种意义上的互助,所以着眼学生发展,适当的拓展学习活动的宽度和深度,能给学生更多思辨的机会,有利于让每一个学生都有机会成为学习活动中的互助者,达成潜移默化地润泽,细润无声地引领,自然无痕地点化。

【案例】

为了达成这样的目标,在学生完成对百分数的构建后,笔者设计了如下三个话题:

首先,以数学的眼光观察数据,学会发现问题、提出问题。

教师以学校图书馆藏书统计图为背景,引导学生通过读图获取信息、发现问题,并给校长提出建议,在将学生的新知与现实生活联系起来的同时,渗透百分数在日常生活中的统计中的作用,体现百分数的简洁美。

其次,以数学的思维分析数据,树立理性的数学精神。

教师展示三家书店的好评度,询问学生:如果要从这三家网店购买图书,你觉得哪家更靠谱?学生在辩论中领悟,从不能单看好评个数到看好评度,要综合多个数据进行全面分析,综合决策,并在思辨过程中深刻感悟百分数产生的必要性。

再次,以数学的精神使用数据,培养严谨求实的态度。

学生读取数据并分享自己的感受。教师通过问题"科技推动下医院做这个手术成功率已很高了,失败概率已低到 0.01%,还有必要为这 0.01 努力吗? 为什么?""如有一个人做手术失败,那你觉得这个失败率对他而言是多少?"将学生思维引向深入,把百分数意义的理解同数据分析观念、概率等知识巧妙结合,在数学教学过程中无声地传递了严谨求实的学习态度。①

"润悟"教学的实践措施

一、构建真实学堂,由润孕悟

陶行知先生用将其对教育本质的认识总结为"千教万教教人求真,千学万学学做真人"。教人求真、育真人在今天被赋予了新时代的内涵。因此,在教学实践中,我们倡导教师努力探索构建真实学堂,因为我们坚信,只有在真实的学堂才有真正的学习发生,才能形成"求真的育人场"。在这样的场里才能达成"润"与"悟",即实现知识的传承、能力的培养、核心素养的提升,才能培养学生求真的数学精神和人文的情怀,才能培育出真人。在构建真实学堂方面,我们的做法如下:

做法一:寻找学生悟的真实起点。

所谓寻找学生悟的真实起点,就是结合教学内容进行学情分析,我们坚信只有根据真实学情施以最适合的教育才能达成润与悟。学情分析要从三个方面考虑问题:第一,学生的已有经验,即学生悟的基点。教师针

---

① 孟庆阳. 以生为本,寻求学与教的共振点——以人教版六上"百分数的认识"为例[J]. 新教师, 2018(05):41-42.

对学生要完成的学习任务，经过充分调研、分析把握学生学习的"前概念"，确保学生学习的真实性和有效性；第二，了解学生的最近发展区，即学生悟的生长点。教师要通过学情分析，了解学生学习需要经历的心路历程，这样才能组织有效的数学活动，使活动具有开放性和探究性，从而发展学生的自主学力；第三，了解学生学习过程中会遇到的困难和问题，即学生学习的重难点。学生学习的重难点是教师组织学生悟的关键点，在活动中突出教学的重点、把难点分散，使学生充分经历知识的形成过程，给学生机会去真经历、真体验、真思考、真交流、真思辨，以实现教学的互动性和生成性。

做法二：尊重学生悟的真实路径。

尊重学生悟的真实路径，就是在尊重学生认知存在个体差异的同时，尊重学生在相应年龄段认知客观世界的一般规律。学生对有些知识的认识是从特殊到一般，也有的是从一般到特殊。学生的认知特点决定了其认识客观世界的一般路径异于成人，他们对知识的认识往往是由表及里的，是从非本质属性慢慢深入触及本质属性。正因如此，学生的学习活动更多的要以生活经验为基础，从感知开始，其理性的认识需要在大量的感性材料积累的基础上产生。因此，学生的认知路径一般都是从现实问题到数学结论的数学化的过程，即"发现—猜想—实践—验证（推理）—获得数学结论"。生活给学生的学习提供了感性材料，他们对新知的建构不但需要在一定量感性认识的基础上进行，而且需要教师的点拨和引导才能使其感性认识发展到理性认识。实践中发现，在点拨引导的过程中，教师只有让学生以他们自己的方式去接近知识、建构知识、应用知识方能实现再创造，达到事半功倍的效果。

做法三：呈现悟的真实过程。

小学生在课堂上的学习更多的是在教师主导之下，围绕核心问题开展的探索的学习活动。所谓呈现真实的学习过程，一方面是指给学生呈现自己真实想法、分享其真实思维成果的机会；另一方面是指教师要捕捉学生在探索过程中所呈现出的不同思维成果并如实将其呈现出来。在实践中我们发现,教师适时呈现学生的阶段性思维成果能促进学生间的思维碰撞,促进生生互动,帮助学生完成对知识的建构和数学思想方法的感悟。当然学生受个人思维水平和已有知识经验的影响,他们的阶段性思维成果的水平是不同的,甚至有的是错误的。教师对这些生成性资源的捕捉和呈现直接会影响到课堂的走向和学习活动的有效性。只有呈现学生学习进程中真实的思维成果,让学生彼此分享自己的学习过程,才能帮助学生集思广益、从不同的视角对同一个问题进行深入思考,引发学生的真交流、真思辨,促进其真思考,从而产生真体验,而这样的学习才是真学习,才能真正帮学生实现生命的成长。

二、围绕知识本质,以润助悟

数学学科素养即学生经历数学学习能够获得的适应未来社会发展和个人发展所需要的必备品格和关键的数学能力,如抽象、推理、模型等数学思想,空间观念、数据分析观念、数学运算等能力。众所周知,育人目标和课程目标的落实,需要分解到每一节课中去落实。在教学中,我们倡导在深入解读教材、读懂学生的基础上,以知识为载体,围绕知识本质,培养学生用数学的眼光去观察;用数学的思维去分析;用数学的语言去表达,结合课型特点有规划、有针对性地培养学科核心素养。如:在概念教学中,让学生经历概念的抽象过程,发展数学抽象能力;在解决问题教学中培养学生"四能",体会数学模型思想,初步形成应用意识;在命题教学中发展学生的合情推理和演绎推理。

要实现核心素养的培养,数学教学就要依据学生,把握两个本质。所谓两个本质:一个是数学知识的本质,另一个是数学教学的本质。

首先,把握数学知识的本质。即指从三个方面分析所教授的数学知识:第一,把单个的数学知识放到大的数学背景下,分析知识本质;第二,挖掘数学知识背后蕴含的数学思想方法;第三,剖析数学知识的形成过程。只有把握了数学知识本质,学生才能正确认识数学学科特点,了解数学学科特有的思想方法,形成正确的思维方式,感受到数学之美,树立数学精神,发展数学核心素养。

　　其次,把握数学教学的本质。数学教学要让一个个的数学概念成为学生数学学习的骨架;数学教学要让学生体验感受数学思想方法,使之成为学生数学学习的血肉;数学教学要让学生逐步形成正确的思维方式,感受数学求真、求简、奇异之美,要让学生树立理性精神和探究精神。

　　把握了数学教学的本质,教学的着力点才能正确,学生的数学素养才具有发展的可能;才能实现学生学习的数学课堂的构建,进而实现以数学知识的学习、技能的训练为载体,让学生经历数学知识的形成过程,经历数学学习的过程,并在这一学习过程中以感悟数学思想方法、体验学习方法为主线,发展学生的必备品格和关键能力,即实现学生数学核心素养的发展。

　　所以基于知识的本质,结合教材和学情设计有价值的、具有探究性的问题,并给学生充分探究交流的机会,让其去主动观察、比较、猜测、验证、反思梳理,才能使学生成为真正意义的学习者,进而使学生的悟贯穿整个学习的过程,让学生悟的过程成为知识建构、思维提升的过程,培养和提升学生数学核心素养的过程。

三、搭建辩论辨析的场,以辨促悟

　　《礼记·中庸》中有"审问之,慎思之,明辨之"的名句,这是对学与思关系最好的阐释。学生思辨的过程就是一个主动的动态的思维建构过程,学生在辨析中悟,在悟中生成,课堂作为学生学习成长的主要场所,教师给学生创设什么样的学习环境,直接影响到学生的学习活动的形式和效果,同时,教师给学生搭建什么样的学习平台,决定了学生学习方法的习得和学习意识的养成。我们认为,学生的学习过程是由迷惑到清醒、由模糊到清楚、由错误到正确的认识过程,即悟的过程,同时也是学生对知识的技能建构、思想方法的感悟、价值观的形成的过程。所以在教学实践中,我们一直倡导努力激发学生的求知欲望,倡导开放性的探究式学习、体验式学习,给学生搭建具有开放性的学习环境,让学生去探究,给学生悟的机会。在数学学习活动中去经历体验、去思考感悟,在师生、生生的互动中展开思维碰撞,实现在辨析中领悟,在领悟中成长。

"润悟"教学的实施流程

小学数学"润悟"教学的基本流程大体包括三个层次:

第一层——以疑导悟。

疑是思之始,悟之端。数学课堂依据学习内容,抓住学生的好奇心理,创设问题情境,引发学生聚焦知识本质的数学思考,是学生理解、感悟数学的开始。设疑于教学的重难点,设疑于思维的矛盾点,不仅能增强学生的探索欲望,还能引发学生聚焦知识本质,开展数学思考、感悟数学本质。

第二层——以润促悟。

以润促悟体现在两个方面,首先是数学课堂上通过创设造"润"境,即有利于学生悟数学背后的思想方法,积累活动经验,促进学生的思维、能力的发展的有效的数学活动,以大问题情景促进学生"悟"的发生;其次是教师在课堂上顺学而导,根据学生的实际学情和学习活动中暴露出的问题,抓住促悟的时机,适时适度地进行巧妙的指点迷津,使之茅塞顿开,豁然开朗,并让学生获得积极的情感体验。

第三层——因悟而润。

悟,让学生的学习得以真正发生,其核心的意义不仅在于学生的悟,让其在数学活动中对知识和思想方法融会贯通,或是在解决问题时学以致用,对过去经验主动迁移,还在其在情感、态度、价值观的主动重塑、生命的唤醒和生命价值的领悟。

【案例】

下面以"分数的基本性质"为例做简述:

1.创设情境,以疑导悟

交流:同学们,今天这节课就从分享老师儿时学习中所得绰号的由来开始好吗? (三问设疑)

一问:在自然数的范围内,可以找到两个大小相等但各个数位上数字又都不相同的自然数吗?

二问:在小数的范围内,可以找两个到大小相等但各个数位上数字又都不相同的小数吗?

三问:在分数范围内,可以找到两个大小相等且分子、分母又都不相同的分数吗?

【设计意图】

"疑是思之始,学之端。"三个问题聚焦知识联系与区别,促进学生展开数学思考,不仅唤醒学生已有的知识经验、迅速点燃孩子们的求知欲望;更重要的是引发学生的数学思考,为主动探究新知积聚动力。

2.以悟为径,以润促悟

第一步骤:动手实践。

(1)"做"中体悟

思考:你觉得和 $\frac{1}{2}$ 相等的分数有哪些?

学情预设: $\frac{2}{4}$、 $\frac{4}{8}$ ……

交流:如果请你想方法去证明,它们确实和 $\frac{1}{2}$ 相等,你准备怎么做?

学情预设:

方式一:基于学生已有经验,用形的方式来思考,如画图、折纸等。

方式二:基于学生已有知识,从数的角度来思考,如利用分数与除法的关系求商,甚至是利用商不变的性质去说明。

【设计意图】

让学生经历猜测验证的过程。明确大小相等但分子分母不同的分数确实存在,梳理可以从"数""形"两个角度去思考,渗透分子分母的变化分数大小不变的原因。

(2)"辩"中感悟

教师提问:你觉得像这样,分子分母不同但大小相等的分数还有吗? 你能试着再写出两个可能相等的分数并用自己喜欢的方法去验证吗?

学生可能会从以下两个角度去尝试证明自己所想到的两个分数是相等的。

学情预设:

从数的角度验证:

a. 商相等。例如:因为 $1 \div 4 = 0.25$,$2 \div 8 = 0.25$,所以 $\frac{1}{4} = \frac{2}{8}$。

b. 商不变。例如:依据商不变的性质,我们可以知道 $1 \div 4 = 2 \div 8$,所以 $\frac{2}{8} = \frac{1}{4}$。

从形的角度验证:

学生可能通过画圆、正方形、线段等图形去尝试证明自己所想到的两个分数是相等的。

展示学生作品,引导思维碰撞:能否利用其中一幅图,尝试说明学生列举的两个分数相等?

学情预设:

a. 把每一份再平均分成两份(或几份)。

b. 把每两份(或几份)合并成一份。

【设计意图】

再次给学生从"形"与"数"的角度体验把分数的分子和分母同时乘或除以相同的数(0 除外),分数大小不变的理论。

第二步骤:思辨求真。

(1)"思"中领悟

活动:你能快速找到和 $\frac{12}{30}$ 相等的分数吗?说说你是怎么想的?

学情预设:

在前面研究的基础上，直接把分子和分母同时乘或除以一个相同的非 0 数。

（2）"辨"中顿悟

分数的分子和分母怎么变，分数的大小才不变？

学情预设：

逐步完善，达成共识——分数的分子和分母同时乘或除以一个相同的数（0 除外），分数的大小才不变。

学情预设：

同时、相同、0 除外。

【设计意图】

借助图中的变和不变以及数中的类比关系，感悟知识背后的本质。在合情推理的基础上探究"形变值同"的缘由，积累活动经验，实现思维成长，领悟学习方法，积累学习后劲。

3. 学以致用，用中再悟

（1）把 $\dfrac{2}{3}$ 和 $\dfrac{10}{24}$ 化成分母是 12 而大小不变的分数。

$$\frac{2}{3} = \frac{2 \times \square}{3 \times \square} = \frac{\square}{12}$$

$$\frac{10}{24} = \frac{10 \bigcirc \square}{24 \bigcirc \square} = \frac{\square}{12}$$

【设计意图】

应用分数的基本性质，巩固对知识的理解、感悟正是因为分数具有这样的性质，所以我们在以后的学习中才会看到因为不同的需要，分数会以不同的形式存在，而它们的大小始终不变。

（2）用心思考：你觉得和 $\dfrac{5}{4}$ 相邻的是哪两个分数？

【设计意图】

活用分数的基本性质解决问题，通过体验分数单位越小，所找到的分

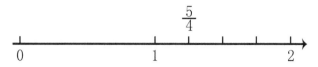

数越接近 $\frac{5}{4}$，感悟利用分数基本性质改变分数单位的数学价值。

(3)教师分享：之前我们学习过商不变的性质，今天我们认识了分数的基本性质并通过商不变的性质去验证了分数基本性质的合理性，以前我们还学过一个小数的性质，你能用分数基本性质解释说明小数的末尾填上"0"或去掉"0"，小数的大小不变吗？

学情预设：

学生在把小数转化成分数的基础上，利用分数的基本性质尝试说明。

【设计意图】

让学生在比较中明了分数基本性质与小数性质的共性和联系，打通知识联系，帮助学生重建认知结构。

4.回顾反思，因悟而润

学生汇报在知识、技能、情感态度价值观等方面的收获。

教师根据学生发言提升点拨：事物普遍联系变中有不变，变是创造，可以帮助我们解决问题走向成功，不变是坚守亦是成功关键。

【设计意图】

回顾反思，感悟提升，通过这一环节不但让学生有知识技能方面的收获，还让学生有了学习的方法、情感态度方面的重要收获，再一次激起良好的情绪体验。

"润悟"教学的实践效果

通过开展小学数学"润悟"教学的实践研究，我们站在"教学生一天，为孩子一生"的教育高度，时刻关注学生的发展，创新教学思路，关注学生生命的成长,实践研究中现已呈现出了"以悟为径,润泽生命"的精彩课堂,最大限度优化了课堂教学,课堂上初步实现了教与学的双向驱动,收到了预期的实验效果：

一、学生在"学悟—试悟—真悟"中提升了核心素养

课堂上学生已经逐渐养成了在数学活动中通过自己的"悟"去建构数学知识、积累数学技能,并初步学会用数学的视角去认识世界、初步懂得了用数学的方式去思考问题、巧妙地运用数学的方法去解决问题、用数学的语言表达现实世界,数学核心素养得以显著提升。我们对参与的五年级 4 个实验班和 4 个非实验班共 199 名学生在 2019—2020 学年度第一学期学业水平和对多边形的面积单元的知识本质的理解、数学核心素养水平等方面进行了对比,具体情况如下图(图 1-7)：

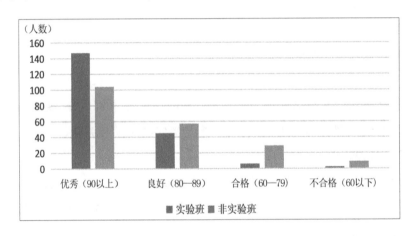

图 1-7　2019—2020 学年度第一学期五年级学生学业水平测试数据分布图

通过对调查样本的分析,我们可以得出如下结论：

实验班的学生的学业水平整体要高于非实验班的学生,说明开展小学数学"润悟"教学对提升学生的学业水平有积极的促进作用。

实验班的学生对知识本质的理解较非实验班要透彻,能清楚地表述出内容的学生占 67%,说明"以悟为径"的学习方式,有效地激活了学生的学习。"悟"为主导的学习,有效解决了学生以往知其然不知其所以然

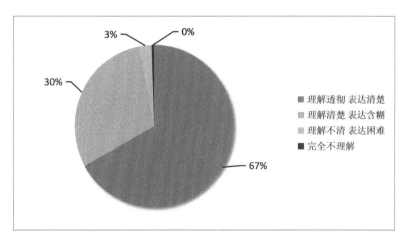

图 1-8　实验班学生对五年级多边形的面积知识本质理解情况数据分布图

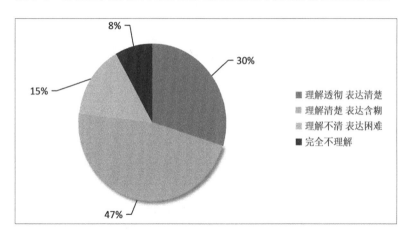

图 1-9　非实验班学生对五年级多边形的面积知识本质理解情况数据分布图

的认知怪圈,帮助学生在学习过程中将"是什么""为什么""怎么办"三个问题融合为了一体,有效促进了学生对知识的理解。

实验班的学生完成多边形面积单元的学习后,其空间想象和转换能力要明显强于非实验班的学生,说明在小学数学"润悟"教学课堂上的一系列"体悟—感悟—领悟"的学习活动中,依据学习内容的不同,其数学核心素养会有不同程度的提升。

更让我们欣喜的是,学生已将数学学习当作快乐的事情,把研究数学、交流数学提升到新的高度,在学习过程中,学生不再拘泥于单一知识

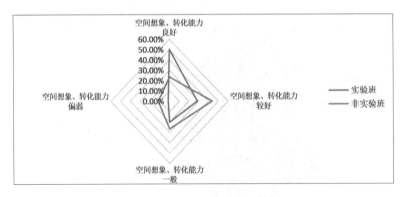

图1-10　五年级学生数学核心素养测试数据分布图(多边形面积单元后测)

点的应用,他们的思维进一步发散拓展,综合分析问题能力和经验进一步巩固和完善。在动手操作的过程中,学生能恰当地运用所学的方法策略,创造性地提出问题,触类旁通地解决更多实际问题。通过有意识地培养自己的数学创新思想和创新方法,学生使自身的数学素养得以发展和提升。

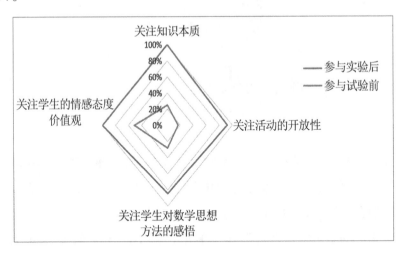

图1-11　实验教师参与实验前后在备课、上课过程中关注点数据对比分析图

二、教师在"学润—践润—研润"中找到了教育初心

通过对比实验教师参与实验前后在备课、上课过程中关注点的情况,我们发现,教师由单纯关注知识技能,开始转向关注学生对知识本质的理

解、数学活动的开放性、学生对数学思想方法的感悟以及对学生情感、态度、价值观的塑造等方面，数学课的育人功能得到有效提升。

随着教学实践的不断深入，教师的"润"和学生的"悟"有机地融为一体，形成了一种师生互动的新形式。每当教师在课堂上看到学生因悟得润，在悟的过程中真正理解和掌握基本的数学知识技能、数学思想方法和情感、态度、价值观的全面发展，感受到数学育人的幸福时，教师对践行和深入研究小学数学"润悟"教学的意愿也更加强烈，这样的课堂生动诠释了新时代的教学相长。课堂教学的过程是师生情感共同参与的过程。教师的情感、态度、价值观在教学中必然会潜移默化地影响学生，所以教师在"学润—践润—研润"的过程中为了达成立德树人的育人目标必然通过不断学习提升自己，使自己努力成为有理想信念、有道德情操、有扎实学识、有仁爱之心的"四有"好老师，而这样的过程对提升教师的专业能力必然起到积极的促进作用。

如今，小学数学"润悟"教学的研究成果已通过蓟州区教育局授牌的"孟庆阳小学数学工作室"和第六周期继续教育区级面授培训班在全区小学进行主题推广，此外，小学数学"润悟"教学的教学思想和课堂实践做法多次在浙江、广西、广东、山西、北京、河北和天津各区的教师培训和教学观摩中交流推广，获得广泛好评。以此研究为指导设计课例成为人民教育出版社"生本学材"设计素材。

通过开展对小学数学"润悟"教学的研究，我们得出如下结论：

第一，小学数学"润悟"教学是教师的"润"与学生在经历、体验中的内省自"悟"的共振过程，是将数学教学提升为数学教育有效途径。

第二，通过教师创"润"境、施"润"法，可以帮助学生因"悟"得"润"，实现"启迪智慧、点化生命"。

第三，通过"以悟为径"的学习方式，有效激活了学生，使其在小学数学"润悟"教学课堂上进行的一系列的"体悟—感悟—领悟"学习活动中，依据学习内容的不同，其数学核心素养得到了有效的提升。

有人说："把所学的东西都忘了，剩下的就是教育。"教育的终极目标是育人，新时代赋予教育的使命是培养全面发展的人，即德、智、体、美、劳全面发展的社会主义建设者和接班人。这就要求教师不仅要传授知识，重视基本技能，还要重视数学思想方法的感悟、数学核心素养的提升，情感、态度、价值观的塑造。所以在教学中，我们一方面倡导教师的"教"要以"润"为本，以润导悟，以润促悟，实现对学潜移默化的润泽，润物无声的引领，自然无痕的点化，实现学生主动、自主建构知识、技能，形成思想、方法，获得情感、态度价值的提升，在数学教育中获得可持续性发展；另一方面倡导学以"悟"为径，因为悟是学生在自主思考的前提下在经历、体验、思考、分享中同化与顺应的过程，是其一个觉醒、自洽的过程，所以在学习活动中，以悟为径，让学生的自主性得以充分展现，让学生的学真正发生，让学生有机会同时在知识、技能、情感、态度、价值观等方面得到发展，不断提升、促进其数学核心素养形成，进而达成学生因"悟"得"润"的育人目标。

此外，小学数学"润悟"教学所倡导的"以知识为媒介，以润孕悟，以悟为径，启迪智慧，点化生命"，有利于充分发挥教学中师生共同参与的积极主动性，有利于更好凸显学生的主体地位，有利于促进教书与育人的融合，所以小学数学"润悟"教学具有一定的普适性，是否适合其他学科，还有待进一步实践探索。

有关本研究成果的实践检验是不充分的。比如，小学数学"润悟"教学如何评价问题还没有真正涉及，有待于在教学实践中不断地摸索和发现。在未来的研究中，我们将从三个方面继续努力：

第一，进一步深化理论研究，拓宽小学数学"润悟"教学的理论视野；第二，将着力于在课堂教学实践方面进行深入研究；第三，进一步探索与创新小学数学"润悟"教学的研究方法，争取以研究方法的创新突破小学数学"润悟"教学的研究瓶颈。

第二编 以悟为径,润泽生命的求索

在数学活动中感悟数学的思想方法

——"数字编码(2013 版)"教学实录与设计思考①

【教学内容】

《义务教育课程标准实验教科书·数学(人教版)》五年级上册,第111—115 页。

【教学目标】

首先,通过自主探索活动使学生初步体会数字编码思想在表达交流和信息传递中的作用,领悟用数字编码的简单方法。

其次,通过观察、比较、猜测、讲解等活动,使学生初步体会数字编码的基本编排原则,培养学生的问题意识和分析问题、解决问题的能力以及思维的有序性和全面性。

最后,通过呈现生活中大量的"编码"事例,使学生感受数学与生活的紧密联系,感受数学的实用价值和数学之美。

【教学重点】

学生通过一系列的数学活动,探索数字编码的基本编排原则,试着学习运用数字进行编码,初步培养抽象、概括能力。

【教学难点】

在尝试编码解决实际问题的过程中,培养学生有序、全面的思维习惯。

【课前谈话】

师:同学们,很高兴见到大家。我能请教大家一个问题吗? 好,请看

---

① 本课曾于 2013 年 4 月在天津市深化课程改革优秀课选拔赛中获一等奖。

这是？（教师伸出左手食指）。

生1：1。

生2：一根手指。

师：如果此处有掌声，大家觉得该把掌声送给哪个孩子呢？

生1：应该把掌声送给说一根手指的人。

生2：应该把掌声送给说1的同学。

师：大家想听听我的意见吗？

生：想。

师：回答"1"，这说明大家在经过几年的数学学习之后都不自觉地在用数学的眼光看问题，回答"一根手指"的同学一下就说出了事物的本质，也很不错，所以我觉得掌声该送给每一位敢于说出自己想法的同学！大家觉得呢？掌声送给大家！既然我们谈到数字1，那我们就从数字1开始我们今天的学习，好吗？

生：好！

【教学过程】

一、创设情境，拓展认识

师：同学们，（展示出数字1）这个数字在我们每一个人的心中都有着别样的意味，它可以表示什么呢？

生：第一名。

师：（手势）它还可以表示什么？

师：大家觉得"第1名"中的"1"和"1个人"中的"1"表示的意思有区别吗？有什么区别？

生：前者表示的是顺序，后者表示的是数量。

师：（展示出"110"）那它可以表示顺序或数量吗？

生：可以。

师：在我们的生活中，它还能表示什么？

生：报警电话（展示相关图片）。

师:没事做的时候,拨打这个号码可以吗?

生:不行。

师:那在什么情况下你会拨打这个号码?

生1:在遇到危险的时候。

生2:在遇到坏人的时候。

生3:在需要帮助的时候。

师:也就是说,只要需要警察的帮助,都可以打这个电话。那在这里它还表示顺序或数量吗?

师:此时它表示的是一个电话号码、号码。

师:像110这样,将数字按照一定的规则排列,用于表达一定的含义,我们把它称为编码。也就是说,数字既可以表示数量和顺序,也能用于编码。今天我们就一起研究数字编码。(教师板书:数字编码)

【设计意图】

从简单的问题情境入手,引发学生的数学思考,激发学生的学习兴趣,拓展学生的认识。

二、探索实践,感悟提升

(一)唤醒经验,感知猜测

师:110这个号码我们都很熟悉,大家知道通常我们家用的电话号码是几位数吗?手机号码是几位数呢?为什么不把报警电话也设置成8位或是11位的号码呢?

生1:不好记。

生2:使用起来不方便。

师:为达到好记、便于我们使用的目的,在制定像这样的编码的时候就要尽可能地让它怎么样?

生:简洁。

师:同样是这三个数字,你还见过别的有研究价值的编码吗?

生:书的页码、运动员编号。

师：大家觉得这样编码的目的是什么呢？

生：规范。

师：那也就是说，要编出一个好的编码，除了要注意尽可能地简洁以外，还要注意让同一类编码位数相同、体现规范。

师：比较这两个编码，大家能发现什么？

生1：编码应该是简洁的。

生2：编码应该是规范的。

师：大家现在对编码有点感觉了吗？好！请大家结合自己生活经验，大胆地猜测一下，要编出一个好的编码，还要注意什么问题？

生1：不能重复，比如车牌、电话号码。

生2：不能总是更换，比如身份证号码。

（二）深入探究，提升认识

师：那是不是所有的编码都是简洁、规范并且具有唯一性的呢？下面我们共同研究一个非常典型的编码，来验证我们的猜想。这个编码我们都有，而且它还能代表我们身份，大家能猜到是什么吗？

生：身份证号码。

师：那大家知道在什么情况下要出示身份证、用到身份证号码吗？

生1：坐飞机的时候。

生2：住酒店的时候。

生3：在银行办理业务的时候。

师：可见身份证对于我们每个人而言非常重要。所以像身份证号码这样的个人信息码在生活中我们应该妥善保管、注意保密。

师：刚才我们提到的那些情况下，光用名字不行吗？

生：不行，名字有重复的。

师：那我们身份证号码有重复的吗？

生：没有。

师：这是怎么做到的呢？

生：身份证号码通过记录人的出生日期和地址，来区分姓名一样的人。

师:是不是这样呢? 要解开这个谜团,我们就要先认识这一大串数字的含义。对于身份证号码中的数字表达的含义,有的大家可能知道,有的可能不太清楚,现在就请同一小组的同学把收集到的号码放到一起,说一说你知道的,对于不知道的想办法大家推断一下。开始!

(学生交流活动,教师注意巡视)

师:同学们,大家一起分享一下研究的成果怎么样? 大家看这样行不行,我们先说说你们基本可以达成共识的地方,然后再提出分歧比较大的或是需要我帮忙的地方,我们再一起研究好吗?

生:好。

(小组研究交流后集体汇总)

师:好了,孩子们,下面我们一起分享刚才我们研究的成果,在分享中相互启发,谁愿意和大家一起分享你的观点?

生1:身份证号码都是18位。

生2:中间8个数字是出生年月日。

生3:我觉得开头6个数字表示的是地区。

师:你们是怎么知道的?

生1:我妈妈告诉我的。

生2:比较我们的身份号码和具体信息知道的。

师:这是一个非常好的方法,很多时候比较能帮我们找到解决问题的途径。

师:对于身份证号码中数字所代表的含义还有什么疑问吗?

生:后面的四个数字是什么意思?

师:好的孩子们,请看! 正如大多数同学推断的那样,身份证号码的7—14位表示的是一个人的出生日期,我们称它"出生日期码";前面的1—6位表示一个人的户口所在地,也就是地址,我们称它"地址码",也就是我们常说的表示他是哪儿的人(结合实际天津市的区和县在表示方法上的区别,引出其他省份);15—17位这三个数字表示的是一个人的出生

"顺序码",在这个地区那一年、那一月、那一天出生的人不止一个,所以要给他们排个顺序,排序的时候把单数分给男性,双数分给女性。所以我们要想从身份号码中知道一个人的性别,只需要看倒数第二位就可以知道了;最后一位是"校验码",为了保证每个人的身份证号码是唯一的,也就是和别人都不一样,"校验码"是根据前面17位数字按照公式计算得到的,从0—10,一共有11种可能,主要是便于计算机核对。

师:谁能带着大家回顾一下,我们的身份证号码都向我们传递出哪些信息? 大家可以看着屏幕说。

生:身份证号码中的"120"代表天津市,2……

(学生认真研读后再汇报)

师:看似平凡的一串数字,向我们传递出的信息却是丰富的,包括我们是哪儿的人,是什么时候出生的、出生的顺序是第多少个以及性别,后面是校验码,大家感觉到有什么没有? 请大家说说你的感觉。

生:有顺序。

师:(出示3个身份证号码)这是我们一家的身份证号码,你能猜出哪一个是我孩子的身份码号吗? 你的依据是什么?

教师出示三个身份证号码:

120225198009194174

120225200408180183

12022519810512496X

生:我一看就知道第2个号码是孩子的号码,因为从第7位到第14位表示的是他的出生年月日,他出生在2004年8月18日,到今年刚好9岁。

师:哪个是我的身份证号码?

生:第一个是老师的,因为您是男性,倒数第二位是单数。

师:你真是个细心的孩子。

师:那么对于身份证号码大家还有什么疑问吗?

生:身份证号码的最后一位X是什么意思?

师:你真是一个善于发现问题的学生,谁还有这样的疑问?

师:它读"10",它就是"10",在一些钟表上,大家可能会看到类似的标识,它是一个罗马数字(教师展示课件)。

师:大家的心中是不是又有了新的疑问?

生:为什么这里不写阿拉伯数字10,而要用一个罗马数字来代替呢?

师:谁能替他解惑?

生:如果这里写阿拉伯数字10,身份证号码的位数就不一样了。

师:大家都同意吗?

师:说到这里,我们再一起来看一下,我出生在几月? 明明是9月,为什么这么要写"09"? 把数字0去掉行吗?

生:不行,要用数字0占位。

师:前面日期码中用数字0占位,和后面使用罗马数字X是不是有着异曲同工之妙? 这么做的目的是什么呢?

生:是为了保证同一种编码的位数相同。

师:这么做有什么好处呢?

生:这体现出编码的规范性。

师:通过我的身份号码,大家能知道我今年多大吗?

生:33岁。

师:你是怎么知道的?

生:用现在的年份(2013年)减去您出生的年份(1980年),就可以知道了。

师:方法没错,你很善于思考! 想知道谁的年龄都要算一算,多麻烦呀。把身份证号码改革一下多好,比如用年龄代替出生年份,即把19800919换成33,大家一看就知道我几岁了。这样多方便! 我的想法有创意吧?

生:不行,年龄会变,一年改一次身份证更麻烦!

师:看来这个改法不科学,大家觉得怎样的编码才是好的编码、科学的编码?

生：在一段时间内它不能总变。

师：我们在编码的时候也要注意这一点。

师：这个想法不科学，没关系，咱不放弃，这里还有。身份证号码太长，多麻烦呀！咱们去掉其中一部分可不可以？比如只保留出生日期——19800919，这样可以吗？

生：不行，不行。

生1：这样就不知道是哪里的人了。

生2：这样不知道是男是女。

师：哦，信息不全！这个想法也不科学，因为我们的身份证是在全国使用的，在这个范围内它应该是独一无二的，也就是说一个科学的编码应该是怎样的？

生：不但要唯一，还要在一段时间之内是不变的！

师：也就是说，我们必须在科学的前提下追求简洁，而且用多少数字是根据我们的实际需要，我们在考虑问题的时候一定要周全。其实，身份证号码能规定成这个样子，是我们能够想到的最简单的办法了。过去的身份证号码中的年份使用两位数，没有校验码，所以都是15位，后来变成18位了，大家知道这是为什么吗？

（教师介绍"千年虫"问题：由于年份只使用两位数来表示，当系统涉及跨世纪的日期处理运算时，会出现错误的结果，进而引发各种各样的问题）

师：1999年在美国就出现了一件好笑的事。美国一位出生于1894年、当时已经105岁老太太突然收到幼儿园的入学通知单，什么原因呢？因为在电脑数据库中，她的出生日期年份没有"18"两个数字，电脑把便认为她是1994年出生的，那年正好5岁。（学生大笑）

师：编码作为一门科学也是在不断发展的，网上的资料说我们的第三代身份证可能要加入电脑芯片，到时可以容纳更多的信息，以便更好地服务于我们的生活。我们在编码时要选择相对重要、固定的必要信息。

师：现在大家对编码的认识清晰点没有？你觉得一个好的编码仅仅

做到简洁、规范就可以吗？更重要的应该是怎么的?

生:科学的!（教师板书:科学）

师:还有吗？信息多了以后在排不上要注意点什么,同一类编码的位数——

生:要有序。

【设计意图】

教师首先通过简单的生活事例的比较使学生初步感受编码的简洁,并引发学生对数字编码的思考;然后引导学生聚焦体验编码的编排规则和结构特点,让学生体验"为了需要去进行编码",并从中体验到数字编码中所蕴含的丰富而有效的信息,理解编码的原则。

三、初试编码,体验感悟

师:我们在班里都有学号吗？为什么要编学号呢?

生:大家都有学号,这样方便。

师:那我们的 3 号、10 号、28 号三位同学是谁呢？一个号码对应一个人,一个人一个号码,人和号码一一对应,是吧？（3 号、10 号、28 号三位同学分别举手示意）

生:是的。

师:可就是这样一个号码,却惹出了一场不小的风波。四年级三班的广播员,想让他们班的 7 号同学去广播室和他一起播报校园新闻,于是他在广播中说:"请 7 号同学到广播室,请 7 号同学到广播室……"结果……

生:(大笑)每个班的 7 号同学都来了。

师:大家能不能给他编一个在全校使用的科学、有序又简洁的学号,让其他的同学不会误会,只有四年级三班的 7 号一个人去广播室呢？四年级共有十二个班级,请大家思考一下,把自己的想法写在作业纸上。

(教师巡视,搜集几个有代表性的写法,写在黑板上)

师:根据自己对编码的理解,你觉得哪个更合适为什么?

方法 1:437。

师：请大家猜猜他这个编码是什么意思？

生：4 代表四年级，3 代表 3 班，7 代表 7 号。

师：很有序也很简洁，对于规范性和科学性大家怎么看？

生 1：因为班级人数是两位数，这样编写，会导致不规范，比如 17 号同学，学号就会是 4317，学号的位数就不同了。

生 2：而且班级编号如果超过 10，也会出问题，应该是 40307，这样能保证每个人的学号都是五位数。

师：大家对规范性的考虑很深入，有人考虑到他的科学性吗？

生 3：这样编码只能用一年，和身份证的道理一样，我想应该是 20090307，用入学年份代替年级，这样学号就可以使用六年了。

生 4：090307 就可以了，谁也不会在小学学习 1000 年。（学生大笑，掌声响起）

师：同学们，我为你骄傲！你们太棒了！数学是追求简洁的。如果是在班内，7 就可以了，如果是全校，用 090307 更合适。看来短有短的方便，长有长的好处！在保证科学的前提下追求简单，根据范围选择更合适的。

【设计意图】

让学生在解决实际问题的过程中，进一步感悟编码的规则与要传达的信息有关，理解编码时要根据实际需要选择必要的信息，培养学生思维的有序性和全面性。

四、回归生活，引发思考

师：在生活中还有哪些编码，谁用心观察过？

生 1：邮编。

生 2：银行卡号。

生 3：车票编号。

……

师：老师也带来了一些编码，咱们一起去看看。（播放课件"生活中的编码")

师:家用电器的型号,随处可见的街道、门牌号码,标识产品型号、类别的条形码,银行卡、信用卡的卡号、邮政编码。大家看过这些编码后有什么感受?

生:我觉得,生活中用到号码的地方真多呀!

师:对于如此众多的编码,我们可不可能在一节课内全部认识他们的含义,并把他们都记住?

生:不可能。

师:我们有必要把这些都记住吗?

生:没必要。

师:我觉得我们只需要知道这些编码在编码时的原则,明白编码的思想,我们在编码时该注意什么就可以了。大家觉得呢?

生:是的。

师:那在生活中我们用到某一个或是想去了解某一个编码的时候,大家应该怎么办?

生:上网查询。

生:询问别人。

师:真是个不错的办法,我们可以上网根据需要去查询,也可以询问专业人士。这都是我们获取知识的途径!

师:现在,数字编码已经扩展到了各个领域,越来越广泛地被人们采用。请大家想一想,如果没有这些编码,我们的生活会是什么样的?

生:如果有两辆一样的汽车,没有车牌号码,我们就不知道哪辆车是自己的。

生:那就太麻烦了。

师:好的孩子们,通过今天的学习,大家有什么收获?

生1:了解了编码的方法和原则。

生2:重新认识了数字的作用。

生3:了解到数字编码是有含义的。

生4:知道了数字编码的在生活中起到的重要作用。

……

师:正如学者凯里所说的那样——(教师通过课件展示)今天我们都成了号码。没有号码,我们有时候就像不存在似的。大家感觉到了吗?

师:孩子们,这节课就学到这里,课下请大家把学校的邮政编码和一个你喜欢的编码的意义和作用写下来,和同学们交流!好吗?

生:好!

师:下课。

【设计意图】

让学生体验在信息化、数字化时代中"编码"的广泛存在,从而让学生感受到数学的应用价值,体验数学的魅力。

【设计思考】

"数字编码"是人教版原五年级上册"数学广角"的内容,它包含的信息量非常大,且与生活的联系非常紧密。笔者曾在深夜自问,自己上小学时也学习过相关知识,但仔细想来,学过的数字编码的含义有的早已模糊,有些根本不记得了,那么今天我们还有必要让孩子去硬记这些吗?这样的内容让学生查查资料完全可以解决,那教材为什么还要特意安排这个内容?究竟什么才是这一教学内容应解决的主要问题?通过这节课的教学,我们应该给学生留下些什么呢?

本节课的教学,笔者试图用自己的理解去诠释以上几个问题:

第一,从学生已有的知识经验出发,找准教学的起点。

从"'1'这个数字可以表示什么"这个简单的问题情境入手,唤醒学生已有的知识经验,引发学生的数学思考,激发学生的学习兴趣,拓展学生的认识:数字既可以表示数量和顺序,也能用来编码。让学生们已有的知识经验得到了充分的唤醒和提升。

第二,创造性地使用教材,突出教学的关键点。

在课堂教学中,我们不可能也不需要把所有编码都认识完,所以体验的材料和活动也不是越多越好,关键在于对材料和活动本身价值的挖掘,并在此基础上和学生一起寻找生活中的其他编码,使学生体会数学的广泛应用,感悟数学的价值。

所以在教学材料的选择上,笔者弃用了教材安排在第一课时的邮政编码,仅仅把它作为课后的练习,并选择以身份证编码这一内容为载体来引导学生认识数字编码,并将第三课时中的尝试编学号融入进来,重组教学内容。这样做基于两点考虑:从学生认知的角度看,身份证编码学生更熟悉,更感兴趣,应用更广泛;从编码的内涵上来说,身份编码所体现的信息量更大,编码思想的体现更充分,能够让学生着重体会数字编码的基本编排原则;培养学生的问题意识和分析问题、解决问题的能力以及思维的有序性和全面性。

第三,搭建学生自主学习的平台,展现思维的生长点。

在本节课的"探索实践,感悟提升"这一核心环节中,通过"唤醒经验,感知猜测""交流探究,深入了解""质疑解惑,辨析提升""初试编码,体验感悟"等一系列数学活动,有目的、有步骤地为学生搭建自主学习的平台,让学生通过猜测、观察、比较、猜测等活动认识身份证号码,体会身份证编码的科学、规范、结构和有序,了解编码的发展与完善,体验"为了需要去进行编码",并从中体验到数字编码中所蕴含的丰富而有效的信息,理解编码的原则,并通过初试编码感悟编码的规则与要传达的信息有关,理解编码时要根据实际需要选择必要的信息,培养学生思维的有序性和全面性,给学生自主学习空间和时间,让学生的思维自然生长。

第四,用数学的眼光看世界,寻找数学与生活的契合点。

让学生在寻找生活中的编码的过程中,体验在信息化、数字化时代中"编码"的广泛存在性,体会编码与生活的密切联系和应用价值,感受到数学的应用价值,体验数学的魅力。对于如此众多的编码,我们显然无法在一节课内一一去了解他们的含义,有需要时可以根据需要去上网查询,也可以询问专业人士,拓展孩子获取知识的途径,给他们有指导性的意见。

用数学的眼光去寻找不同问题间的共性

——"植树问题（2013 版）"教学实录和设计思考①

【教材分析】

本节课的教学内容取材于《义务教育课程标准实验教科书·数学（人教版）》四年级下册"数学广角"。数学的思想方法是数学的灵魂，笔者认为，教材中安排这一内容的最终目的并不是让学生明白"棵数"与"间隔数"的关系，而是帮助学生清楚地认识到一个有趣的现象——在他们眼中并不相关的"植树问题""站队问题""爬楼问题""锯木问题"都有着相同的数学结构，并借助对应思想帮助学生建构普遍的数学模型，以提升学生的思维水平，使其体验数学思想方法在解决实际问题中的妙用，查阅资料发现此类问题可以统称为分隔问题，所以笔者将课题确定为"有趣的对应"。

【学情分析】

学生在一年级学习比多少时虽感受过——对应思想，但并不明晰。四年级学生的归纳概括以及推理能力还是一个薄弱环节，这些都将对学生理解掌握"分隔问题"中蕴含的思想方法造成一定的障碍，需要教师帮助解决。

【教学目标】

依据 2011 版课程标准落实"四基"的相关要求，结合对教材内容和学情的分析，笔者为本课教学制定了如下目标：

首先，引导学生经历用对应思想解决实际问题的过程，体会对应思想

---

① 本课曾于 2012 年 11 月在天津市小学数学"构建自主学习核心课堂"系列观摩活动中做展示。

的妙处,并学会应用这一思想解决简单问题的方法。

其次,通过数学活动,使学生逐步理解排队问题、植树问题等实际问题的数学结构是相同的,可以归结为同一个数学模式。

最后,培养学生用数学的眼光观察、分析事物的意识和能力。

【教学重点】

使学生理解排队问题、植树问题等实际问题都有着相同的数学结构,能够应用对应的思想方法解决一些简单的实际问题。

【教学难点】

理解排队问题、植树问题等实际问题有着相同的数学结构。

【教学准备】

多媒体课件。

【教学过程】

一、第一环节:创境激趣,思中唤醒感悟

(一)唤醒学生已有的知识经验

师:都说我们班的孩子各个都善于观察和思考,那我就考考大伙儿,行吗?

师:(展示图1)如果用数学的眼光去观察,你能发现什么?

生1:男生女生的排列有规律,一个男生一个女生,一个男生一个女生。

生2:男生和女生的人数一样多。

师:你是怎么知道的?

生2:这里是一个男生一个女生一组,一组一组的。

(二)感悟"一一对应"的思想方法

师:你真是个善于观察的孩子!你能不能用一个符号,或是手势配合你的语言,让大家看得明白些?

生1:一个男生对应一个女生,一个男生对应一个女生(配合手势)。

师：如果我们这样表达是不是一目了然？也就是说，男生和女生正好……（板书：一一对应）

师：如图 1 所示，男生如果有 100 人，女生有多少人？你是怎么知道的？

图1

师：如图 2 所示，男生如果有 100 人，女生有多少人？你是怎么知道的？

图2

【设计理念】

从学生的最近发展区入手，通过创设在无法知道具体数量的前提下，比较男生多还是女生多的问题情景，以找规律的知识经验为桥梁，唤醒孩子对一一对应思想方法的记忆和相关的知识经验，并通过两个问题围绕"男生人数"和"女生人数"之间的关系，进行强化训练，使学生体会一一对应的思想方法的妙用，为后面的研究铺垫。

二、第二环节：交流碰撞，辩中强化提升

数学教育家弗赖登塔尔认为，学习数学的唯一方法是实行"再创造"。在这一环节，笔者分三个层次展开，为学生自主构建知识、实现对知识的再创造、体验研究的乐趣提供平台：

(一)自主探索,辩中强化

师:(教师出示站队要求)有31名男生站成一排,如果准备让每相邻的2名男生之间都站3名女生,请问需要召集多少名女生?

师:这个队该怎么排,谁给大伙儿解读一下?

生:站成一排,每2个人之间都留一个空隙(间隔),每个空隙里站3个女生。

师:请大家观察一下,从这样排列的一排男生中能有什么发现?

生:有规律,一个男生,一个间隔;一个男生,一个间隔(动作演示)。

师:那你觉得一共需要多少名女生?

生:90人,93人。

师:能这么快说出结果很厉害! 大家觉得解决这个问题的关键是什么?

生:先找间隔的个数。

师:大家怎么看?

生:同意。

师:好找吗? 用什么方法比较好找?

生1:用一一对应的方法找规律,一个男生对应一个间隔。

师:都说有图就有真相,大家能画图说明吗?

(学生画图,教师选具有代表性的画到黑板上进行展示)

师:(引导学生体会)观察这三幅图,大家想说点什么?

生:虽然表达方式不同,但殊途同归,确定间隔个数时所用思想方法相同——都用到了"一一对应"思想(教师板书)。

生:在解决问题的时候,画图和"一一对应"的方法能帮助我们既准确又快捷地找到答案。

师:大家看看,我们将上面的交流做一些调整可以吗? (引导学生解读题意)例如:谁能给大伙解读一下? (给学生思考的空间,在汇报中展示完整的思考路径)一共需要多少名女生? 能解释一下自己的想法吗? (给所有学生展示自己思维成果的机会)能用画图的方法具体说明吗?

(感悟"一一对应")观察这三幅图,你想说点什么?(初步形成模型)大家觉得解决这个问题的关键是什么?(引导学生在交流中提升认识,为后面完成数学抽象进行铺垫)

(二)深入研究,辨中提升

通过上面的分析,学生都已笃定需要再召集 90 名女生,教师适时引导:有没有可能,在不增加男生也不改变每相邻 2 个男生之间都站 3 名女生的前提下,让再召集 93 名女生成为正确答案?

生:让 31 名男生围成圆形。

师:这是他的想法,大家觉得可行吗?

生:能。

师:大家能用什么方法验证一下吗?

生:用一一对应的方法。第一个男生和最后一个男生之间又多了一个间隔,间隔和人数一样多了。

师:大家真是一群善于思考的孩子!请大家想象一下,如果此时让 93 名女生按要求站到队伍当中,然后再把队伍从第一男生那里断开,展开变成一排,会是什么样子?

生:那么队尾处是 3 名女生。

师:如果一开始就想让学生站成这样队伍,该如何修改站队方案?

生:在队尾也站 3 名女生。

师:还可以怎么设计站队方案,需要召集多少名女生?(教师渗透队伍两头都不站女生、队伍一头站女生、队伍的两头都站女生三种不同情况)

【设计意图】

在思维碰撞中逐步强化提升学生对一一对应的思想方法的认识,最终将其内化为学生的数学素养,并在此过程中让学生的思维经历从不可能到可能再到还有可能的过程。

师:请大家想一想,我们生活中还有什么问题可以用"一一对应"的方法来解决的?

生1:路灯。

师:能说详细一点、让大家感受到规律吗?

生1:一个路灯、一个间隔,一个路灯、一个间隔。

师:大家能想象出这个画面吗? 能用动作来展示你脑中的画面吗? 我们可以去研究这当中谁和谁的关系? 大家是怎样研究的?

生2:路灯和其间的固定间隔之间的关系。它们是一一对应的。

【设计意图】

让学生带着"对应思想"重返生活,有意识地把一一对应的数学思想同生活现象对接。

三、第三环节:实践对比,练中内化升华

教师以学生上面的汇报为基础,逐步展示:爬楼、锯木、敲钟、植树等实际问题,请学生以小组为单位研究解决这些问题。

爬楼问题:如果上到 2 楼要爬 20 个台阶,那么爬到 4 楼需要上多少个台阶?

锯木问题:把一根木头平均分成 5 段,每锯一段需要 8 分钟,锯完一共要花多少分钟?

敲钟问题:如果每隔 5 秒钟敲一次钟,从听到第一声钟声到第五声钟声,需要多少秒?

植树问题:动物园要在全长 100 米的小路一边植树,每隔 5 米栽一棵。如果你是这项工程的承包商,你准备怎么栽? 按照你的方案,需要多少棵树苗?

小组讨论,然后全班交流,学生借助图示说明。

(前三题侧重训练脑图。其中,让孩子设计在 100 米的小路一侧设计植树的方案,目的在于让学生体会"两端都种""只种一端"与"两端都不种"这三种情况是根据实际需要产生的,体会三种情况下棵树与间隔数之间的关系)

师:大家想一想,这些问题有什么共同特点?

生:它们都与"间隔"有关。

师:对,不管是树的棵数、路灯数、排队的人数、楼层数,还是锯的次数,它们都与"间隔数"一一对应,属于同一类数学问题。在数学上,这些问题统称为"分隔问题"。(教师板书:分隔问题)你认为要解决分隔问题,关键是找到什么?

生:找到间隔数。

师:对,找到了间隔数,再按照一一对应的方法,就能找到跟它对应的数量了。也就是说,解决这类问题,比较有效的方法是……

生:画图和"一一对应"的思想。

师:那大家觉得在分隔问题中,谁最典型、最具代表性?

生:植树问题。

师:没错! 正是因为如此,我们教材编写的专家才在我们四年级下册的"数学广角"中安排了"植树问题",把它作为一个典型的数学模型帮助我们去认识这一类问题。

四、第四环节:回顾小结,谈中梳理反馈

教师引导学生对全课进行小结,分享收获的欣喜,使其获得数学学习的积极情感体验。

【设计理念】

本节课的教学构想力求从学生已有的知识和生活经验出发,以用数学思想、方法为主线,指导和带动具体知识内容的教学,将学生感悟、掌握数学思想方法放在首位,以促进学生数学素养的提高。

【设计思考】

陈省身先生说的"数学好玩",让许多孩子对数学心存向往,可是学生在面对很多数学问题时却又束手无策。这是什么原因? 反思我们的教学,可以发现原本简单的问题被搞复杂了。因为,有些知识只要让学生把握其核心本质,掌握解决问题的核心方法,即可使学生以不变应万变。但在实际教学中恰恰相反,教师为追求所谓的简单,往往将目标只聚焦于数

学知识结果、规律的归纳与提炼,让学生依靠死记硬背去掌握与运用,这是事倍功半的根本所在。

例如,四年级下册的"植树问题",很多教师将这节课的重点放在让学生总结、归纳、记忆三种植树情况下的"加一""不加不减""减一"的规律,而不是将重点放在让学生认知生活中诸如植树一类问题的结构、内涵。植树问题实际是一个代名词,它指一类关于"点"与"间隔"之间的关系问题,生活中凡是具有这种结构属性的问题都时植树问题。如,"站队问题""爬楼问题""锯木问题"等。如果当学生面对这样的问题时,只会盲目地想它属于植树问题中的哪一类情况,而非把握其内涵本质,不仅会使学生因死记硬背而出现"错乱",而且会错失了这种课程的教育价值。

笔者认为,这样的教学要让学生在运用已有知识解决生活问题的过程中,能够从数学的角度去观察、发现问题(如何计算这一类问题);用数学的思维去思考、分析问题(发现点与间隔的关系);用数学的方法去研究解决问题(一一对应,通过间隔找点数),这是发展培养数学素养的必经过程。为此,笔者做了如下的尝试:

首先,从生活提取数学信息,让学生有数学的眼睛。

笔者立足学生的最近发展区,通过创设贴近学生实际生活的问题情境"在这一列队伍中,男生人数多? 还是女生人数多?"唤醒孩子对一一对应思想方法的回忆和相关的知识经验。围绕"男生人数"和"女生数"之间的关系,引导学生展开讨论,使学生体会一一对应的思想方法的妙用,为后面的研究铺垫。

其次,从问题引发数学思考,使学生有数学的思维。

虽然,教材已经将生活中的植树现象作为点与间隔一类问题的代表,但是学生对植树问题中隐含的三种植树方式缺少概念。因此,这节课我试图以学生熟悉的排队问题入手,创设情境:已有31名男生站成一排,如果准备让每相邻的2名男生之间都站3名女生,请问需要召集多少名女生?

在学生自主探索的基础上,全班交流,教师着重引导,比较学生画图分析的过程,渗透化繁为简的思想,让学生体会虽然表达方式不同,但殊途同归,确定间隔个数时所用思想方法相同,即都用到了"一一对应"思想。并使得学生初步体会到一一对应的思想方法能帮助我们既准确又快捷地解决问题。

通过上面的分析,学生都已笃定需要再召集 90 名女生,教师继续引导:"有没有可能,在不增加男生也不改变每相邻 2 名男生之间都站 3 名女生的前提下,让再召集 93 名女生成为正确答案?"

学生的第一反应是不可能,但沉默之后,有学生很有创意地提出让 31 名男生围成圆形。在这一具有创新性的想法下,全班学生想象认可,并用一一对应的方法加以说明和论证。

接着教师利用多媒体动画将围好的圆再展开并追问:"如果一开始要站成这样的队伍,该如何补充修改最初的方案,即在队尾也站三名女生? 还可以怎么设计站队方案,需要召集多少名女生?"

三种递进式问题渗透队伍两头都不站女生、队伍一头站女生、队伍的两头都站女生三种不同情况,在思维碰撞中逐步强化提升学生一一对应的思想方法的认识,最终将其内化为学生的数学素养,并在此过程中让学生的思维经历从不可能到可能再到还有可能的过程。

最后,从数学回归生活,使学生学会用数学表达。

通过让孩子们"想一想、说一说,我们生活中还有什么类似问题可以用一一对应的方法来解决?"让学生从数学回归生活,有意识地把一一对应的数学思想同生活现象对接,促进学生清楚地认识到在他们眼中并不相关的"植树问题""站队问题""爬楼问题""锯木问题"都有着相同的数学结构,并借助对应思想帮助学生建构一般的数学模型,以提升学生的思维水平,使其体验数学思想方法在解决实际问题中的妙用。同时学生数学学习的积极情感体验也在此过程中自然获得,从而促进了学生的全面发展。

数学课堂教学是一个永无止境的研究课题,只有抓住数学的本质,体现数学内涵,直面学生的学习现实;展现学生真实的思维历程;放手让学生去实践、去探究、去体验、去感悟,才能让学生的学习真正发生在我们的课堂上,从而使学生获得数学的知识与技能,加深对数学知识的理解,并能灵活运用数学思想与方法,让学生快乐学习数学、享受数学。还数学课堂应有的教学形态,担当起落实数学课程目标的重任,这该是当下每一个数学教育者的应然追求。

在"变"与"不变"中领悟知识关联

——"分数的基本性质（2014版）"教学实录与设计解读①

【教学内容】

《义务教育课程标准实验教科书·数学（人教版）》第十册，第75—76页的内容。

【教学目标】

首先，使学生经历对分数的基本性质的探索过程，理解分数基本性质并与除法中商不变性质进行类比，体验解决问题策略的多样性，积累活动经验。

其次，让学生经历"质疑—验证—推理—反思"的过程，培养学生的推理能力，发展学生的应用意识、问题意识和创新精神。

最后，使学生在探究活动中，获得成功的体验，建立自信心，感受到数学的严谨性及事物是相互联系的辩证唯物主义观点，培养学生会思善问的学习品质。

【教学重点】

通过探究感悟，抽象、概括出分数的基本性质，并会简单应用。

【教学难点】

活用分数的基本性质，沟通其与商不变的性质和小数性质的联系。

【教学准备】

长方形纸片，彩笔，直尺，多媒体教学课件。

---

① 本课曾于2014年4月获天津市第八届中小学"双优课"评比小学数学学科一等奖第一名。

【教学过程】

一、第一个环节:创设情景,引发思考

师:小的时候,同学都叫我"孟三问"。大家知道为什么吗?

生:因为老师爱问问题。

师:没错! 而且我的问题,都是在思考之后提出的。比如:在认识自然数以后,我有一个疑问:在自然数的范围内,可以找到两个大小相等但各个数位上数字都不相同的自然数吗?

生:不能。

师:在小数的范围内,可以找两个到大小相等但各个数位上数字都不相同的小数吗?

生:不能。

师:难不倒你们! 还有一个问题,在认识分数以后,在分数范围内可以找到两个大小相等且分子、分母又都不相同的分数吗?

生:这个有,有很多。

【设计意图】

"疑是思之始,学之端。"思考这样一连串的问题,目的有三个:一是唤醒学生已有的知识经验,二是迅速地点燃孩子们求知欲望,三是引发学生的数学思考,为主动探究新知聚集动力。

二、第二个环节:自主探索,构建新知

(一)第一步骤:动手实践 ——"做"中感悟

1.猜测验证,初步感知

师:觉得和 $\frac{1}{2}$ 相等的分数有哪些?

生: $\frac{1}{2}$、$\frac{2}{4}$、$\frac{4}{8}$……

师:同学们,这些分数,真的和 $\frac{1}{2}$ 相等吗? 光说可不行,咱们要用事实

说话！请大家从中任选一到两个分数,用你喜欢的方法去验证它们是否真的与 $\frac{1}{2}$ 相等,可以吗?

生:好的。

师:那就开始吧!

学生操作(折一折、画一画或算一算)去验证所列举分数是否与 $\frac{1}{2}$ 相等。教师巡视并鼓励已经完成的同学,请他们把自己的想法身边的同学说一说。

教师展示学生作品(目的:使学生初步感受变中的不变)

师:好的同学们,现在大家分享一下验证的结果好吗?

生1:我用的是折纸的方法,我用3张同样大小的纸,分别表示出了 $\frac{1}{2}$ 、 $\frac{2}{4}$ 和 $\frac{4}{8}$ 这三个分数。大家请看,涂色部分都是这张纸的一半,也就是说,这三个分数确实相等。

师:谁有不一样的方法?

生2:我用的是画图的方法。通过比较,也能发现这三个分数是相等的。

师:画图确实是我们研究问题一个好方法。老师也准备了一幅图,大家看。(教师边说边课件演示)这有一个长方形,当我们把它平均分成两份之后,蓝色的部分就是它的……

生: $\frac{1}{2}$ 。

师:如果我们把图中的每一份再平均分成两份,蓝色的部分将是这个长方形的……

生: $\frac{2}{4}$ 。

师:现在呢(把图中的每一份再平均分成两份)?

生: $\frac{4}{8}$ 。

师:在刚才我们观察的过程中,你有什么特别的发现没有?

生:平均分的份数和取的份数都变了,但是阴影部分的大小和"单位1"始终没变。

师:是这样吗?

生:是的,是这样。

生3:我用求商的方法,根据分数和除法的关系,我们可以知道 $\frac{1}{2} = 1 \div 2 = 0.5, \frac{2}{4} = 2 \div 4 = 0.5, \frac{4}{8} = 4 \div 8 = 0.5$,这也可以证明这三个分数相等。

师:大家用到的方法虽然不同,但是殊途同归,都有效验证了:$\frac{1}{2} = \frac{2}{4} = \frac{4}{8}$(同时板书),这些都是解决问题的好方法。

【设计意图】

明确大小相等但分子分母不同的分数确实存在,使学生初步感受变中的不变。

2. 观察想象,深入体验

师:通过刚才的操作我们可以肯定,分子分母不同但大小相等的分数确实存在。大家能找到和 $\frac{1}{3}$ 相等的分数吗?

生:$\frac{1}{3} = \frac{2}{6}$。

师:你有办法在表示 $\frac{1}{3}$ 这幅图的基础上,表示出他说的那个 $\frac{2}{6}$ 吗?

生:把表示 $\frac{1}{3}$ 这幅图中的每一份再平均分成两份。

师:大家觉得可行吗?

生:可行。

师:和 $\frac{1}{3}$ 相等的分数你还能想到哪个?怎么证明它与 $\frac{1}{3}$ 相等?

生：$\dfrac{3}{9}$，把表示 $\dfrac{1}{3}$ 这幅图中的每一份再平均分成 3 份。

生 1：$\dfrac{1}{3}=\dfrac{2}{6}=\dfrac{2}{5}$。

生 2：虽然把圆平均分的份数和表示的分数都变化了，但圆的大小始终没变，也就是"单位 1"没变，阴影部分的大小也没变。

师：继续观察（课件展示线段图），通过这幅图你能找到一组相等的分数吗？

生：$\dfrac{4}{10}=\dfrac{8}{20}=\dfrac{16}{40}$（板书）。

师：怎么想到的 $\dfrac{8}{20}$？

生：把表示 $\dfrac{4}{10}$ 这幅图中的每一份再平均分成两份，红色部分就是这条线段的 $\dfrac{8}{20}$。

师：大家也都是这么想的？

生：是。

师：当我们把表示 $\dfrac{8}{20}$ 这幅图中的每一份再平均分成两份呢？

生：$\dfrac{16}{40}$。

师：还能继续分下去吗？

生：能。

师：那么也就是说和 $\dfrac{4}{10}$ 相等的分数将有……

生：无数多个。

师：那和 $\dfrac{1}{2}$ 或 $\dfrac{1}{3}$ 相等的分数呢？

生：也有无数个，和任何一个分数相等的分数都有无数个。

师：大家想到的分数的分子分母都是比 $\frac{4}{10}$ 大，能想到一个分子分母小一点的吗？

生：$\frac{2}{5}$。

师：你是怎么想到的？

生：把表示 $\frac{4}{10}$ 这幅图中的每两份"看成"一大份，红色部分就表示全部的 $\frac{2}{5}$。

师：大家觉得呢？

生：是。

【设计意图】

丰富后面的研究素材，感受图中的变和不变，渗透极限思想。

（二）第二步骤：梳理归纳——"思"中顿悟

1.尝试表达——感悟

师：真不错！通过猜测验证、观察想象我们找到了这样三组相等的分数，大家发现了什么没有？这三组分数有没有什么共同点？

生：分子分母不断变化，但每一组分数的大小没变。

师：这有没有激起你的心中的疑问呢？

生：为什么分子分母变了，分数的大小却不变呢？

师：对呀！分子分母是怎样"变"才使得分数的大小"不变"的呢？

师：分子分母是按照怎样的规律变化才使得分数的大小不变的呢？

师：大家可以选我们验证过的某一组相等的分数，写在自己的本子上观察比较，并把你发现的规律标一标，也可以通过比较这三组相等的分数，用自己喜欢的方式把自己的发现用你们觉得最简洁、最容易让别人看懂的方式表达出来。

师：完成之后，同学们可以把你的想法和身边的同学说一说。遇到困难的同学可以和同一小组的同学讨论一下或是请老师帮忙。

(逐层呈现学生的研究成果)

师:好的孩子们,让我们在分享中不断完善我们的发现。

出示学生作品1(图1):用箭头和数字表示规律。

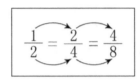

图1

师:他的表达方式大家能看明白吗?大家觉得他哪里值得你学习,你受到了那些启发?或是说说你觉得哪里怎么改进会更好?

生:他是用箭头标出了他观察的方向,很清楚,但是看不出分子分母是怎么样变化的,如果标上数字就更好了。

师:怎么标?请你到前面标出来好吗?(学生上前演示,如图2)

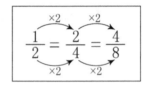

图2

师:和刚才相比有什么感触?

生:更清楚、明了。

师:你从中受到启发没有?我们还可以怎么观察?

生:还可以从右到左观察。

适时板书(图3)。

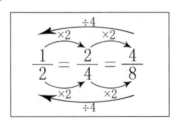

图3

师:从左向右观察我们发现了规律,而从右向左观察我们除了发现规律之外,更体现出我们观察的智慧,不同角度也会有不同的收获。

师:通过刚才的观察我们发现,分子分母在变化的同时,它的大小始终没变,有的同学试图通过一句话去描述他所发现的规律。(教师展示:一个分数的分子和分母同时乘或除以一个相同的数,分数的大小不变。)

师:请大家仔细阅读,你觉得他是否清楚、准确地表达出我们心中的那个规律了吗? 你有什么建议吗?

生:我认为乘或除以的这个数不能是"0"。

师:为什么?

生:因为分数的分母不能是0,而且0也不能做除数。

师:大家觉得呢?

生:同意。

师:这里还有一个同学的思维成果,大家能看懂吗? 他所表达的是你心中的那个规律吗? 教师展示:

$$\frac{a}{b}=\frac{a\times c}{b\times c},\frac{a}{b}=\frac{a\div c}{b\div c}。$$

生:是。

师:谁能解读一下?

生:$\frac{a}{b}$表示一个分数,分子和分母同时乘或除以一个数 c,分数的大小不变。

师:c 可以表示任意一个数?

生:不能是0。

师:如果在这个作品的上面加上一个条件,让它更科学严谨。除去 $c\neq0$,还有其他的吗?

生:a 和 b 也不能是0。

2. 尝试归纳——明理

师:这个规律清楚了没有?

生:清楚了。

师：那谁能用一句准确而简明的话来概括分子分母怎么变，分数的大小却不变的规律？

生：分数的分子和分母同时乘或除以一个相同的数(0除外)，分数的大小不变。

师：有没有补充或是不同意见？

生：没有。

师：那为什么分数的分子和分母同时乘或除以一个相同的数(0除外)，分数的大小就会不变呢？（停顿5秒）

师：我们再次观察这幅图，看看能否有新的发现？（教师展示：长条图，动态演示）

师：仔细观察，当我们把 $\frac{1}{2}$ 的分子分母同时乘2变成 $\frac{2}{4}$，再通过把 $\frac{2}{4}$ 的分子分母都乘2变成 $\frac{4}{8}$；或是 $\frac{4}{8}$ 的分子分母同时除以4变成 $\frac{1}{2}$，在这样变化过程中，你发现了什么？

生1：平均分的份数2份变成4份，所表示的份数由一份变成了2份，表示的分数由 $\frac{1}{2}$ 变成了 $\frac{2}{4}$，阴影部分的大小没变。

生2：分子分母都扩大了2倍。

生3：不管分子分母怎么变，阴影部分始终是这个长方形的一半。

生4：阴影部分与"单位1"的关系始终没变。

师：虽然平均分的份数和取的份数都变化了，使得分子分母发生了变化，但是它们的变化是有规律的：都是同时发生同样的变化，但是阴影部分与"单位1"的关系始终不变，都是一半"单位1"，所以分数的大小没变。

师：也就是说当我们把分数的分子和分母同时乘或除以一个相同的非0数的时候，分数的本质怎么样？

生：不变。

师：改变的只是它的什么呢？

生:只是它的样子。

师:这个词用得真好! 那我们就用最自豪的姿态,大声把我们发现的规律说出来行吗?

生:分数的分子和分母同时乘或除以相同的数(0除外),分数的大小不变。(教师贴题板)

师:今天我们研究得出这个规律适用于所有的分数吗? 大家能用我们以前学过的知识或规律加以解释说明吗?

生:因为分子相当于被除数,分母相当于除数,在除法当中,分数的被除数和除数同时乘或除以一个相同的数(0除外),商不变,所以在分数中,分子和分母同时乘或除以一个相同的数(0除外),分数的大小不变。

师:其实大家归纳概括得出的"规律"就是我们今天要认识的分数的基本性质(板书课题)。

师:请大家自读课本,结合刚才的研究,大家觉得分数的基本性质当中,哪些字或是词是比较关键的? 请大家把这些关键字词画下来,与同桌交流。

【设计意图】

让学生通过动手实践,在合情推理的基础上探究"形变值同"的缘由,积累活动经验,实现思维成长。领悟学习方法,积淀学习后劲。

三、第三个环节:巩固拓展,提升认识

师:现在你能快速地根据分数的基本性质找与某一个分数相等的分数吗?

生:能。

师:和 $\frac{2}{4}$ 相等的分数有哪些?

生: $\frac{4}{8}$。

师:你是怎么找到的?

生：把 $\frac{2}{4}$ 的分子分母都乘 2。

师：其他同学认知倾听仔细判断，和 $\frac{5}{10}$ 相等的分数有哪些？

生 1：$\frac{10}{20}$。

生 2：$\frac{2}{4}$。

生 3：$\frac{1}{2}$。

师：那和 $\frac{50}{100}$ 相等的分数有？

生 1：$\frac{1}{2}$。

师：大家发现没有，刚才我们说到的这些分数都和 $\frac{1}{2}$ 是相等的。正是因为分数有这样的性质(手指课题)，它才能以不同的形式出现。请大家把 $\frac{2}{3}$ 和 $\frac{10}{24}$ 化成分母是 12 而大小不变的分数。

教师通过课件展示：

$$\frac{2}{3} = \frac{2 \times \boxed{}}{3 \times \boxed{}} = \frac{\boxed{}}{12}$$

$$\frac{10}{24} = \frac{10 \bigcirc \boxed{}}{24 \bigcirc \boxed{}} = \frac{\boxed{}}{12}$$

图 4

师：请在你的作业纸上，把 $\frac{2}{3}$ 和 $\frac{10}{24}$ 化成分母是 12 而大小不变的分数。

(学生独立完成后展示交流)

师：大家是依据什么来思考并完成这道题的？

生:根据分数的基本性质。

师:请大家回忆刚才我们提到的分数基本性质中的关键词,仔细观察下面四道题,大家觉得有没有问题?

教师通过课件展示:

①$\frac{4}{5} = \frac{4 \div 2}{5 \times 2} = \frac{2}{10}$ ( )　③$\frac{2}{4} = \frac{2 \times 1.5}{4 \times 1.5} = \frac{3}{6}$ ( )

②$\frac{3}{4} = \frac{3 \times a}{4 \times a}$ ( )　④$\frac{2}{5} = \frac{2+4}{5+4} = \frac{6}{9}$ ( )

图 5

生1:第一题不对,题中没有做到分子分母同时乘或除相同的数。

生2:第二题不对,没有强调0除外。

生3:第三题是对的。

师:分子分母都乘一个相同的小数可以吗?

生:可以,只要不是0,就可以。

师:很好!理解很透彻!请大家再看第四题。

生:不对!同时加上一个数是不可以的。

师:如果非要在$\frac{2}{5}$的分子上加上4,而且要求分数的大小不变,你觉得分母应该加上几?

生:加上 10

师:为什么,你们怎么知道的?

生:因为在$\frac{2}{5}$的分子上加上4,就相当于把分子乘以3,根据分数的基本性质,要使分数的大小不变,分母也要乘以3,也就是分母要变成15才可以,所以要加上10。

师:真厉害!我们要学会通过现象看本质。

【设计意图】

体现"让不同的学生在数学上有不同的发展"这一新课程的理念，培养学生的思维能力。

四、第四个环节：反思评价，完善认知

师：孩子们通过这节课的学习有什么收获？你认为自己在今天课堂上的表现得怎么样？谁帮助了你或是谁的发言对你很有启发？

生：知识技能收获和学法。

师：我们是怎么认识分数的基本性质的？

生：通过"猜想—验证—观察—归纳—总结"这样的过程。

师：之前，我们学习过商不变的性质，今天我们认识了分数的基本性质并通过商不变的性质去验证了分数基本性质的合理性，以后我们还会认识比，学习比的性质！到时大家看一看，它们之间又有怎样的联系好吗？

生：好！

【设计意图】

这样的设计，不但让学生谈知识技能方面的收获，还着重让学生谈了学习的方法、情感态度方面的收获，再一次激起良好的情绪体验，同时打通知识联系，帮助学生重建认知结构。

【设计思考】

本课内容是以分数大小相等这一概念为基础的。因为分数与整数不同，两个分数的大小相等，并不意味着两个分数的分子、分母分别相同。也正是因为如此，在教学这一内容时，我们一直以来沿用的都是创设类似于猴王分饼的情景或是由分数与除法的关系，利用商不变的性质切入并从中得到几个相等的分数，而后引领学生观察一组组相等分数的分子、分母是按什么规律变化的，归纳出分数的基本性质。

通过这节课学习，不但要让学生认识分数的基本性质，还应让学生明了分数基本性质表现背后的本质，帮助孩子打通其与商不变性质、小数性

质之间的知识联系,帮助学生重建孩子的认知结构,并将孩子的思维引向更深处。因此,本节课的教学重点突出以下几个方面:

明确一条主线——以数学思想(变和不变)为主线。

基于对课程标准中对数学思想的相关要求,笔者对本课的设计试图以"变和不变"的数学思想为主线展开教与学的活动。由依托直观的图形体味变中的不变,到通过观察相等分数的变中的不变,再到将"数"与"形"结合起来帮助学生理清分数基本性质背后的本质,"变和不变"的数学思想贯穿始终。不仅向学生渗透事物是相互联系的辩证唯物主义观点,同时也给学生提供一种观察和分析问题的方法,在这样一种的数学思想的引领下,学生对分数基本性质本质的理解也变得水到渠成。

经历两种推理——合情推理和演绎推理。

推理是数学的基本思维方式,也是人们学习和生活中经常使用的思维方式。通过本节课的教学,笔者试图先用合情推理的方式帮助学生探索分数的基本性质,并去尝试归纳发现结论;再引导学生通过演绎推理的方式用商不变的性质去证明分数的基本性质适用于所有的分数。培养学生运用推理进行思考的思维方式的同时,让学生对分数基本性质的学习在丰厚的归纳推理和演绎推理的体验中自然生长。

把握三个基点——切入点、关键点和延伸点。

本课的设计突出三个基点:即引入新课的切入点,探究活动中的关键点和本课知识的延伸点。首先是通过分数的独有特点——两个分数分子分母不同,却有可能相等。设置"三问"设疑,帮助学生体会分数与自然数和小数的区别的角度切入。其次是将"分子分母怎样变才使得分数的大小不变"设定本课研究活动的关键点,围绕这一关键点展开了操作、感悟、分析、推理等一系列的数学活动,让孩子试着用数学思维去思考,体验如何运用新旧知识间的联系和迁移去分析和解决问题,培养学生好学善思的学习品质。最后是延伸点,通过本节课的教学,不仅帮助孩子打通分数基本性质与商不变性质、小数性质之间的知识联系,帮助学生重建孩子的认知结构,同时还在课尾引出比的性质,让学生知道知识的前后联系,引发学生新的猜测和思考，激发他们继续探索的欲望。

当然，这节课的教学过程中也发现很多问题，比如：如何通过落实小环节的细节让环节目标更明确，如何设置更开放性的问题让孩子有广阔的探索空间等，待日后细细打磨提升。

因悟得润,增长数学智慧

——"分数的基本性质(2015版)"教学实录 与专家点评①

【教学内容】

《义务教育课程标准实验教科书·数学(人教版)》五年级下册第57页例1—2及练习十四中部分题目。

【教学目标】

首先,学生理解分数的基本性质,在"质疑—验证—推理—反思"的过程中,发展学生合情推理能力,能有条理地思考及比较清楚地表达自己的思考过程和结果。

其次,在探究分数的基本性质的过程中,理解其本质并与除法中商不变性质进行类比,体验、感悟推理思想,为形成数学方式的理性思维积累活动经验。

最后,使学生在探究活动中,获得成功的体验,建立自信心,感受到数学的严谨性,渗透事物是相互联系的辩证唯物主义观点,培养学生会思善问的品质。

【教学重点】

通过探究感悟,抽象、概括出分数的基本性质,并会简单应用。

【教学难点】

活用分数的基本性质,沟通其与商不变的性质和小数性质的联系。

【教学准备】

长方形纸片、多媒体教学课件。

---

① 本课曾于2015年4月在云南昆明举办的全国小学数学(人教版)示范课展评活动中获一等奖,并受到东北师范大学马云鹏教授高度评价。

【教学过程】

一、第一个环节：创设情景，引发思考

师：小的时候，同学都叫我"孟三问"。大家知道为什么吗？

生：因为老师爱问问题。

师：没错！我喜欢和他们分享自己的困惑和思考。比如：在自然数的范围内，可以找到两个大小相等但各个数位上数字都不相同的自然数吗？同学们觉得能找到吗？

生：不能。

师：那在小数的范围内，可以找到两个到大小相等但各个数位上数字都不相同的小数吗？

生：不能。

师：请大家继续思考，在分数范围内，可以找到两个大小相等且分子、分母都不相同的分数吗？

生：这个有，有很多。

【设计意图】

"疑是思之始，学之端。"请学生思考这样一连串的问题，目的有三个：一是唤醒学生已有的知识经验；二是迅速点燃孩子们求知欲望；三是引发学生的数学思考，为主动探究新知聚集动力。

二、第二个环节：自主探索，构建新知

（一）第一步骤：动手实践——"做"中感悟

1.猜测验证，初步感知

师：看来，分数真的有点特别！大家觉得可能和 $\frac{1}{2}$ 相等的分数有哪些呢？

生：$\frac{1}{2}$、$\frac{2}{4}$、$\frac{4}{8}$（教师板书：$\frac{1}{2}$、$\frac{2}{4}$、$\frac{4}{8}$）……

师:如果请你去证明他们确实和$\frac{1}{2}$相等,你准备怎样做?

生:画图证明。

师:能说具体点吗?

生1:画圆,先画一个圆,将其平均分成2份,其中一份就是它的$\frac{1}{2}$,再画一个圆,将其平均分成4份,取其中2份就是它的$\frac{2}{4}$,再画一个圆,将其平均分成8份,取其中4份就是它的$\frac{4}{8}$。

师:还有谁也想到画图的方法,刚才那位学生想要画圆,你呢?

生2:画长方形。

生3:画正方形。

生4:画三角形,不好,不方便平均分(其他学生大笑),我们可以画线段。

师:非常睿智而且善于反思的小伙子! 依据我们研究分数的经验寻求解决问题的方法,不简单!

师:同学们请看(展示图1),借助你们所说这样的三幅图就能证明这三个分数是相等的吗?

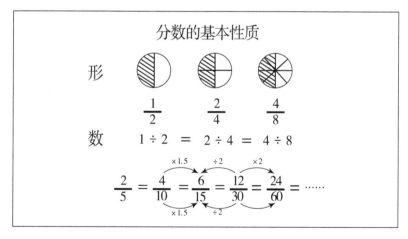

图1

生:是,可以。

师:从图中你们发现了什么?

生:我们可以看到它们都表示这个圆的一半。取的份数都是平均分的份数的一半,阴影部分始终是这个圆的一半。

师:阴影部分都是圆的一半,大家的意思是,阴影部分与"单位1"的关系都是一样的,对吗?除去借助直观的图形去思考,还有没有同学从不一样的角度去思考的?

生:因为 $\frac{1}{2} = 1 \div 2 = 0.5$,$\frac{2}{4} = 2 \div 4 = 0.5$,它们都等于 0.5,所以这三个分数相等。

师:把一个分数转化成一个除法算式,这是依据的什么呢?

生:依据的是分数和除法的关系。

师:抓住知识间的联系也寻找到了解决问题的突破口,也是好方法!

【设计意图】

明确大小相等但分子分母不同的分数确实存在,明确可以从"数""形"两个角度去思考,适当渗透分子分母的变化分数大小的原因。

2. 再次操作,深入体验

师:像这样相等的分数还有吗?请你再想两个分子分母不同但大小可能相等的分数。请大家快速在脑海中搜,你想到的是?

生1:$\frac{1}{3} = \frac{2}{6}$。

师:这是他想到的,你呢?

生2:$\frac{10}{20} = \frac{50}{100}$。

师:非常自信的小伙子!你想到的是什么?

生3:$\frac{3}{9} = \frac{1}{3}$。

师:好!请大家把你觉得可能相等的那组分数在纸上写出来,并用自己喜欢的方法去验证它们是真的相等。

学生独立思考证明并在小组内交流,相互评价后汇报。(巡视过程中教师收集有代表性的学生作品)

师:同学们,请看屏幕。下面我们一起分享几位同学的作品,在分享中相互学习,好吗?

(1)用计算的方法去证明

师:(投影展示学生作品)大家能看懂这位同学怎么去证明 $\frac{1}{5}$ 和 $\frac{2}{10}$ 相等吗?

生:依据分数和除法的关系,写出除法算式然后计算。

师:(投影展示学生作品)再看这个同学的作品,他不计算这两个分数对应的除法算式,请大家猜猜他是怎么知道这两个算式的商是一样的呢?

生:依据商不变的性质,被除数和除法同时乘2,它们的商不变。

师:还有谁想到了这样的方法? 掌声送给这些启发我们、让我们有新思考的同学!

(2)用画图的方法去证明

①用两幅图去证明

师:(投影出示学生作品,如图2)大家看这位同学想怎么去证明 $\frac{1}{4}$ 和 $\frac{2}{8}$ 相等?

生:画图。

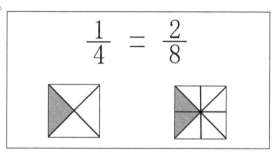

图 2

师:能证明这两个分数相等吗?

生:可以。

师:(投影展示学生作品,如图 3)这样能证明 $\frac{2}{3}$ 和 $\frac{4}{6}$ 相等吗?

$$\frac{2}{3} = \frac{4}{6}$$

图 3

生:可以。

师:再看这个(投影展示学生作品,如图 4)。

生:可以。

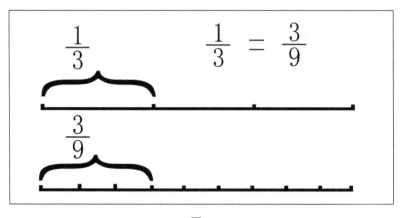

图 4

②用一幅图去证明

a.把两份合并成一份

师:(投影出示学生作品,如图 5)用这幅图能证明 $\frac{2}{6}$ 和 $\frac{1}{3}$ 相等吗?

生 1:不能。

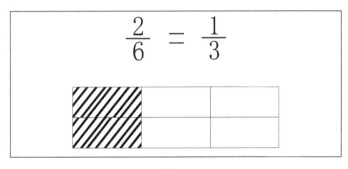

图 5

生 2:能!

师:为什么这位同学觉得用这幅图能证明$\frac{2}{6}$和$\frac{1}{3}$相等?他是怎么看出来的呢?

生:想象,想象把图中的每两小份合成一大份,就是长方形的$\frac{1}{3}$。

师:噢!我们一起用想象的方式再看看,能说明他们相等吗?

生:可以。

师:我们一起验证,把这两份合并成一份,把这两份也合并成一份,把这两份也合并成一份,这样"单位 1"就被平均分成几份?阴影部分从两份变成了几份?大家有什么发现?

生:单位被平均分成了三份,阴影部分变成了一份。

生:$\frac{2}{6}=\frac{1}{3}$。

师:平均分的份数和取的份数同时发生了变化,大家怎么还说$\frac{1}{3}=\frac{2}{6}$呢?

生:这两个分数表示的都是这个阴影部分和"单位 1"之间的关系。

师:正是因为这样,分子分母虽然发生了变化,但分数的大小却没变。

b.把两份合并成一份

师:(投影展示学生作品,如图 6)大家有办法用表示$\frac{1}{4}$这一个图,带

领大家一起感悟 $\frac{1}{4} = \frac{2}{8}$ 背后的奥秘吗？

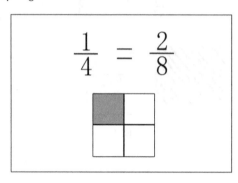

图6

生：把每一份再平均分成两份。

师：大家一起想一想，如果把图中每一份再平均分成两份，平均分的份数就会由现在的四份变成几份呢？

生：八份。

师：取的份数会由一份变成几份呢？

生：两份。

师：那阴影部分和"单位1"的关系会不会发生变化呢？

生：不会。

师：请大家注意观察，(划线)和你想的一样吗？

生：一样。

师：平均分的份数和取得份数同时发生了同样的变化，所以分数的大小发生变化了吗？

生：没变。

c.利用线段图拓展想象

师：大家真是一群了不起的孩子，会思考，善于观察。请大家猜猜这位同学，想用这幅图证明 $\frac{8}{10}$ 和哪个分数相等？（投影展示学生作品，如图7）

生：$\frac{4}{5}$。

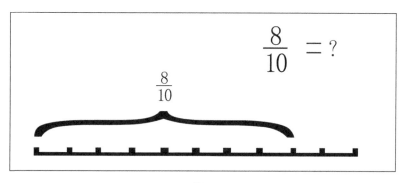

图 7

师:也就是说,你觉得,这个同学是想把图中的每两份……

生:把每两份合并成一份。

师:除去把每两份合并成一份,还有其他可能吗?

生:把图中的每一份再平均分成两份。

师:那这部分将是这条线的……

生:$\frac{16}{20}$。

师:我看看啊,这位同学思维的步子迈得可比我们想象得大。谁再猜猜?

生:把每一份平均分成 100 份。

师:哎!想象那时这里将是这条线的……

生:$\frac{800}{1000}$。

师:放飞你的想象,像这样随着我们把"单位 1"平均分的份数越来越多,必然会造成什么结果呢?

生:每一份越来越小。

师:那为什么分数的大小却始终不变呢?

生:因为取得份数越来越多了。

师:思考得真深刻!正是这样,才使得 $\frac{8}{10}$、$\frac{16}{20}$、$\frac{800}{1000}$ 这些分数表示的都是这个部分与"单位 1"的关系,想象一下,用一幅表示 $\frac{40}{50}$ 的线段图,能

去证明它与 $\dfrac{4}{5}$ 相等吗?

生:可以。

师:反应真快! 在说出"可以"两个字之前,你们脑中表示 $\dfrac{40}{50}$ 的那幅图发生了什么变化?

生:每 10 份合并成一份。

师:现在取得是几份?

生:8 份。

师:此时你取的份数怎么又少了呢?

生:因为每一份都变大了。

师:没错! 在平均分的份数发生变化的同时,取的份数必然发生了相应的变化,使得分数的大小发生了什么变化?

生:没变。

【设计意图】

再次渗透把分数的分子和分母同时乘或除以相同的数(0 除外)分数大小不变的理。

(二)第二步骤:梳理归纳——"思"中领悟

师:你能迅速想到和 $\dfrac{12}{30}$ 相等的分数吗?

生: $\dfrac{24}{60}$ 。

师:你是怎么想到的?

生:把 $\dfrac{12}{30}$ 的分子和分母同时乘以 2。

师:大家认可吗? 是什么经验让大家觉得 $\dfrac{12}{30}$ 的分子和分母同时乘以 2,分数的大小就不会变呢?

生:分子分母同时乘以 2,就是把图上每一份再平均分成两份;所取的部分和"单位 1"的关系始终不变。

师:请大家结合图形去分析,大家能想象出相应的画面吗?

生:能。

师:请大家把这幅图保存在你的脑海,一会儿大家一起用这幅图验证其他同学说的分数是否和 $\frac{12}{30}$ 相等。

生:好。

师:有人能从另外一个角度给大家解释一下吗?

生:因为分子相当于被除数,分母相当于除数, $\frac{12}{30}$ 的分子和分母同时乘以 2,就相当于在被除数和除数上同时乘以 2,商不变,所以分数的大小不变。

师:有理有据,请大家把 $12 \div 30$ 这个算式放在自己心里,一会儿去验证其他同学说出的分数是否和 $\frac{12}{30}$ 相等。谁还想到了和 $\frac{12}{30}$ 相等的分数?

生: $\frac{6}{15}$,把 $\frac{12}{30}$ 的分子和分母同时除以 2。

师:怎么样,大家认可吗?

生:认可。

师:请大家说说你支持这位同学的理由?

生:分子分母都除以 2,就相当于在图上每两份合成一份,所取的部分和"单位 1"的关系始终不变。

师:结合图形去说明,非常棒!谁能从另外一个角度说明?

生:分子分母都除以 2,就相当于被除数和除数同时除以 2,大小不会变。

师:请保持你脑海中的图和心中的除法算式,我们继续验证一下,还有其他和 $\frac{12}{30}$ 相等的分数吗?

生: $\frac{4}{10}$,把 $\frac{12}{30}$ 的分子和分母都除以 3。

师：大家认可吗？

生：认可。

师：当这位同学说"分子和分母同时除以 3"的时候，大家脑海里的那幅图有没有发生变化？

生：在图中把每 3 份合并成一份。

师：要是分数的分子和分母同时除以 6 呢？

生：在图中把每 6 份合并成一份。

师：通过刚才我们的交流，大家有什么发现？

生 1：分数的分子分母同时除以几，相当于把图中的每几份合并成一份。

生 2：分子和分母都乘以几，相当于把图中每一份平均分成几份。

生 3：所取的部分与"单位 1"的关系始终不变。

师：正是因为这样，所以分数的大小始终不变。从分数与除法的关系的角度去想，大家有什么发现？

生：分数的分子分母同时乘以几就是除法算式的被除数和除数同时扩大多少倍，因为商始终不变，所以分数的大小也是不变的。

师：这些分数都和 $\dfrac{12}{30}$ 相等，所以这些分数也应该是……

生：相等的。

师：$\dfrac{4}{10}$ 和 $\dfrac{6}{15}$ 相等吗？

生 1：相等的。

生 2：不相等。

师：说说你的理由。

生：因为它们都等于 $4 \div 10 = 0.4$，$6 \div 15 = 0.4$。

师：$\dfrac{4}{10}$ 的分子分母同时乘几才能得到 $\dfrac{6}{15}$ 呢？

生：1.5。

师：这样可以吗？

生:可以。

师:请大家把掌声送给这个给我们新启示的小伙子!

师:(板书"=")和 $\frac{12}{30}$ 相等的分数还有吗? 谁能一口气全部说完?

生:无数个。

师:是不是任意一个分数,都能像这样找到无数个和它相等的分数?

生:可以。

师:从大家的眼神中,我发现你们似乎已经感悟到了分数的分子和分母怎么变,分数的大小都不会变的奥秘了! 一句话:只要我们把一个分数的分子和分母……

生1:分数的分子和分母同时乘以或除以一个相同的数,分数的大小不变。

师:还有谁想做补充?

生2:应该强调0除外。

师:这就是今天我们要研究的分数的基本性质,(板书课题:分数的基本性质)教材上又是如何介绍的呢? 请大家打开课本看一看,大家觉得分数的基本性质中哪些词比较重要?

生:同时、相同、0除外。

师:看来大家都很默契,看法一致。

【设计意图】

借助图中的变和不变以及数中的类比关系,感悟知识背后的本质。学生在合情推理的基础上探究"形变值同"的缘由,积累活动经验,实现思维成长,领悟学习方法,积淀学习后劲。

(三)第三步骤:应用拓展——巩固延伸

交流:下面我们就尝试应用分数的基本性质解决几个简单的数学问题,看看大家从中有什么新的领悟?

师:怎样才可以把 $\frac{2}{3}$ 和 $\frac{10}{24}$ 化成分母是12而大小不变的分数呢?

生：把 $\dfrac{2}{3}$ 的分子分母同时乘 4，把 $\dfrac{10}{24}$ 的分子分母同时除以 2。

师：有个词强调得特别好，大家注意到没有，怎么说更严谨、别人听得更明白？

生：同时。

师：有的同学可能不禁要问，这样在不改变分数大小的前提下，把分子分母变来变去有什么价值呢？我们一起感悟：

师：用心思考，你觉得和 $\dfrac{5}{4}$ 相邻的是哪两个分数？

生：$\dfrac{4}{4}$ 和 $\dfrac{6}{4}$。

师：没错，在思考这个问题时，我们大部分同学一定都想到 $\dfrac{5}{4}$ 的分数单位是 $\dfrac{1}{4}$，给 $\dfrac{5}{4}$ 添上一个分数单位就是 $\dfrac{6}{4}$，减少一个分数单位就是 $\dfrac{4}{4}$，大家觉得还有比 $\dfrac{4}{4}$ 和 $\dfrac{6}{4}$ 更接近 $\dfrac{5}{4}$ 的分数吗？

生：$\dfrac{9}{8}$ 和 $\dfrac{11}{8}$。

师：大家猜猜他是怎么想到的？

生：把图中的每一份再平均分成两份。

师：也就是说，表示 $\dfrac{5}{4}$ 的这个点，现在也可以表示……

生：$\dfrac{10}{8}$。

师：此时的分数单位呢？还是 $\dfrac{1}{4}$ 吗？

生：不是，是 $\dfrac{1}{8}$。

师：给 $\dfrac{10}{8}$ 添上一个分数单位就是 $\dfrac{11}{8}$，减少一个分数单位就是 $\dfrac{9}{8}$，大家

觉得还有比它们更接近$\frac{5}{4}$的分数吗？

生：有。

师：怎么去找更接近$\frac{5}{4}$的分数？

生1：把图中的每一份再平均分成两份，或是更多的份。

生2：把$\frac{10}{8}$分子分母都乘以2，变成$\frac{20}{16}$。

生3：把$\frac{10}{8}$分子分母都乘以3也可以。

师：大家是想把分数单位变小、再变小，对吗？

生：是。

师：如果把$\frac{10}{8}$分子分母都乘以2，此时$\frac{5}{4}$转化成了……

生：$\frac{20}{16}$。

师：分数单位呢？

生：$\frac{1}{16}$。

师：这时添上一个分数是$\frac{21}{16}$，减少一个分数单位是$\frac{19}{16}$，还有更接近$\frac{5}{4}$的分数吗？

生：有。

师：为了方便大家，我们把$\frac{19}{16}$到$\frac{21}{16}$这个部分放大，大家觉得最接近$\frac{5}{4}$的分数是哪两个？

生：分数单位越小，找到的分数越接近$\frac{5}{4}$。

师：我们继续这样，把分数单位不断变小，我们找到的分数就会……

生：无限接近$\frac{5}{4}$。

师：所以没有最接近，只有更接近，正是由于分数具有这样的特性，所以根据不同的需要，分数会以不同的形式存在，而它们的大小始终不变。把分子分母同时乘上一个非0的数，虽然分数看上去复杂了不少，但分数单位越小，我们看到的越精细，化简回来呢？分数单位越来越大，我们感受到的是直观和简洁！

【设计意图】

感悟利用分数基本性质改变分数单位的数学价值，体现"让不同的学生在数学上有不同的发展"这一新课程的理念，培养学生的思维能力。

（四）第四个步骤：沟通联系——反思提升

师：请大家回想我们刚才的研究过程，我们是怎么研究总结出分数的基本性质，并感悟分子分母变化而分数大小不变背后的奥秘的？

生：画图，借助分数和除法的关系。

师：借助直观的图形从"形"的角度去思考，依据分数和除法的关系从"数"的角度思考，同学们还不自觉地用之前我们学习过商不变的性质。今天我们认识了分数的基本性质，进行了类比，以前我们是不是还学习过小数的性质？大家还记得吧？

教师展示课件：小数的性质：小数的末尾添上"0"或去掉"0"，小数的大小不变。大家能以 $0.7 = 0.70 = 0.700$ 为例，利用分数的基本性质尝试去说明为什么我们在小数的末尾填上"0"或去掉"0"小数的大小不变吗？

生：在小数的末尾添上一个（两个、三个）"0"或去掉"0"，相当于分数的分子分母都乘或除以 10、100、1000 等，分数的大小不变。

师：在小数、分数的大小始终不变背后，谁在悄悄改变？

生：分数单位发生了变化，计数单位的个数发生了变化。

师：没错！计数单位变化的同时，它们所含的计数单位的个数也发生了相应的变化，才使得分数和小数的大小始终不变。

【设计意图】

这样的设计，不但让学生有知识技能方面的收获，还让学生有了学习方法、情感态度方面的收获，再一次激起良好的情绪体验，同时打通知识联系,帮助学生重建认知结构。

【马云鹏教授现场点评】

"分数的基本性质"似乎比较简单,但是它的本质到底是什么?怎么让学生理解?分数的本质与分数的意义有什么关系?孟老师自然、流畅、富有智慧地设计了这节课,使我们感受到该怎么为这样一个传统的内容赋予一些新的含义。

首先,引入很有意思。

孟老师引入"三问",是很有意思的问题。小数与自然数都是十进制的数,如果两个数各个数位上的数字都一样,那肯定是同一个数。数字的排列不同,如 23、32,这就是两个不同的数。分数呢?分数可以找到两个分子和分母数字不同但是数值是一样大的数。如 $\frac{1}{2}$、$\frac{2}{4}$、$\frac{4}{8}$ 等,其实找到这样的分数时就埋下了一个伏笔,用的数字不一样,但数值是一样的!其实这个就是分数基本性质的本质——即等价分数。分数基本性质要解决的就是等价分数的问题。所以,这个引入非常巧。

其次,给了学生自主的空间。

孟老师有一个问题非常好:"你能不能想到两个可能相等的分数,然后证明一下它们确实是相等的?"这个问题中的用词很好,"可能相等的分数,然后去证明",这句话什么意思呢?"可能相等"是个猜想,然后让大家去验证一下,其实这是一个非常好的思维品质,大家不要先下结论,不要一开始就说谁等于谁,验证的过程就是说明的过程,在这里面反映了数学的思考,我们在对学生进行教育的时候,始终要把握的不仅要告诉学生是什么,更重要的是要告诉学生为什么。还有一个更重要的是,去想一个问题,猜想一个结果,有时候猜想比证明更重要,新的知识发现,新的创造,创新能力的培养在于猜想。在课堂上给学生一个这样的机会,让学生去想一个东西,然后去证明它,这一点非常好。

我们看到孟老师展示有三个类型,一个是 $\frac{5}{10}$ 等于 $\frac{10}{20}$;$\frac{2}{7} = \frac{4}{14}$,证明的方法是不一样的。$2 \div 7 = 4 \div 14$,利用商不变的性质证明;第三个学生有意思,回到画图,老师很敏感地抓住了这个生成性资源。什么是教学机智呢? 教学机智就是当学生有了一些问题的时候,老师能够抓住那个问题,能反映出问题的本质,能够引申出一些重要的想法,我觉得这是教师的教育机智。学生画出了一个图:$\frac{1}{3} = \frac{2}{6}$,自然生成了这样的三种方法,这三种方法都可以证明两个分数是相等的。老师用了比较多的时间来讨论$\frac{1}{3}$和$\frac{2}{6}$,然后和分数的意义联系起来,回归到分数的意义。分数的基本性质的理解和认识最重要的是回归到分数的意义,从意义的角度来理解分数的性质。当然用分数和除法的关系也可以,但是分数与除法的关系不是分数性质的本质。分数表示的是一个整体平均分成多少份,和平均分的份数的关系。最基本的意义和原理还是要从最基本的定义去理解。所以我觉得老师抓住这题去引申——说为什么一幅图里就能表示$\frac{1}{3} = \frac{2}{6}$,这个时候其实就是在理解分数的基本性质,实际上就是利用分数的意义来理解分数的基本性质。在这里面分数单位是不一样的,孟老师非常机智地利用学生的方法解决问题,这一点非常好。

再次,有新意,有意义。

我感受最深的是最后,这个设计我还是第一次看到。我开始还有点担心,我看到老师指出来$\frac{5}{4}$,让同学们找出它左右两边的数后,孟老师问还有没有,我担心小学生不理解这样的问题,还在想接下来孟老师会怎么讲。这个问题很深,当然对这个问题深入理解的话,从数学的角度,在数轴上的数是不是可以永远分下去呢? 这涉及整数的集合,涉及有理数的集合等这些非常深的知识,我们直观的感觉,其实它和一个无限的量有关系,它和一个极限有关系。当我们看到学生能够理解$\frac{5}{4}$,还可以表示成$\frac{10}{8}$……我们就看到学生对这个问题有理解,它是和分数的性质有直接的关系的。"有了$\frac{10}{8}$,就有了……"这个时候有一部分学生会跟不上的。但是孟老师很巧妙地把$\frac{20}{16}$放大,这个非常好,这个课件应该说是一个经典,我们可以做一个案例。放大之后就可以看到,虽然在很小的空间里,但其实这个空间可以容纳很多东西,极限思想在有理数集合中间可以无限放数,是困惑了上千年才解决的数学问题,小学生的理解没有问题。我们的数学教学在这个过程里面,把数学本质和数学思想没有痕迹地在教学过程中体现出来。没有痕迹是非常重要的,因为这是数形结合的思想。学生接触这样的题时,他们能够感觉到数学还有这么多奥秘,自己要去深入地学习数学,在学习分数的性质时,他能想到数学的奥秘,我觉得这是非常精彩的设计。

让学习在"悟"中发生

——"三角形的特性(2015天津选拔赛版)" 教学实录①

【教学内容】

《义务教育课程小学数学(人教版)》四年级下册,第59—61页。

【教学目标】

首先,让学生经历三角形概念的抽象过程,使学生从数学的角度认识三角形,理解三角形的特性,知道三角形的高和底的含义,会在三角形内画高。

其次,通过想象感悟和观察比较,发展学生的空间观念,培养学生观察、想象、分析、归纳的能力,积累活动经验。

最后,学生通过比较欣赏,能够体会数学的简洁严谨之美,体验数学和生活的联系,培养学生会思善问的品质。

【教学重点】

经历三角形概念的抽象过程,使学生从数学的角度认识三角形,理解三角形的特性。

【教学难点】

理解三角形为什么具有稳定性。

【教学准备】

多边形拼接条学具,多媒体教学课件。

---

① 本课曾于2015年5月获天津市深化课程改革优秀课选拔赛一等奖。

【教学过程】

一、第一个环节:创设情景,引发思考

师:同学们,通过屏幕上的图片,相信你们已经猜到我们今天要研究的内容了。

生:三角形。

师:不知道大家发现没有,人们似乎很喜欢三角形,它特别在哪呢?

生:结实,具有稳定性,不易变形。

师:这节课我们就一起研究三角形的特性,看看为什么三角形会具有这样的特性。

(板书课题:三角形的特性)

二、第二个环节:自主探索,构建新知

(一)第一步骤:"做"中感悟——抽象概念

1.唤醒经验,初步感知

师:对于三角形,大家都不陌生。大家能依据你的经验试着说说什么是三角形吗?

生1:有三个角的图形。

生2:由三条线段组成的图形。

生3:有三个角、三条边的图形。

生4:由三条线段组成的图形。

2.活动感悟,尝试抽象

交流:看来大家对三角形都有自己的认识,究竟什么是三角形,下面我们就做两个活动体验体验好吗?

师:第一个活动,请大家闭上眼睛,在脑海里画出一个三角形,大家画好了没有?

生:画好了。

师:请大家说说自己是怎么画的,在分享中,我们一起体验什么是三

角形。大家可以一边比画一边说。

生 1:先点三个点,再连线。

生 2:先画一条线段,然后点一个点,再连线。

生 3:画三条线段连在一起。

3. 点拨完善,尝试定义

师:带着刚才活动中的感悟,请大家再思考什么样的图形是三角形?

生:由三条线段组成的封闭图形是三角形。

师:请大家反思我们对三角形的认识。之前我们认识的三角形,有三个角、三条边的图形是三角形,通过研究画三角形的过程,我们大家基本达成共识——由三条线段组成的封闭图形是三角形。什么原因让大家认可了这样的说法?

生:因为它是三条线段围成的,一定会有三个角。

师:大家一下就抓住了问题的关键,真棒!

师:大家还能在现在的基础上说得更准确、更简洁一些吗?

4. 品味凝练,欣赏概念

师:有点困难是吧? 没关系,那我们一起看看书上是怎么说的?

(学生在心中默读)

师:大家能读懂吗? 大家觉得括号当中的这些文字是用来解释前面哪个词的? 括号当中的文字去掉可以吗? (板书:由三条线段围成的图形叫作三角形),课本上选择的角度和我们是一样的,所以我们该把掌声送给每一位同学!

生:由三条线段围成的图形是三角形。

师:书上那个词用得好?

生 1:围成,因为三角形是由三条线段"围"成的,它必然有三个角、三条边、三个顶点,所以这样更准确。

5. 教学三角形表示方法

师:通常人们会像这样(板书 ABC)用三个大写字母来表示三角形的三个顶点,那这个三角形我们可以叫它三角形 ABC。为了一会儿我们研究方便,大家把学习纸第一题的三角形的三个顶点也像这样,标上 ABC,并把他们的各部分名称和同桌说一说。

(二)第二步骤:借助想象,培养空间观念

1. 多维度空间想象

师:通过刚才的活动,大家对三角形的认识是不是清晰了一些? 那我们再做一个活动,看看大家又会有哪些新的发现? 这是线段 AB,然后我们再找一个点 C,假如这三个点固定不动,连接 AC、BC,这三条线段能围成一个三角形吗?

生:能。

师:想象三角形 ABC 的样子,大家觉得你们想象出的这个三角形一样吗?

生:一样。

师:为什么会一样?

生 1:因为这条线段和点都固定了。

生 2:因为三个点固定了。

师:所以它们围成的三角形肯定是固定唯一的。这个三角形在哪个平面上呢? 大家能想象到吗? 请大家用手比一比。

生:这个三角形在三个固定点所处的同一平面上(用手比画)。

师:大家想象能力真的很强!

2. 任意三点想象

师:如果把我的头看成一个点 A,这两个同学的头分别为 B 点和 C 点,假如这三个点固定不动,请大家想象依次连接 A、B、C 三个点,这个三角形在哪个平面上?

生:在老师的头和两个同学的头固定的三点所连接起来的这个平面上。

教师退一步,询问学生:此时三角形 ABC 又在哪个平面上?

师:(鼓励学生再大胆一点、与众不同一点)我们再随意找一个点,这次你随意找一个点,你也找一个——根据 A、B 和我右脚所站的位置 C,

根据这三个点你又能想象到什么？

生：形状和大小固定，三角形在哪个平面？

师：依次连接这样三个固定的点，就可以围成一个三角形，是不是任意三个点都可以？

生：不是。

师：这三个点在什么情况下不能构成一个三角形？

生：这三个点在同一直线上不能构成一个三角形。

师：大家思考的真深刻。

3. 体验从边的角度定义三角形的价值，再度欣赏"围"，质疑"图形"

师：让我们回头再看这句话，它所说的图形其实是一个什么图形？

生：平面图形。

师：因为三角形是由三条线段围成的，它就一定是封闭图形、平面图形，所以如果在这（手指图形）添上"平面"两个字就会显得……

生：啰唆、不简洁。

师：那我们在现在的基础上少字呢？比如去掉"段"字、去掉"三条线"呢？

生：如果是曲线的话呢？那就不对了。

生：组成不能保证端点相连。

师：在现在的基础上再多一个字，就显得不简洁，再少一个字，就会不准确，这就是数学的魅力——既准确又简洁！

【设计意图】

构建概念，理解从边的角度定义三角形的价值，培养空间观念。

（三）第三步骤："辩"中领悟——认识底和高

1. 初步认识底和高

师：请大家看屏幕，想象出三角形 DEF 的样子。

（学生依据所见在头脑中想象）

师：如果我们在 F 点的上面再点一个点 H，在这里你想象到三角形不一样了吧？现在呢？

出示:

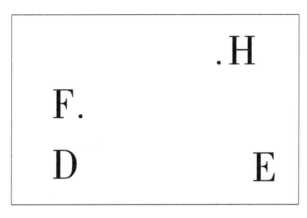

图1

师:这两个三角形最大的不同是?(用课件进行展示)

预设:这两个三角形一个比一个高,有一条边是相同的。

师:能说得更准确、更专业一些吗?(你们说的它们一个比一个高,你们是以哪条边为底说的?)

生:以 DE 边为底。

师:为什么大家觉得三角形也可能有它的底和高?

生:根据学习平行四边形的经验。

师:那根据之前的知识经验,大家能试着在学习纸上画出三角形ABC,以 BC 边为底的高吗?请大家大胆地试一试。

2.认识底和高(互动促进生成)

师:谁愿意到黑板上画?

(学生用三角板在黑板试画)

师:(摆好三角板)有人说,从一个人放三角板的位置就能看出他是不是高手。大家觉得他是高手吗?谁能猜出他想怎么画?

生:从一点到对边画垂线。

师:怎么样,他猜对没有?

生:对!

师:原来大家都是画高的高手,那就请这位高手代表大家继续画?

(学生巧妙地使用三角板画高)

师:大家觉得他哪做得特别好?

生:他做完高,在底边上标出了垂足。

师:这么标有没有问题? 这位学生把高标在这里,意思是说哪是这个三角形以 BC 边为底的高?

生:大家都认可顶点到垂足之间的线段。

师:请大家鼓掌谢谢他! 各位高手,咱们再加点难度行吗?

生:行!

师:请快速画出学习纸第二题那两个三角形以指定边为底的高。

(请学生利用三角板画出学习纸上三角形的高,分享作品)

师:大家认可吗? 如果不认可,他错哪里了?

生:他做出的不是指定底上的高。

师:他画的是以哪条边为底的高?

(学生根据图上所画高进行说明,老师进行标注)

师:如果我们要画以这条边为底的高,该怎么画?

(学生边比画边说)

师:顶点和垂足之间的线段才是这个三角形以这条边为底的高,一组底和高,又一组底和高,还能再画一组吗? 怎么画? 从这个顶点向哪里? 向它的对边做垂线。

生:这条对边呢,(边比画边说)从这条边对着的点,从这个顶点向它的对边画垂线。

师:能以这条边为底,也能以这条边为底,一共几组?

生:三组。

师:也就是说,从三角形任意一个点向它的对边做垂线,顶点和垂足之间的线段就是三角形的高,这条对边就是它的底。

(四)第四步骤:"辩"中提升——揭秘稳定性——互动促生成

1.制造思维矛盾

师:孩子们,现在继续我们的研究,请看(教师展示出三根一样的小

棒)如果我们每个人都用这样的三根相同的小棒,去拼一个三角形,会出现什么情况?(让学生体会唯一性)

生:三角形都一样。

师:如果我们每个人都用这样四根相同的小棒去拼一个四边形呢?

生:拼出来的四边形不一样。

师:为什么用三根同样长度的小棒拼成的三角形都一样,而用四根同样长度的小棒拼成四边形时四边形就不一样呢?

生:因为三角形具有稳定性,四边形易变形。

师:我们了解到这个程度是不是就可以了?

生:不是的。

师:大家真是一群爱研究的孩子!下面我们四人一小组,借助我们学具袋里这样的学具,试着研究三角形具有稳定性、四边形易变形的原因。

2. 小组研究,揭示本质

(1)小组研究后汇报,学生在分享中相互启发(互动促进生成)

师:孩子们,下面我们一同分享大家的发现,大家在分享中相互启发。

生:因为四边形有四个角,三角形有三个角,所以三角形具有稳定性,四边形容易变形。

师:你很爱动脑,能再具体谈谈你的想法,让同学们听得更明白吗?

生:因为四边形有四个角,拉动时角度可以变化,所以四边形容易变形,而三角形只有三个角,三个顶点固定了,三个角的角度也固定了,所以不容易变形。

(其他学生随意补充自己的观点)

(2)二次研讨找本质

师:刚才有的同学试图从角的角度说明四边形容易变形和三角形具有稳定性,我们一起看看(拉动四边形)随着四边形角度的变化,它的形状和大小是不是也在发生变化?是什么原因导致四边形角度发生了变化呢?请大家进一步思考,我们知道,角度的大小和两边叉开的大小有关,什么原因让两边叉开的角度发生了变化呢?

生：顶点之间的距离发生了变化。

师：是这样吗？请看屏幕（教师演示），正如大家所说，随着 AC 两点之间距离和 BD 两点之间的距离发生变化，导致四边形的形状、大小以及刚才有的同学说的角度随之发生了改变。

师：怎样让这个四边形不再变形呢？

生：加一个小棒。

师：这样为什么四边形就不能再变形了呢？

生：因为 BD 之间距离固定了，AC 两点之间的距离也固定了。

师：也就是说，四边形容易变形最根本原因是，不是任意两个顶点的距离都是固定的。

师：请大家再看三角形，三角形具有稳定性的原因又是什么呢？

生：因为三角形任意两点间的距离是固定的。

师：你们怎么知道三角形任意两点之间距离都是固定的呢？

生：三角形是由三条线段围成的，任意两点之间距离都是它的一条边的长度。

师：因为三角形是由三条线段围成的，所以当三角形三条边的长度固定的时候，它任意两个顶点之间的距离固定了，形状和大小不能再变化了，这才是三角形具有稳定性的根本原因。三角形具有稳定性和它自身的结构特点有着密切的联系。

3. 提升认识，拓宽视野

师：（通过课件展示五边形）大家觉得五边形具有稳定性吗？

生：不稳定，容易变形。

师：你有办法让五边形框架变得稳定吗？

生：加两根木条（课件配合展示）。

师：六边形框架呢？是不是也值得研究？课下大家可以试一试，相信大家会在研究中有意外收获！

【设计意图】

使学生从唯一性和稳固性两个层面感悟三角形的特性及本质。

三、第三个环节：梳理小结,提升认识

师:孩子们,通过这节课的学习,你有什么收获?

【设计意图】

这样的设计,不仅让学生谈了知识技能方面的收获,还着重让学生谈了在学习方法、情感态度方面的收获,再一次激起良好的情绪体验,同时打通知识联系,帮助学生重建认知结构。

四、第四个环节：反思评价,完善认知

师:生活中有很多利用三角形稳定性的例子,课下大家可以找一找,然后和同学们一起交流。

师:既然三角形这么稳定,那么我们就把生活中的四边形都改成三角形,可以吗? 比如我们学校门口的电动门上面那些四边形都改成三角形,可以吗?

生:不行。这样门就不能自由地开关了。

师:所以人们在生活中才会根据需要,即利用三角形的稳定性,也借助四边形的易变形,正如古语所说:物尽其用,人尽其才。祝愿大家都能找到施展自己才华和特长的舞台! 谢谢大家! 下课!

【设计意图】

让学生在数学教学中感悟人类的智慧,理解生活中的道理。

体悟数学的真与美

——"三角形的认识(2015全国赛版)"
教学实录与设计思考①

【教学目标】

首先,让学生经历三角形概念的抽象过程,理解三角形概念的内涵和外延,探索三角形具有稳定性的根本原因。

其次,将三角形的认识与发展空间观念相结合,培养学生观察、想象、分析、归纳的能力,积累活动经验。

最后,通过比较、欣赏,让学生体会数学的简洁严谨之美,体验数学和生活的联系,培养学生会思善问的学习品质。

【教学重点】

让学生经历三角形概念的抽象过程,理解三角形概念的内涵和外延。

【教学难点】

理解三角形为什么具有稳定性。

【教学准备】

多边形拼接条学具、多媒体教学课件。

【教学过程】

一、第一个环节:提出问题,引发思考

师:通过屏幕中的图片,大家猜猜今天我们要研究的是什么图形?大家说一说,自己是怎么猜到的?

---

① 本课曾于2015年10月获全国第十二届深化小学数学教学改革观摩课一等奖。

【设计意图】

从大量的生活图片中,抽象出三角形,引发学生思考。思考这样的问题目的有三个:一是唤醒学生已有的知识经验;二是使学生体会知识间的内在联系,点燃孩子们的求知欲望;三是引发学生的数学思考,为主动探究新知集聚动力。

二、第二个环节:自主探索,构建概念

(一)学生依据已有知识经验,初试抽象

师:既然大家对三角形都不陌生,那大家能依据自己的经验试着说说什么样的图形是三角形吗?

生1:有三个角的图形是三角形。

生2:有三个角、三条边的图形是三角形。

生3:有三个角、三条边的封闭图形是三角形。

师:看来大家对三角形都有一些认识,但要想更准确地回答这个问题,我们还需要更深入地认识三角形。

(二)经历画的过程,体验抽象

1. 比较不同画法,丰富认识

师:那请大家先动手画一个三角形,一边画一边体会什么样的图形是三角形。

(学生动手画,教师巡视)

师:画好了吗? 大家能用简单的语言说说自己是怎么画的吗?

生1:先画一条线段,再斜着画两条线段,连起来就是三角形了。

师:怎么连? 请用你的手势告诉我,是这样连吗? (板书:画三角形)通过画三角形,大家是否能体会到,三角形的三条边实质就是什么?

生:实质就是三条线段。

师:有不是这么画的吗?

生2:先点三个点,再连线。(如图1)

师:请用手势告诉大家,你的三个点是怎么点的? 我这样点三个可以

图 1

吗? 然后呢?

　　生:连线。

　　师:连接其中任意两个点我们就得到一条……

　　生:线段。

　　师:这样其实是画几条线段?

　　生:3 条线段。

　　师:那么这三个点在你的眼中又是什么?

　　生 1:是线段的端点。

　　生 2:是三角形的顶点。

　　生 3:是相邻的两条线段连接的地方。

　　师:也就是说,每一个三角形除了有三条边、三个角之外,还会有……

　　生:还会有三个顶点。

　　师:有的同学像这样先画一条线段,然后点一个点(如图 2),后面呢?

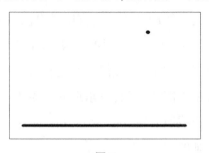

图 2

　　生 1:连线。

生2:把线段的两个端点分别和这个点连接。

师:画的过程看上去不同,但其实……

生1:其实都要画三条线段。

生2:其实都要连起来。

2. 比较两种不同的表达,优化认识

师:比较我们画三角形的过程,请大家再次思考,什么样的图形是三角形?请大家把你的想法写在那张学习纸上。

(学生独立思考写下自己的认识,教师巡视收取学生作品)

师:好了,孩子们,下面我们一起分享大家的想法,大家在分享中相互启发。

教室展示第一组学生的答案:有三个角的封闭图形是三角形;有三个角、三条边、三个顶点的封闭图形是三角形。

师:我们先来看看这几位同学的观点,虽然在表达上略有区别,但他们思考的角度是一样的,他们都想通过不同三角形身上的共同特征去说明什么是三角形,对吧?

生:是的。

师:我们再看看这几个同学的想法,他们又是从哪个角度思考的?

教室展示第二组学生的答案:由三条线段连在一起组成的图形是三角形;由三条线段组成的封闭图形是三角形。

师:他们是不是根据画三角形的过程找共同点来思考的?

生:嗯。

师:对这两个不同的思考角度,大家怎么看?从第一个角度说什么样的图形是三角形,好在哪儿?

生1:第一个角度很全面,很形象。

生2:第二个角度比较简单。

师:大家觉得从哪个角度去说什么是三角形更好?

生:第一个角度好。

师:这么多人都觉得从第一个角度去说好,那从第二个角度去说什么样的图形是三角形，有什么不足的地方？

生1：不具体，没说三个角、三个顶点。

生2：没说三个角，不形象，感觉不到是三角形。

师：觉得从第二个角度去说什么是三角形比较好的同学有什么要回应的吗？

生3：我补充一点，三条线段组成的封闭图形就包括三个角、三条边、三个顶点。

师：大家认可他说的吗？大家想一想，由三条线段连在一起组成的封闭图形，会有三个角、三条边吗？

生：有。

师：掌声送给他，感谢他启发了我们大家！通过刚才的辩论，现在你觉得从哪个角度去说什么是三角形更好、更有数学的味道？

生：从第二个角度。

师：那从这个角度还能说得更准确、简洁吗？

生：由三条线段连在一起组成的封闭图形是三角形。

3. 与前人经验对比，提升认识

（1）解读概念，肯定研究方向

师：有点困难吧？其实作为小学生，大家有这样的认识已经很棒了，学习不仅要低头探究，还要抬头看——看看前人给我们留下了什么？（教师展示课本中对三角形的定义）大家能读懂吗？

生：能。

师：前人在说什么是三角形的角度和我们刚才选择的一样吗？

生：一样。

师：嗯，都是从画三角形，也就是三角形形成的角度去思考的。我想就凭这一点，我们每一个同学都应该获得掌声，大家都能透过现象看到本质。那不同点在哪？

生1：前人用了"围成"这个词语。

生2：强调了每相邻的两条线段的端点相连。

生3:前人没有说封闭图形。

师:能用反思的眼光去看待前人的经验,大家非常会学习。前人为什么没有强调封闭图形呢?

生:三条线段围成意思就是"封闭"了。

师:前人所说的围成是指……

生:是指每相邻的两条线段的端点相连,一定是封闭图形。

(2)想象推理,感受数学美

师:看来三条线段怎么连起来也是有讲究的。大家想一想,由三条线段围成的图形,有没有可能不是三角形?

生:没有这种可能,由三条线段围成的图形一定是三角形。

师:这么底气十足! 看,由三条线段像这样围成的图形,一定是个封闭图形,它一定有三个角、三条边、三个顶点。(教师通过课件演示)

师:那大家想象一下,有三个角、三条边的图形一定是三角形吗?

生:不一定。

师:为了更准确一些,我们把三角形的共同特性都加上去,说有三个角、三条边、三个顶点的封闭图形就是三角形,这么说大家有什么感觉?

生:啰唆。

师:如果再有人问你什么样的图形是三角形,你的回答是……

生:由三条线段像这样围成的图形,叫作三角形(板书定义)。

师:由三条线段围成的图形就一定会有这样的特征,那它是平面图形还是立体图形?

生:平面图形。

师:挑战你的想象力,如果在这个长方体的上面画一条线段,再在长方体的右面画一条线段,前面画一条线段,让他们每相邻的两条线段的端点相连,这三条线段能围成三角形吗? (教师通过课件演示,如图3)

生:能。

师:大家能看到它在哪儿吗? 在哪个平面上? 请大家用手势告诉我。

生:在斜着的平面。

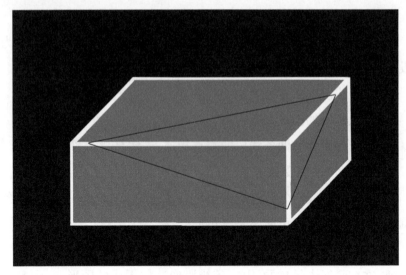

图 3

师：很强的想象力！让我们用手势一起切开它！这三条线段看似没有在同一平面，但这三条线段实际在哪个平面上？

（学生用手势表示）

师：能围成三角形的三条线段，一定在同一个平面上。从这一句话中，我们能想象到三角形怎么形成的，推断出它具有的全部特征，还能从中找到三角形是平面图形的依据，一句话能包涵这么多内容，这就是数学语言，既准确又简洁！

师：通常人们会像这样，用三个大写的字母来表示三角形的三个顶点，这个三角形我们可以叫它——

生：三角形 ABC（教师板书：三角形 ABC）。

【设计意图】

让学生三次思考什么样的图形是三角形，旨在让学生不断与自身的认知经验对话，层层推进。如果说学生第一次思考什么样的图形是三角形是基于学生已有经验的感性思考，那后两次思考则是学生在画三角形、分享怎么画三角形的过程中，去体味三角形形成过程中的共性，让感性认识逐步趋于理性。从思考方向的选择，到与前人经验对比的自省，学生在经历概念抽象过程的同时，感受到的是数学的严谨和简洁。

三、第三个环节:"辩"中领悟,培养空间观念

(一)空间想象,体会顶点的作用

师:那我们再画一个三角形。先在白色的平面上画一条线段 EF,然后再找一个点 D(如图 4),想象连接 DE、DF,这三条线段能围成的图形是……

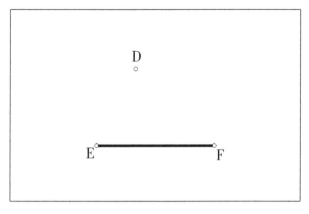

图 4

生:三角形 DEF。

师:你觉得它在哪个平面上?

生:在白色的平面上。

师:有没有其他可能?

生:没有。

师:现在我把它转过来再看,三角形 DEF 在哪个平面上?请大家告诉我。(课件演示,如图 5)

生:在另一个平面上。

师:请大家想象一下,如果我们移动点 D 的位置,让 DEF 三个点都在白色平面上,那三角形 DEF 呢?

生:三角形 DEF 会在白色的平面上。

师:瞧,和你想象的一样吗!那如果把 EF 两个顶点从白色的平面移出来,三角形 DEF 的位置又会怎样? (课件演示,如图 6)

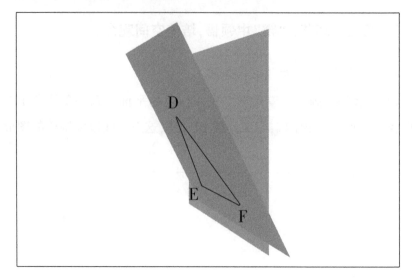

图 5

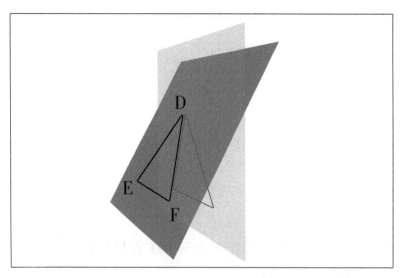

图 6

生:还会发生变化。

师:如果我们把三角形的三个顶点一起移动呢?

生:三角形会飞出白色平面。(课件演示,如图7)

(二)再次想象,发展空间观念

师:如果像这样的三个点飞到我们的空间当中,你还能想象到那个三

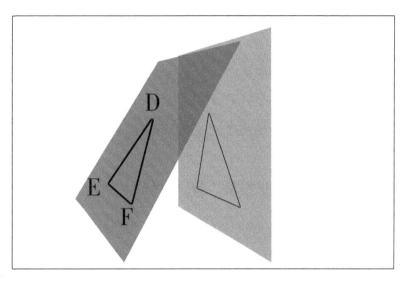

图7

角形的样子、找到它的位置吗?

生:可以。

师:谁能在我们这个会场里找一个点,我们大家一起想象?

生:那块牌子的角。

师:想象!如果我们把那块牌子的两个角看成两个点,再加上我们头顶的这盏灯的光源处,依次连接这三点,能围成三角形吗?它在哪个平面上?

生:(用手势表示)。

师:前两个点不变,把我们斜后方的那盏灯的光源处看作第三个点,大家想象一下,此时这个三角形在哪个平面上?

生:(用手势表示)。

师:是不是在空间中任意找三个点依次连接都能围成一个三角形?

生:不是,这三个点不能在同一直线上。

师:想象一下,如果三个点在同一条直线上呢?

生:这样就不能围成一个三角形。

师:大家不但会想象,而且思维非常严谨!孩子们感受到没有,三角形的位置是由谁决定的?

生：由三角形的顶点的位置。

【设计意图】

看似有些超出学生理解范畴的想象活动，把感受三角形的顶点的作用和发展学生的空间观念巧妙融合，在孩子的手势表达中被轻松化解，也让学生对三角形的认识从肤浅走向了深刻，给予孩子思维成长和空间观念发展的机会。

四、第四个环节：应用抽象，"辨"中提升

（一）思——三角形边的作用

师：三角形的顶点能决定它的位置，那三角形的边又能决定它的什么呢？

生：能决定三角形的形状、大小。

图 8

师：是不是像大家猜测的那样呢？我们一起在数学活动中感悟。（课件演示，如图 8）同学们看，这个三角形是用这样的三根小棒围成的，每一根小棒都可以看成一条线段，对吧？在我们的学具袋子里的三角形也是用这样的三根小棒围成的，大家想象一下，它们的形状会一样吗？

生 1：一样。

生 2:不一样。

师:请大家拿出学具比一下,看看和你想的一样吗?

(学生动手操作)

师:比完的同学告诉我。这个小组的同学动作真快!

师:大家手中的三角形形状一样吗?

生:形状都一样。

师:想象一下,如果我们把这个三角形全部拆开,还用这三根小棒去围,能围成一个和它形状不同的三角形吗?

生 1:可以。

生 2:不可以。

师:怎么验证?

生:动手试一试。

师:好,请大家动手试试,把你的发现在小组里面说说,如果你能用这三根小棒围出一个形状不同的三角形,请拿到前面来展示一下,好吗?好开始!

(学生操作,教师巡视)

生:不行,只能是这一种形状。

师:刚才大家信心满满,现在怎么又说不可能了呢?谁能把其中的奥秘告诉大家?

生 1:因为这三条线段的长度是固定的,所以围成出来的形状都是一样的,只能是这样的。

生 2:怎么围都是这三根小棒,小棒长度是确定的,不会改变的。

生 3:长度不能变。

师:当三角形的三条边长度确定的时候,它的形状……

生:形状确定(一样)。

师:也就是说,像这样一个三角形的三条边长度确定了,它的形状呢?

生:形状就确定了。

师:那它的大小呢?

生：也被确定了。

师：正如大家猜想的那样三角形的边可以决定它的形状和大小。

(二)悟——三角形具有稳定的原因

师：如果我们用这样长度确定的四根小棒去围成四边形，这是唯一的形状吗？

生：不唯一。

师：它可能是什么形状呢？

生：长方形、平行四边形。

师：即使是平行四边形，形状也可能是……

生：不一样的。

师：请大家想象一下，如果我们像这样拉动三角形的框架呢？

生：拉不动。

师：我们都知道平行四边形容易变形，那三角形呢？

生：不容易变形，稳固(板书：三角形具有稳定性)。

师：同样材料围成的(教师拉动演示)，为什么三角形会具有稳定性呢？

生1：三角形框架拉动时，角大小不可以改变。

师：他们试图从三角形角的大小不可以改变，去解释三角形为什么具有稳定性，你怎么看？

生2：三条边长度是确定的，形状不能改变了。

师：他们试图从三角形边的角度，去解释三角形为什么具有稳定性，大家还有不同的意见吗？

生3：三角形的顶点不能移动，所以就稳定。

师：我们一起梳理后大家的发现，刚才有的同学发现三角形框架拉动时，角大小不可以改变，这个角的大小能改变吗？

生：不能，被红色的边固定了。

师：那这个角呢？

生：也不能，被黄色的边固定了。

师:这个呢?

生:也不能,被绿色边固定了。

师:大家发现没有,三角形的角固定不变是因为它的边是……

生:确定的,不变的。

师:也就是说,当三角形的三条边的长度确定的时候,它的形状是确定的、唯一的,不会再改变了! 这使得三角形具有稳定性。(板书:长度确定、形状唯一、稳定性)

师:根据我们的研究,大家觉得三角形具有稳定性根本原因是什么?

生:是因为三角形是由三条线段围成的。

师:大家思考得真深刻,三角形具有稳定性和它自身的结构特点有着密切的联系。

【设计意图】

这样的设计,一改以往通过实验验证得出三角形具有稳定性的教学方式,以数学猜想引入对三角形边的研究,让学生在猜一猜、比一比、围一围、拉一拉、辩一辩等一系列的数学活动中,经历数学思考,从唯一性和稳固性两个角度去感悟三角形具有稳定性的本质原因。教师设计拆开由三个长度不同的小棒围成的三角形,再去尝试围出一个形状不同的三角形,目的是破解教材上用三根一样的小棒去摆三角形和四边形这个活动中隐含的短板——学生以为三条边长度都一样是这个三角形具有稳定性的原因,这样的处理,旨在巧妙地平衡生活的随意性与数学的严谨性、抽象性之间的关系。

【设计思考】

课程改革是推动教育不断发展、前进的永恒动力,纵观改革的路径,我们不难发现,我国课程改革越来越关注人的发展、学科内涵和育人价值。近十几年,我国课程改革经历了如下几个阶段:从关注"双基"到确定数学课程的"三维"目标,再到提出"四基、四能",提倡"提升学生的核心素养"。提升学生核心素养要依靠学科教学,通过落实学科育人目标来实现。

因此，我们在教学中要深挖学科内涵，让学生在学科知识的习得过程中通过实践、探究、体验、感悟获得发展。如何挖掘学科内涵，发挥其育人价值呢？下面，笔者以人教版四年级上册"三角形的再认识"一课的教学实践为例谈谈自己在几何概念课堂教学实践过程中，如何着眼于学生的发展，有效提升学生的数学素养所做的思考与尝试。

第一，解读文本，挖掘有价值的教学素材。

"三角形的认识"是人教版四年级下册教材59—62页的内容。

教材中的主题图呈现了壮观的建筑物——古埃及金字塔和现代跨江大桥，小精灵的问题"你能找出图中的三角形吗？"体现数学与生活的交融与共，"形"借"体"表现，"体"借"形"存在。在展现人类智慧以及几千年文化的结晶的同时，引发学生对三角形及其在生活中的作用的思考。三角形不仅是生活中的常见图形，而且不少人类智慧的结晶就是运用其稳定性创造的。

教材第60页呈现两部分内容：一是三角形的定义，二是三角形的底和高的认识及画法。值得思考的是，教材提供了学生画三角形的情境图，欲表达对三角形的认识需要借助直接经验，把抽象的概念和具体的图形联系起来，进而抽象出概念，完成对概念本质的认识。

教材第61页展示了三角形的稳定性。改版后的教材呈现学生摆小棒的情境图，其深意是让学生感悟用三根同样的小棒只能围成形状相同的三角形，而同样的四根小棒则可以围成形状各异的平行四边形，学生能够从唯一性的角度理解三角形的稳定性。然后通过稳定性在生活中的应用及拉动用木条制作的三角形和平四边形学具的实验，学生能够从稳固性的角度理解三角形的稳定性。

从修订后的教材看，教材更加关注学生的直观操作，让学生在动手操作的过程中获取直接经验，然后经历比较、推理、抽象等数学活动获得对三角形的本质认识。

第二，教研学情，反思教与学的过程。

要使课堂教学行之有效，教师在教学之前必须深入地解读教材，充分地了解学生、找准教学内容和学生真实学习现实的契合点,以学定教,让真正的学习发生在课堂上。学生从学前就已对三角形有所认识。进入学龄阶段,教材又先后两次编排三角形的认识,一次是一年级下册,直观认识平面图形,感受平面图形的特征及关系。第二次就是四年级下册编排"三角形"的独立单元,从定义到特性深入研究,建立完整认知。

那么在本课教学前,学生究竟对三角形的认识程度如何? 他们头脑中什么样的图形是三角形呢? 笔者在课前进行了学情调研,发现调查中有90%的学生能说出三角形的部分特征,如三角形有三个角、三条边。有超过20%的学生根据对角的认知经验迁移补充说明,三角形有三个顶点。有半数左右的孩子可以根据平行四边形底和高的知识经验,尝试画出锐角三角形指定边上的高。

正是以上学情导致了我们以往的常规教学中,教师产生了一种趋于共识的认识:一是这部分内容简单,学生基本都了解;二是三角形的定义只是一个描述性定义,直接告诉学生就可以了,这部分内容没有什么可深入研究的。教学中,教师往往从做拉动实验引入新课,先认识三角形的稳定性,然后建立三角形概念,而达成这两层目标一般是在 5—10 分钟完成,余下将近半小时的时间用来认识和画不同类型三角形的底和高。

另外,学生知道三角形是平面图形,理由是因为三角形可以画在纸上或是黑板上,而当我们追问学生如果把三角形画在长方体上呢? 学生几乎都会认为此种状态下的三角形是立体图形。

《义务教育数学课程标准(2011 年版)》中指出,"数学教学应该以学生的认知发展水平和已有的经验为基础,引导学生独立思考、主动探索、合作交流,使学生理解和掌握基本的数学知识与技能,体会和运用数学思想与方法,获得基本的数学活动经验"。对照我们的日常教学,我们不难发现我们一般进行的教学活动缺少高于知识技能的能力培养。大都还是针对"双基"的教学,对于基本活动经验和基本数学思想与方法涉及不多,对"四能"的培养也显不足,更谈不上对学生核心素养的培养与提升。

第三,以数学素养培养和提升为目标的探索与实践。

人教版的教材与其他大多数教材不同，明确给出了三角形的定义，而且让学生在画三角形的过程中理解其由三条线段围成的本质，同时增加了从唯一性的角度理解三角形的稳定性的数学活动。这些细节的变化是基于学生"四基""四能"培养的需要，着眼于学生数学素养提升做出的。三角形的定义作为小学阶段最后一个平面直线图形的概念，除了要让学生习得基本知识与技能外，借助这部分内容的教学，我们可以依据学生已有知识经验，在培养学生的抽象能力、空间观念、推理能力等方面做一些有意义的大胆尝试。

一是历经"概念"构建过程，发展学生的抽象能力。

对于6—12岁的小学生而言，几何概念无疑是抽象的。如果要成功帮助他们在大脑中逐步形成一个抽象的几何概念，只借助看、听、说等方法是不够的，需要以学生的原有知识经验为基础，让学生亲自在动手实践、动脑思辨中完成对概念的感悟、理解、建构，这样的过程是发展学生抽象能力很好的契机。由此可见，在教学过程中引导学生理解三角形的定义对培养学生的数学素养是至关重要的。基于以上思考，本节课设计了如下两个教学环节：

首先，在比较求同中抽象概念的本质属性。比较求同是学生认识和抽象概念的重要方式，而要实现学生思维从形象到抽象的跨越，亲自动手操作是这个过程中不可缺少的重要举措，也是学生一种思维内化的过程。所以，我们在教学中让学生动手画三角形，在画中直观体会三角形的外延特点——三条边、三个角、三个顶点，然后分享不同画法，给学生提供比较求同的机会，发现感悟概念的内涵。学生画三角形一般出现三种方法：一是依次画出首尾相连的三条线段。二是先点三个点，然后依次连接两点成三角形。三是先画一条线段和一个点，将点与线段的两个端点相连成三角形。分享画法不仅为学生思考什么样的图形是三角形提供了较为丰富的表象，而且提供了在比较不同画法中找共性的机会。这是学生进行的自主抽象的思维活动，是学生认识概念内涵的重要一环。

其次，在思辨比较中理解本质建构概念。历经了以上亲自动手操作的实践,学生对什么样的图形是三角形的认识虽然仍旧不够完善,但较上课伊始更加具体、全面、深入。此时学生的认识已由最初关注概念的外延——三个角、三条边、三个顶点、封闭图形,转向关注"由三条线段连在一起组成的图形是三角形"或"由三条线段组成的封闭图形是三角形",这是学生在比较求同中自然生成的思维成果。接下来,引领学生辨析从哪个角度定义三角形,则是进入概念本质的研究,它是不同思维进行碰撞的自悟过程。

第一次辨析,是学生两种不同思维成果的比较。对于两种定义方式:①有三个角、三条边、三个顶点的封闭图形是三角形;②由 3 条线段组成的平面图形叫三角形。哪个定义更好?学生展开讨论,学生的辩论过程就是认识的深化过程。有的学生在辩论过程中领悟到只要由三条线段围成的图形就一定是一个封闭图形,必然有三个角、三条边、三个顶点。反之具有三个角、三条边的图形不一定是三角形。

第二次辨析,学生的成果(第一轮辨析的共识)与前人成果(教材上呈现的定义)的比较。教材上如此定义好在什么地方?让学生在辨析中,寻找认识一样的地方和不同的地方,一方面通过三角形定义感知下定义时的充分必要性,另一方面深刻体会数学语言的严谨、简洁之美。

这样的学习过程是学生个体行为不断反思体察的过程,是学生在动手实践、交流、研讨、思辨中自主建构、自主获取知识的过程,让孩子经历三角形概念的抽象过程既有助于学生抽象能力的培养,也利于学生推理能力的提升,是对学生数学素养的培养。

二是让学生体验空间想象的乐趣,意在发展学生空间观念。

空间观念的形成是发展空间想象力的基础,更是学生数学学习中的一项必不可少的数学素养。因此小学几何概念的学习不应只停留在概念化的掌握,更应该把发展学生的空间观念作为教学的重要任务。发展学生的空间观念,是一个长期培养、积累的过程,需要落实在教学过程中,依托具体数学知识的习得获得。"三角形的再认识"这节课,以三角形定义为主线,重点围绕三角形的边与顶点两条线拓展学生的认识。边决定三角形的形状，它是三角形定义及稳定性的本质所在；点决定三角形的位置。借助这一点延展教学，使它成为培养学生空间观念的契机。

本节课这一环节的教学借助"三角形是一个平面图形"这个话题展开的讨论，设计有效的想象活动，发展学生空间观念。

首先，"体"中找"面"，发挥想象力。在建立完三角形的概念后，笔者利用课件展示长方体，提出问题：如果在这个长方体的上面、正面和侧面先画三条线段，让他们每相邻的两条线段的端点相连，这三条线段能围成三角形吗？这个三角形在哪个平面上？让学生尝试用手势表示。这一环节，让学生把无法用语言表达的想法用手势去表达，既有跨越了学生知识经验不足的鸿沟，又巧妙地解决了学生以为画在长方体上的三角形就是立体图形的认知偏差，同时还发展了学生的想象力。

其次，动"点"寻"面"，挑战想象力。笔者利用多媒体课件引导学生展开想象，如果先在白色的平面上画一条线段 EF，然后再线段之外找一个点 D，连接 DE、DF，这三条线段能围的三角形 DEF 在哪个平面上？以变换观察视角，制造思维冲突，借助多媒体课件边想象、边验证，观察顶点移动后三角形所在的平面，在用肢体语言去表达自己想象的过程中，让学生思维从二位走向三维。

以此为基础，引导学生想象在课堂现实空间中指定的三个点依次连接所形成的三角形，同时用肢体动作表示其所在的平面，并反思是否随意在空间中找三个点依次连接都能围成一个三角形。这一过程是学生由"体验性"学习发展到"思考性"的学习过程，使学生在丰富的空间感知基础上逐步形成空间想象力，也是对其空间观念的进一步提升，同时又使学生对三角形的认识在丰厚的体验中自然生长。

三是让学生思辨表现背后的奥秘，意在培养学生的推理能力。

《礼记·中庸》中"审问之，慎思之，明辨之"，是对学与思关系最好的阐释。学生思辨的过程就是一个主动的、动态的思维建构过程，学生在辨析中感悟，在感悟中生成，课堂也因思辨而精彩并富有生命力，同时更是发展学生推理能力的最佳契机。

以前我们教学"三角形稳定性"往往是通过学具拉动演示进行的。找一个力气大的男孩子去拉动用三根木条钉成的一个三角形,找一个女生去拉四根木条钉成的一个平行四边形,通过这一实验去证明三角形具有稳定性,抑或通过让学生观察搭建舞台的钢架结构是三角形来说明三角形的稳定性。但正如郑毓信教授在《人民教育》上发表的文章中所述,仅仅通过观察去认识三角形的稳定性是肤浅的,数学学习必须让学生经历由新旧经验的矛盾冲突而引发的思维观念的转变和结构重组的过程,在这个过程中离不开个体对事物的思考和认识,我们有必要让学生尝试用数学的思维去分析、推理其数学本质。因此,教学中笔者力争引导学生在观察、实验、猜想、验证等活动中,进行有条理的思考、表达自己的思考过程与结果,发展学生合情的推理能力。

本环节教学中,笔者凸显问题引领,让学生经历猜想、验证和思辨的过程。笔者以这样的问题串引领学生感悟、理解三角形的特性:①请大家猜想,用各自学具袋中长度不同的三根小棒围出的三角形的形状一样吗?②把围成的这个三角形全部拆开,还用这三根小棒去围,能围成一个和它形状不同的三角形吗?③如果我们用长度固定的四根小棒围成四边形,四边形的形状唯一吗?④同样的材料,为什么围成的三角形会具有稳定性,而围成平行四边形就不稳定呢?

问题引领的目的是一改以往通过拉一拉、看一看得出三角形具有稳定性的教学方式,通过数学猜想引入对三角形边的研究,让学生在猜一猜、比一比、围一围、拉一拉、辩一辩等一系列的数学活动中经历数学思考的过程,从唯一性和稳固性两个角度去感悟三角形具有稳定性的本质原因。

设计拆开由三个长度不同的小棒围成的三角形,再去尝试围出一个形状不同的三角形的活动,目的是破解教材上用三根一样的小棒去摆三角形隐含的短板——学生会误认为只要三条边长度都一样,围出的三角形就具有稳定性。当然,三角形之所以具有稳定性这一特性恰恰也正是由它的边决定的,但这点对于小学生来说理解起来就比较困难。为了让学生进一步领悟三角形边的作用，在此引入长度固定的四根小棒围成的平行四边形进行观察对比。在学生初步发现三角形更具稳定性的基础上提出深入思考的第四个问题"为什么三角形具有稳定性？"给学生进行合情推理的机会，使学生得出这样的结论：当三角形三条边的长度确定的时候，它的形状是确定的、唯一的，所以才使三角形具有稳定性。在直观操作和逻辑推理的有机结合的过程中，使学生完成感性推测到理性思考、从唯一性和稳固性两个维度去认识三角形具有稳定性的数学本质。这一过程不仅帮助学生逐步深入认识三角形具有稳定性的本质，而且在不知不觉中培养了学生合情推理的意识和能力，提升了其数学素养。

总之，从育人的角度，依托数学课程，培养学生自主学习的能力，发展学生的数学核心素养，助力学生终生发展是摆在我们面前的一项重要任务。这就要求我们教师在备课的过程中要站在数学教育的高度，去内化课标，深刻解读教材，从学生的最近发展区出发，设计以学生为核心的探索活动，寓数学思想方法于教与学的过程，让学生通过实践、探究、体验、感悟的学习过程，获得基本的数学知识与技能，加深对数学知识的理解，并能灵活运用数学思想与方法，积累基本的数学活动经验，发展数学思维能力，提升学生的数学素养，助力学生的终身发展。

用数学的方式润泽生命

——"百分数的认识(2018 版)"教学实录与设计思考①

【教学内容】

《义务教育课程小学数学(人教版)》第十一册,第 7—76 页。

【教学目标】

首先,学生经历对百分数概念的抽象过程,理解百分数的意义并与分数的意义对比,体验百分数的价值,积累活动经验。

其次,培养学生的数据分析观念,发展学生的应用意识、问题意识和创新精神。

最后,使学生在探究活动中,获得成功的体验,建立自信心,感受到数学的简约之美,培养学生会思善问的学习品质。

【教学重点】

通过探究感悟,抽象、概括出百分数的意义,并理解其价值。

【教学难点】

理解百分数与分数的区别与联系联系。

【教学准备】

多媒体教学课件。

【教学过程】

一、第一个环节:揭示课题,引发思考

师:同学们,屏幕上展示的这样的数大家都不陌生吧?

---

① 本课曾于 2018 年在北京举行的"魅力教师　经典课堂"小学数学教学观摩研讨会上做展示。

生：不陌生。

师：像这的数就是今天我们要研究的内容——百分数（教师板书课题），大家会读吗？

生：百分之七十五、百分之九十点七、百分之一百二十。

师：大家会写百分数吗？谁上来写一写百分之一百二十？

（学生板书）

师：大家看清楚没有，她是怎么写的？

生：先写出来120，再加一个百分号。

师：在他说之前，有没有人不知道这个百分号？如果都知道的话，那大家有没有建议给这个同学？

生：百分号两边的圆一个写在上面，一个写在下面。

师：伸出你们右手的食指，我们再来一起写一个75%（正确示范）。

师：在生活中，你在哪些地方见过百分数？

生1：酒瓶上面有。

生2：食物的营养成分表上有。

生3：衣服的吊牌上有。

师：生活中的百分数还有很多，大家能看得懂吗？

【设计意图】

这样开门见山式的切入目的有三个：一是展现学生对百分数的已有认知水平，二是在交流中引导学生体会百分数在生活中的普遍存在，三是引发学生的数学思考，为主动探究新知聚集动力。

二、第二个环节：自主探索，构建新知

（一）第一步骤：交流分享，初步感知

1.感悟百分数传达的信息

（1）说一说

师：大家瞧瞧这个，图中的52%表示的是什么？

生：这瓶酒的酒精含量是52%。

师:这是我们用生活的语言来描述。要是请你用数学语言,用画一画的方式,你能呈现出52%的含义吗?请大家在纸上试一试。

(2)画一画

学生独立思考。(教师在巡视中收集有代表性的学生作品)

师:同学们,请看屏幕。下面我们一起分享几位同学的作品。

①方格图

师:(投影出学生作品)阴影部分表示的是什么?

生:酒精。

师:整个正方形表示的是什么?

生:酒。

②圆

师:阴影部分表示的是什么?

生:酒精。

师:整个正方形表示的是什么?

生:酒。

师:整幅图表示的是什么?

生:酒精占酒的52%。

③线段图

师:大家再来看看这幅图,括起来的这部分表示什么?

生:酒精。

师:整条线段呢?

生:酒。

师:他在图上写了什么?

生:$\dfrac{52}{100}$。

师:大家猜猜,这位同学是怎么想的?

生:他假设把这条线段分成100份,酒精占了52份。

师:想想刚才我们画的图,再看看那个百分数,大家能试着用数学的语言说说它表示的是什么意思吗?

生：这瓶酒的酒精占这瓶酒的52%。

师：大家想一想，如果我从瓶中倒出一杯酒，此时这杯酒的酒精含量是多少？

生：52%。

师：这个52%表示的又是什么呢？

生：杯子里的酒精占这杯酒的52%。

师：此时瓶中余下酒的酒精含量是多少？

生：还是52%。

师：再倒一杯呢？

生：还是52%。

师：你发现了什么？

生：酒虽然少了，但酒精含量不变。

【设计意图】

基于学生的最近发展区，从熟悉的酒入手，借助直观图形帮助学生，由生活经验的"知"到数学表达的"晓"，并通过"倒酒"借助学生的生活经验，帮助学生初步理解"量"变"率"不变。

2. 在感悟百分数作用的过程中理解意义

师：大家都感受到了吧？在商品标签标出像52%这样的百分数，对人们有什么用呢？

生：它能帮我们更好地了解商品。

师：看来我们还可以用数学的眼光去看商品、选择商品，(教师展示课件)大家觉得喝哪种饮料更健康？

生：第二个。

师：用数学的眼光看，你觉得这个百分数表示什么？

生：这瓶饮料里的原果浆占这瓶饮料的55%。

师：剩下的两个能理解吗？

生：能理解。

师：其实这三个百分数表示的都是……

生:这些百分数表示的都是原果浆占整瓶饮料的百分之多少。

师:你不仅有数学的眼光,更有概括的意识,了不起!

师:(教师展示课件)如果老师想要买一件保暖效果好的毛衣,大家建议我买哪一件?

生:第二件。

师:用数学的眼光看,这三个百分数表示的是什么意思?

生:这三个百分数表示的是羊毛占整件毛衣的百分之多少。

师:看来百分数并不是很难。这是刚才我们提到的营养成分表(教师展示课件),大家能试着说说这些百分数的含义吗? 比如,这个 15% 表示的是什么意思?

生:钙占这瓶牛奶的百分之十五。

师:我们来看看这个表,在项目这栏里都是什么?

生:营养成分。

师:这一栏表示的是——每 100ml 牛奶中有多少这样的营养成分。NRV 表示的是每天人体所需营养参考值。它后面有一个百分号,大家觉得这些百分数表示的是什么意思呢? 请大家勇敢地试一试。

生 1:每天人体所需营养参考值占这瓶奶的百分之多少。

师:你觉得这里的"单位 1"应该是谁?

生 1:这瓶奶。

生 2:每天人体所需营养参考值。

师:大家觉得呢? 大家觉得谁说的更有道理?

生:应该是每天人体所需营养参考值。

师:大家看,这个营养成分,比如钙,人体每天需要钙的含量是 800g,100ml 牛奶中有钙 120g,现在请大家试着说说这个百分数的含义。

生:100ml 牛奶当中的钙占人体每天所需要的钙的 15%。

师:这里面的"单位 1"是指什么?

生:每天人体所需营养参考值。

师:看来弄懂一个百分数,要搞清楚谁是"单位 1"很重要。请大家再看屏幕,(教师展示课件 5) 在读的时候可以在脑海里想象着画一个图。
"比去年同期增长 200%",大家觉得这个 200% 是什么意思?

生 1:增长了 2 倍。

生 2:今年二月份比去年二月份多了百分之二百。

师:这里的"单位 1"是谁?

生:去年二月份。

师:那是拿谁和去年二月份相比?

生 1:今年二月份。

生 2:增加的销量是去年销量的 200%。

师:大家有不同意见吗? 我们一起来想象着画个图,"单位 1"大家已经统一意见了,我用这个长度(教师做手势)表示去年二月份是销量,那今年二月份的销量应该怎样表示?

生 1:先画一个线段,再画两个这样的线段。

生 2:增长 200%,一共画三个这样的线段。

师:我们通过这个 200% 看不出它的具体销量吧? 但是通过今年二月份销售量比去年同期增长了 200% 我们能知道点什么?

生:今年增长的是去年的 200%。

师:那今年二月份的销量是去年二月份的……

生:300%。

师:去年二月份的销量是今年二月份销量的……

生:三分之一。

师:大家发现点什么没有?

生:这些百分数其实反映了这两年销量之间的关系。

师:如果今年的销量是 6000 辆,那去年的销量呢?

生:去年的销量是 2000 辆。

师:还有其他可能吗?

生:如果去年的销量是 4000 辆,那今年的销量就是 12000 辆。

师:如果今年的销量比去年增加 300%,我们可以知道……

生:增加的部分是去年的300%。

师:如果今年的销量比去年增加了120%呢?

生:今年增加的是去年的120%。

师:这些表示增长幅度的百分数都是拿谁和它比的?

生1:拿增长的部分和"单位1"比较。

生2:也就是说增长的部分是"单位1"的百分之多少。

师:看来,弄懂一个百分数,不仅要搞清楚谁是"单位1",还要搞清楚拿谁和它比。我们说了这么多的百分数,大家觉得百分数表示的是什么?

生1:表示的是一个数占另一个数的百分之几。

生2:表示的是两个数之间的关系。

【设计意图】

从学生的生活经验切入,精选素材,梯次呈现,从部分与总体之间的关系到一个量与另一个量之间的关系,学生的认知在不断地交流、分享中逐层深入,实现思维的自然生长。

(二)第二步骤:梳理反思,深入体验

1.有了分数为什么还要有百分数

师:百分数表示关系,分数也可以表示关系,为什么有了分数还要弄一个百分数出来?我们一起来体验一下(教师展示课件)这是衣服吊牌上原有的百分数,现在设计师又提供了如下两种设计方案,如果你去商场买东西,你更期待设计师使用哪种方案?

生:第一种。

师:说说你们这样选的理由?

生1:方案二中的分数不能直接比较。

生2:方案二中的分数还得换算分数单位,比较麻烦。

生3:分数的分子不能是小数,所以不选方案三。

师:去掉方案三中分子的小数部分不就可以了吗?把它变成$\frac{90}{100}$。

生:那样就不精确了。

师：像方案一这样用百分数表示有什么好处？

生1：分数单位统一，便于我们比较。

生2：可以有小数，更加精确。

生3：突出分子，一目了然。

师：看来用百分数的好处真不少！

2. 百分数和分数有什么区别

师：既然百分数也能和分数一样表示两个数之间的关系，而百分数又更便于我们做比较，那我们以后是不是可以把所有的分数都替代掉，把我们学习和生活中的每一个分数都换成百分数呢？

生：不可以，因为分数不仅能表示两个数之间的关系，还能表示一个具体量。

师：比如？

生：比如一根绳子长$\frac{1}{2}$米。

师：这的$\frac{1}{2}$能换成50%吗？

生：不能。

师：思考得真深刻！正像大家刚才说的，百分数不能表示具体的数量，只能表示两个数之间的关系，所以百分数又叫百分率、百分比。（教师完善板书）

【设计意图】

给学生一个辨析的机会，让学生在自主的反思和思维碰撞中体会分数与百分数的区别，内化对百分数意义的理解，培养学生用数学的思维方式去思考的习惯。

三、第三个环节：巩固拓展，提升认识

（一）通过一个百分数了解到不同侧面的信息，体现百分数的简洁美

师：在统计调查中，我们常常用到百分数，从图中你得到了什么信息？

生：这所小学图书馆的科技书比较少，故事书太多了。

师:你打算给校长什么建议?

生:下次购书时多买点儿科技书,少买点儿故事书。

(二)从哪家网店购买更靠谱

师:大家觉得从哪家书店的网店买书比较好呢?(教师展示课件)

生:第三家。

师:我们比较店铺的时候一定要比较好评度吗? 直接比较它的好评个数不行吗?

生1:不行,因为有的好评多,差评也多。

生2:好评个数多,不一定好评度高。

师:那你觉得光看好评度是不是就一定靠谱呢?

生1:不一定。可能那家店铺只有一条评价而且是好评。

生2:评价的总量特别小,评价度高不可信。

生3:好评度和评价的总数都要看。

师:看来在选择的时候我们要全面分析数据,综合决策。

(三)手术的成功率

师:请大家看屏幕(教师展示课件),现在医院做这个手术的成功率99.99%,这个成功率已经够高了吧?

生:嗯。

师:失败的概率有多大?

生:0.01%。

师:大家觉得医生还有必要为0.01%努力吗? 为什么?

生1:有必要,因为可能会发生意外。

生2:10000人做手术,会有一个人失败。

师:那是不是有一个人失败了,后面的9999人就可以放心去做了,保证没事?

生:不是。

师:如果有一个人做手术失败了,那你觉得这个失败率对他自己而言是多少?

生：100%。

【设计意图】

应用拓展环节中，笔者以数学问题为依托，将学生的思维引向深入，把百分数意义的理解同数据分析观念、概率等知识巧妙结合，用生动的实例诠释了"让不同的学生在数学上有不同的发展"这一新课程的理念。

四、第四个环节：回顾梳理，反思提升

师：这节课的学习就要结束了，通过这节课的学习，你有什么收获？

生1：我认识了百分数。

生2：我知道了用数学的眼光看问题。

生3：我们可以把百分数用到生活中。

生4：我们可以借助百分数了解事物。

生5：我了解了营养成分表。

师：通过这节课的学习，老师要跟大家分享的是，在生活当中，我们要学会与"数据"对话，从中发现问题、提出问题、分析问题并提出解决方案。

【评析】课尾的梳理反思，启发学生用数学的眼光去观察客观世界的意识，激发起他们继续探索的欲望。

【设计思考】

本节课是小学数学"润悟"教学走向成熟阶段的一个节点，在这个阶段我们主要思考的是怎样创设情景，帮助学生让悟真实发生，其设计过程集中体现了小学数学"润悟"教学在课堂教学设计过程中的具体方法。

第一，基于学生已有知识经验，开展真实有效的学习活动。

教育心理学家奥苏伯尔说："影响学习唯一的、最重要的因素是学生已经知道了什么，我们应根据学生原有的知识状况去进行教学。"要使课堂教学行之有效，教师备课时不仅要深入解读教材，更要充分了解学生的认知基础，顺应学生学习需求，以学定教，展开教与学活动，才能促进学生学习活动真正发生，使学生成为真正意义上的参与者。

比如,对于"百分数的认识",大多数教师会设计一个有趣的问题情境引导学生体会百分数产生的必要性。首选方案是创设类似"谁的投球水平更高"的问题情境,在产生思维冲突基础上让学生去感悟百分数产生的价值。乍看这是个充满童趣的问题情境,而实际在课后和学生调研中,我们发现,学生是被动的,他们一直处于猜的状态,猜今天老师要讲什么,猜正确答案是什么。由此可见,教学中一味追求趣味性、观赏性或是直指新授内容,忽视学生已有知识和经验,无疑会导致学习活动的有效性缺失。

学习活动的构建要基于学生已有的知识经验,而学生的知识经验需教师创设问题情境去唤醒。"百分数的认识"一课是在学生充分理解分数的意义、能解决一些简单的关于分数实际问题的基础上进行教学的。如何激活学生相关经验,并以此为基础构建百分数的意义是本课教学关键。教学中,笔者以"酒瓶上的百分数"为媒介进行如下尝试:①请学生根据自己的生活经验说一说:这个酒瓶上的 52% 表示的是什么?学生此时根据生活经验,给出的答案类似"这瓶酒的酒精含量是 52%"或"这瓶酒是 52 度的"。可见学生对百分数的含义并非一无所知,只是缺少数学化。②请学生根据自己的知识经验画一画:52% 表示的是什么?基于学生初步表达,教师启发其借助数学语言来表达,在纸上试着画一画,呈现出 52% 的含义并在班级内分享。学生有的借助百格图或矩形图,有的借助圆,有的借助线段图,但都基本表达出了酒精占整瓶酒的 52%。

通过画图、分享、交流典型学生作品中每一部分表达的含义,借助直观图帮助学生由生活经验的"知",在画中体悟,走向数学表达的"晓"。之后学生在想象"倒出一杯酒"的活动中讨论——从瓶中倒出一杯酒,这杯酒的酒精含量是多少?瓶中余下酒的酒精含量是多少?以学生生活经验为基础,通过"量"变"率"不变,帮学生初步理解百分数,使学生的生活经验得到有效数学化,原有知识经验得以提升和完善。

第二,围绕知识的本质,搭建利于学生自主探索的平台。

学习是一个探索、感悟、创新的过程,是学生经历系统数学思考的过程。课堂学习活动是教师基于教材的剖析和学生真实学情的再创造，适宜的学习活动可提升学生自主探索的有效性，反之会使学生的探索流于表面或事倍功半。在实践中，我们倡导以学生为本，围绕知识本质提出与教学内容契合的核心问题，并以此开展学习活动。只有围绕知识本质展开的学习活动才能促进学生正确认识数学学科特点，了解数学学科特有的思想方法，形成正确思维方式，感受数学之美，树立数学精神，发展数学核心素养。所以在设计数学活动时，教师要从三方面分析学生要学习的数学知识：一是把单个数学知识放到大的数学背景下，分析数学知识的实质是什么；二是分析数学知识背后蕴含的数学思想方法；三是分析数学知识形成过程。

　　比如，百分数表示一个量与另一个量的关系，所以它也叫百分比、百分率。为更好帮助学生理解百分数的本质，使学生能够体会其和分数的区别与联系，感悟百分数的价值，从而培养学生数据分析观念，笔者在学生初步认识百分数含义的基础上，呈现分别用百分数、最简分数、分母是100的分数制作的服装吊牌，展开"创意吊牌哪个好"大讨论，引导学生思考既然分数也可以表示两个数量之间的关系，人们为什么还用百分数呢？这样的数学活动让学生在自主探究、讨论、辨析中领悟到百分数与分数的区别与联系，体会应用百分数的好处，并以"既然百分数也能和分数一样表示两个数之间的关系，而百分数更便于比较，那是不是可以把学习和生活中的每一个分数都换成百分数呢？"这一问题将学生的辨析推向高潮，使学生在自主反思和思维碰撞中体会分数与百分数的区别，内化对百分数意义的理解，培养学生用数学思维方式思考的习惯。让学生的认知在不断交流、分享中逐层深入，实现思维的自然生长。

　　所以基于知识的本质、结合教材和学情设计有价值的、具有探究性的问题，并给学生充分探究交流的机会，让其去主动观察、比较、猜测、验证，反思梳理，使学生成为真正意义上的学习者，进而使学生学习的过程成为知识建构、思维提升的过程，培养和提升学生数学核心素养的过程。

　　第三，着眼学生数学核心素养提升，提供实现互助成长的机会。

　　数学核心素养不仅包括数学关键能力,还应包括通过数学学习所获得的个体自主发展的必备品格。如数学特有的理性精神,严谨求实态度,良好学习习惯等非智力品格,这些对促进学生全面、可持续性发展有积极作用。但这些又并非是学生在教师的言传中可以习得的,学生在分享交流和思维碰撞过程中的相互启发也是另一种意义上的互助,所以着眼学生发展,适当拓展学习活动的宽度和深度,能给学生更多思辨的机会,有利于让每一个学生都有机会成为学习活动的互助者,实现潜移默化地润泽,细润无声地引领,自然无痕地点化。

　　为了达成这样的目标,在学生完成对百分数的构建后,笔者设计了三个话题。

　　首先,教师以学校图书馆藏书统计图为背景,引导学生读图获取信息,发现问题,并给校长提出建议,在将学生的新知与现实生活联系的同时,渗透百分数在日常生活中的作用,体现百分数的简洁美。学生以数学的眼光观察数据,学会发现问题,提出问题。

　　其次,引导学生以数学的思维分析数据,树立理性的数学精神。从三家网店购买图书,学生在辩论中领悟从不能单看好评个数到看好评度,明白要综合多个数据,全面分析,综合决策,并在思辨过程中深刻感悟百分数产生的必要性。

　　最后,以数学的精神使用数据,培养学生严谨求实的态度。学生通过读取数据并分享自己的感受。"如有一个人做手术失败,那你觉得这个失败率对他而言是多少?"等问题将学生思维引向深入,把百分数意义的理解同数据分析观念、概率等知识巧妙结合,在数学学习中无声地传递了严谨求实的学习态度。

　　总之,作为教师,只有真正做到以生为本,把握数学教学的本质,教学的着力点才能正确,才能使一个个的数学概念成为学生数学学习的骨架,让学生切实体验、感受数学思想方法,使之成为学生数学学习的血肉,进而帮助学生逐步形成正确的思维方式,树立理性精神和探究精神,促进学生数学素养的发展,使学生成为课堂学习的主动参与者、真正意义的学习者。

开展深度对话,在思辨中悟理明法

——"三角形的面积(2019 版)"教学实录与课后所得①

【教学内容】

《义务教育课程小学数学(人教版)》五年级上册,第91—94 页。

【教学目标】

首先,学生经历探索三角形面积的过程,理解三角形面积的计算方法,体验解决问题策略的多样性,积累活动经验。

其次,使学生经历操作、观察、讨论、归纳等数学活动,完善提升对转化思想的认识,发展学生的空间观念和初步的推理能力。

最后,让学生在探索活动中获得积极的情感体验,进一步培养学生学习数学的兴趣,渗透事物是相互联系的辩证唯物主义观点,培养学生会思善问的品质。

【教学重点】

通过探究感悟、观察、讨论、概括出三角形面积的计算方法,体悟转化思想。

【教学难点】

理解三角形面积计算方法的实质,并能灵活应用。

【教学准备】

方格纸、多媒体教学课件、练习纸。

---

① 本课曾于2019 年5 月在江西南昌举办的面向2021 小学数学教材(人教版)与课堂教学改革培训观摩交流会上做展示。

【教学过程】

一、第一个环节:创设情景,引发思考

师:同学们,相信当大家拿到这张学习活动纸的时候,就已经猜到我们今天要研究的内容了。

生:三角形的面积(板书课题:三角形的面积)。

师:如果现在就请大家从图中任选一个三角形,弄清楚它的面积有多大,大家能想到办法吗?(停顿5秒,课件展示出方格,如图1)现在大家会不会觉得容易一些呢?

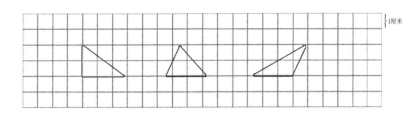

图1

生:有方法了,这样可以。

师:先选哪一个研究会比较容易一些?

生:直角三角形。

师:真默契!(放大直角三角形)

【设计意图】

唤醒学生已有的知识经验,引发学生的数学思考,点燃孩子们的求知欲望,为主动探究新知聚集动力。

二、第二个环节:自主探索,做中感悟

(一)第一步骤:动手实践,初步感知

师:下面,请同学们用自己想到的方法去研究它的面积,大家可以在学习活动纸上方的直角三角形处画一画,写一写,争取让大家都能看懂你是怎么想的,可以吗?开始!

(学生践行自己的初步预想,教师巡视,观察学生的研究情况)

师:好!孩子们,请大家看屏幕,下面我们一同分享大家刚才想到的方法,分享中相互启发,好吗!

生:好!

交流碰撞:

1.数方格——剪拼

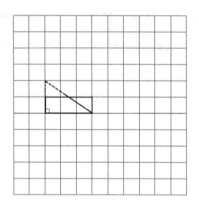

图 2

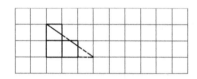

图 3

师:我们先看这几个同学的作品,猜猜他们想用什么方法得到这个三角形的面积?(展示图 2)

师:猜到没有?这还有一幅图(展示图 3),是不是比上一个更清楚一些?

生:是。

师:他们用的是什么方法?

生:他们是用剪拼的方法得到直角三角形的面积的。(板书:剪拼)

师:还有谁也想到了剪拼的方法?能用我们研究平行四边形面积时

的经验解决问题,不简单! 大家能看懂他是怎么剪拼的吗? 请大家想象一下,把这个部分拼到这里,凑成一个完整的面积单位,把这个部分拼到这里,再凑成一个面积单位,这样剪拼以后会得到一个……

生:长方形。

师:面积是多少?

生:3 平方厘米。

师:那这个直角三角形的面积呢?

生:也是 3 平方厘米。

师:我们班的同学个个都会分析,能想象。

2. 推算——拼组

师:(展示没有算式的)还有些同学是这样做的,大家觉得这样可以得到这个三角形的面积吗? 越来越多的同学觉得可以——谁能悟出其中的玄机,给大家讲一讲?

生:这样不能得到三角形的面积。

师:那你们觉得这样可以得到谁的面积?

生:得到长方形的面积。

师:怎么求长方形的面积?

生:3×2＝6(平方厘米)。

师:如果知道了长方形的面积(停顿 3 秒),你能推算出三角形的面积吗?

生:可以,是 3 平方厘米。

师:你们是怎么知道的?

生:用长方形的面积除以 2。

师:大家觉得他讲得怎么样? 还有什么疑问没有? 能说说你们这么做的理由吗?

生:因为那个长方形是两个完全一样的三角形拼成的。

师:是这样吗? 我们验证一下,怎么证明这两个三角形是完全一样的?

生：放在一起比一比。

师：聪明！比完发现怎么样？

生：完全一样。

师：用这样的两个完全一样的三角形怎么拼成那一个长方形呢？怎么做？你们指挥，我来操作！

生：先旋转，再平移。

师：向哪边？

生：右边。

师：因为他们完全一样，所以每个都是这个长方形面积的一半，所以我们可以通过长方形的面积推算出三角形的面积，对吗？能用一个综合算式表达用这个方法求得三角形面积的思维过程吗？

生：3×2÷2＝3（平方厘米）。

师：3×2得到的是……

生：是三角形的面积——那两个完全一样的三角形拼成的长方形的面积。

师：能主动完善自己的表达方式，避免别人产生误会或疑问，思路敏捷、表达严谨！再除以2得到的是什么呢？

生：是我们要求的那个三角形的面积。

师：大家都是解决问题的高手，不仅会用学过的方法解决问题，还能创造出这样的新方法，推算出这个三角形的面积。了不起！

师：前面我们分享的方法是剪拼，那这个我们创造的方法呢？

生：拼（组）。

师：我们是用两个完全一样的三角形拼在一起，组成了一个我们学过的图形，我们称这种方法为拼组，可以吗？

生：可以。

师：通过分享，是不是再一次让你感受到了集体智慧的强大，要不要把自己刚才做的不完美的地方修改一下，然后在活动纸下面那行的直角三角形上尝试一下自己最初没想到的那个方法？

生:要。

师:迅速动手试一试,完成后告诉我,好吗?

生:好!

师:开始。

【设计意图】

让学生经历用已有知识经验解决问题的过程,感悟拼组和剪拼转换的方法。

(二)第二步骤:探索实践,深入体验

师:大家都完成了吗?锐角三角形的面积你能分别用这两种方法推算出它的面积吗?

生:能。

师:好!那我们上面那个用剪拼的方法,下面那个用拼组的方法,行吗?开始!

(学生独立操作,教师巡视,提示完成的同学可以和同组的同学说一说自己是怎样做的)

1.用剪拼的方法求面积

师:孩子们,你们觉得在你们这个小组当中,谁剪拼的作品最清楚、最直观,愿意推荐给大家一同分享?(举手示意——点名),大家猜猜他是怎样剪拼的?

生:出示作品。

师:和你们想的一样吗?大家觉得他的作品哪个地方值得你学习?通过剪拼,我们会得到一个长方形,它的面积是多少?(问展示作品的学生)

生:3平方厘米。

师:画图用心,清楚直观!谢谢你的分享!

2.用拼组的方法求面积

师:用拼组的方法是怎样得到锐角三角形的面积的?

生:(出示作品)我先把它拼成了一个平行四边形,然后用平行四边形面积除以 2, 就求出了锐角三角形的面积。

师：先给大家指下你算式中的 3 和 2 在图中的位置，可以吗？再请你说一说，3×2 得到的是……

生：得到的是平行四边形的面积。

师：大家觉得他讲得怎么样？怎么表达会更好？我们要不要补充说明，或是特别强调点什么？

师：如果我们只说，3×2 得到平行四边形的面积，那人家会不会有这样的疑问：为什么这个平行四边形的面积除以 2 就是要求的锐角三角形的面积？

生：是。

师：那我们怎么表达会更好？

生：3×2 得到的两个完全一样的锐角三角拼成的这个平行四边形的面积！

师：大家觉得是不是这样？真好！那后面我们就注意这一点！怎么样，拼组的方法是不是并不比剪拼的方法烦琐？

生：是。

师：还有谁也想到了这样的方法？你们太会思考了！掌声送给我们每一个同学！

3. 对比方法促优化

师：继续分享我们同学的奇思妙想，像这样拼上两个直角三角形，组成一个长方形，可以吗？

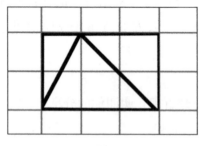

图 4

生 1：可以。

生2：不可以。

师：这个锐角三角形的面积是这个长方形面积的一半吗？

生：是。

师：你是怎么知道的？

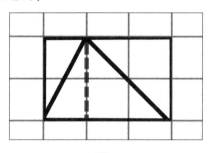

图5

生1：如果我们沿着这个锐角三角形的高剪开，根据前面直角三角形拼组的经验，这个涂色的小三角形的面积是这个小长方形的一半；那么当它们合在一起时，这个锐角三角形的面积也一定是大长方形面积的一半！

师：还有其他方法也可以证明吗？

生2：像我们刚才那样，把锐角三角形剪拼之后得到一个小长方形，也能证明这个锐角三角形的面积是这个大长方形的面积的一半！

师：能用刚才研究问题时的经验去思考问题，真不错！

生3：像刚才那位同学所说的那样，这样剪拼我们不难发现，这个长方形的面积和我们用两个完全一样的锐角三角形拼组而成的平行四边形的面积是一样的，也能证明三角形的面积是这个长方形面积的一半。

师：为让大家看得更清楚，我们用课件演示一下吧！（课件演示三种方法）

师：怎么样？同学们，这样做是不是也同样能得到锐角三角形的面积？

生：是的，可以。

师：虽然这样做不如用两个完全一样的锐角三角形拼组成平行四边形直观、方便，但我想这个同学的思维让我们对剪拼和拼组这两种转化有了新的认识，对吗？

生：对的。

4.选择方法求钝角三角形的面积

师：仔细观察这个钝角三角形，你觉得用哪个方法去求得它的面积会比较简单方便？用你认为简单的方法试一试！

生：剪拼——不，拼组。

师：那我们比一比，看谁能准确、迅速地得出它的面积。

师：谁用的剪拼的方法？这次怎么没有？就一个同学用剪拼的方法吗？

生：不方便，没法剪拼。

师：展示一下，大家觉得这样剪拼可以吗？

生：不行。

师：没关系，敢于尝试就是一种成功，课下大家可以继续尝试，相信你们一定能成功！大部分同学觉得拼组的方法更便于研究钝角三角形的面积对吗？

生：是的。

师：你们怎么做的？（举手示意）谁愿意说一说？

生：（出示学生作品2个）3×2得的是这样两个完全一样的三角形拼成的一个平行四边形的面积，再除以2就是这个钝角三角形的面积。

师：回顾刚才研究的过程，你有什么发现？

生1：可以通过剪拼和拼组的方法去求三角形的面积。

生2：把求三角形面积变成求长方形的面积。

生3：拼组比剪拼更便于研究三角形的面积。

师：我们拼组和剪拼的目的是什么？

生：把我们不会求的三角形的面积的问题转变成了我们会求的长方形或平行四边形的面积。

师：是的，这样就巧妙地把求三角形面积的问题转换成了求长方形或平行四边形面积的问题，把抽象的转换成直观的，把不会解的转化为会解的，把陌生的转化为熟悉的。

【设计意图】

学生经历转化,体验剪拼和拼组转化的方法,体会三角形底和高与面积的关系。

(三)第三步骤:活用拼组"转化",辩中明理

1.用方格求面积

师:如果再随意给大家一个三角形(如图6),你能借助方格快速得到它们的面积吗?

生:可以。

图6

师:这个三角形的面积是多少?

生:6平方厘米。

师:你是怎么得到的?

生:4×3÷2=6(平方厘米)。

师:和你得到的结果一样吗?

生:一样。

师:那4×3得到的是谁的面积,能想象得到吗?

生:由两个完全一样的三角形拼成的长方形的面积。

师:再除以2呢?

生:得到的是要求的三角形的面积。

师:大家拼组的方法应用得很自如了!

师:再看下面这张图(图7),这个三角形的面积是多少呢?

生:10平方厘米。

师:你的算式是?

图 7

生:5×4÷2＝6(平方厘米)。

师:能指一指你说的那个"4""5"在图中的位置,并说说你是怎么想的吗?

生:"4"是它的底,"5"是它的高。5×4 得到的是由两个完全一样的三角形拼成的平行四边形的面积,再除以 2 就是要求的三角形的面积了。

师:有人拼组成长方形吗?

生:那样麻烦!

图 8

师:真会学习,你们已经开始优化自己解决问题的策略了!再看这幅图(图8),这个三角形的面积又是多少呢?

师:这次大家怎么数得那么艰难呢?

生:这个三角形的底太长了,不好数。

师:数的哪不好数?大家还数了哪里(高)?我猜大家的算式都是 8×3÷2＝12,对吧?那 8 乘 3 得到的是?

生:是由两个完全一样的三角形拼成的平行四边形的面积。

师:再除以 2 呢?

生:得到的是要求的三角形的面积。

师:怎么样,大家对于怎么求出一个三角形的面积是不是有点感觉了?

生:是的。

2.无方格求面积

师:如果没有方格,你们还能求三角形的面积吗?

生:能!

师:随意剪出一个三角形,你准备怎么求出这个三角形的面积?

生:测量它的底和高。

师:三角形有三组底和高,对吧?你准备量哪一组底和高?

生1:下面这一组。

生2:不是,三组都可以。

师:空口无凭,我们要验证一下!用什么方法去验证呢?拼组还是剪拼?

生:拼组。

师:大家非常会选择研究问题的方法!为了更加直观,我们把三角形的三组底和高分开验证,(分别抽离教具,分为第一组、第二组、第三组,贴在黑板上)先看这组底和高,底乘高得什么?

生:两个完全一样的三角形拼成的那个平行四边形的面积。

师:看得见那个平行四边形吗?大家想象一下,用手指比画一下它的样子。

师:谁来拼一拼,让我们可以直观看出来,帮大家验证一下我们的想法?

师:再除以2,就是……(教师拿开拼上去的三角形)

生:就是要求的那个三角形的面积。

师:这组底和高能求出这个三角形的面积,对吧?再看这组底乘高,底乘高得到的又可能是哪个平行四边形的面积?

(学生比画)

师:这样能直观看出来这个平行四边形的面积吗?(教师故意贴错

位置)

生：不能。

师：那直观看出的是哪个平行四边形的面积？

(学生上来拼一拼)

师：他这样行吗？我怎么看不出来……哦,这样看就比较直观了!

师：再除以2,就是……

生：就是这个三角形的面积。

师：原来这组底和高也能求出这个三角形的面积。

师：这个底乘对应的高还能得哪个平行四边形的面积？

生：(学生动手把拼上的三角形摆在另外一边)还可以得出这个平行四边形的面积。

师：再除以2呢？

生：可以得出要求的那个三角形的面积。

师：我们用这组底和高也能求出这个三角形的面积,那剩下的那一组呢？你准备怎么证明？

生：这组底和高的积是这个平行四边形的面积,再除以2就是这个三角形的面积(边说边演示)。

师：我们班的同学想象能力太强了,实践和想象之后,大家有什么发现、感悟、收获和大家分享？

生1：无论用哪一组底乘高再除以2都能求出这个三角形的面积。

生2：三角形的面积＝底×高÷2。

师：如果隔壁班的孩子问你,求三角形的面积的时候,用三角形的底乘高之后为什么还要除以2呢？你准备怎么回答？

生：因为三角形的底乘高得到的是两个完全一样的三角形拼成的平行四边形的面积,再除以2才是三角形的面积。

师：同学们可能已经能感受到,我们更多的是用拼组的方法去研究三角形的面积,其实,剪拼也是研究三角形的面积的好方法,希望同学们课下接着研究,还可以在网上搜索"出入相补",把自己的研究成果和古人用剪拼研究三角形面积的方法对比,相信大家会对底乘高除以2会有不一样的解读。

【设计意图】

①论证三角形的三条边都可以做底,归纳三角形面积的计算方法。②尝试简单推理。让学生通过动手实践,积累活动经验,实现思维成长。领悟学习方法,积淀学习后劲,落实"让不同的学生在数学上有不同的发展"这一新课程的理念。培养学生的思维能力。

三、第三个环节:巩固训练,完善认知

师:如果给大家一个三角形的底和高,你们一定能求出它的面积吗?

生:能。

师:我们看一看,图9这个三角形的面积怎么计算?

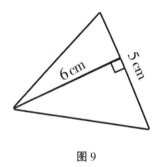

图9

师:那图10呢?

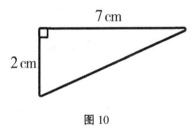

图10

生:6×5÷2=15(平方厘米)。

师:如果三角形ABC的一个底长4cm,一条高2cm,它的面积是多少?

生1:2×4÷2=2(平方厘米)。

生 2:不确定,因为不知道高和底是不是一组的,如图 11。

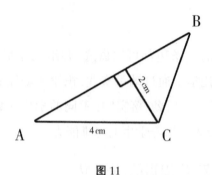

图 11

师:如果要求图 11 中三角形的面积,还需要知道什么条件?

生:要知道 AC 边上的高,或是 AB 边的长。

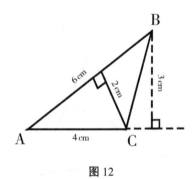

图 12

师:我们的同学不仅反应敏捷,而且思维缜密! 太棒了!

【设计意图】

强化三角形面积计算方法,体会三角形的底和高的对应关系。

四、第四个环节:梳理反思,辨中顿悟

师:下面我想和大家一同回顾咱们研究平面图形面积的历程,大家还记得我们研究面积单位的时候,用的是一个什么图形吗?

生:正方形。

师:边长是 1 的正方形,对吧?

生:对。

师:(演示)所以当平面图形的底是 3 的时候,我们可以沿它们的底

边摆三个这样的面积单位,高是 4 的时候呢?

生:可以摆这样的四排。

师:此时我们可以直观地看到底×高得到的是一个……

生:是一个长方形的面积。

师:通过剪拼转化,我们发现平行四边形的面积恰好与这个长方形的面积……

生:相等。

师:而两个完全一样的三角形拼组而成的那个平行四边形的面积与这个长方形的面积是一样的,所以三角形面积也是这个长方形面积的一半。我们不难发现,我们在研究三角形的面积、平行四边形的面积的根本是长方形的面积的计算方法。通过转化,我们推理得出了平行四边形和三角形面积的计算方法,这对于我们以后研究其他平面图形的面积又将会有什么启示呢? 在以后的学习中,我们共同探索!

教师小结:不知大家是否感悟到,转化不仅是一种解决问题的方法,更是一种数学思想,同时也该成为我们学习和研究数学的一种意识。愿大家通过自己的不懈努力,把我们面前的每一个困难都转化成我们前行之路上的阶梯。

【设计思考】

《义务教育数学课程标准(2011 年版)》中,提出"教学活动是师生积极参与、交往互动、共同发展的过程"。细细品味,我们不难发现课标所倡导的基本课堂教学形式是师生互动。那么通过有效的师生、生生互动,是否能更好地帮助学生建构自身的知识与技能体系,感悟数学思想方法,积累数学活动经验,并从中得到发展和提升呢? 结合自己的教学经历去反思,笔者认为,答案是肯定的!

师生互动不应仅仅是形式上的互动,笔者认为,真正意义上的师生互动是师生心灵的律动与情智的共通,并能促进双方共同和谐发展的行为。而促进课堂教学实施过程中的有效互动,则是促进和优化课堂教学的动态生成关键之所在。

在执教"三角形的面积"一课的过程中，笔者对"有效多元互动促进课堂动态生成"有了几点不成熟的想法。

第一，设计真实、有效的学习活动是促进有效互动的关键。

学习活动的设计是教师基于教材的剖析和学生真实学情的再创造，适宜的学习活动可以提升互动的有效性，反之则会造成教师在前、学生在后，大部分学生跟不上教师的节奏，只有少部分学生艰难地参与互动，或是学生十分轻松就能完成，让互动形同虚设。

比如在三角形的面积一课的教学中，新课伊始，笔者就让学生依据已有的知识经验想办法去求一个三角形的面积，在大多数学生苦于无从下手时，教师适时提供方格图，让学生借助方格图去求三角形的面积；在学生从研究中积累了新经验以后，再尝试思考没有方格时怎么求一个三角形的面积。这样的设计让学生经历从有方格到没方格，从有数据到没数据的探究活动，直面学生的学习现实，巧妙帮助学生突破没有三角形中位线的知识基础、不易理解剪拼方法的难点和只会在方格图中画平行四边形的问题，这样一来，学生的思维的差异性得以充分展现，给学生搭建了可以自然生长的平台，在很大程度上促进了互动环节的有效性。

再如，在学生初步完成对直角、锐角、钝角三个三角形的研究以后，设计让学生借助方格纸再去得到另外三个三角形的面积，实践证明，看似略带重复性的互动让学生开始对拼组和剪拼两种方法做出了自然的选择，并且对三角形的面积与它的底和高有关有了一次系统性的感悟，为学生自主完成知识建构、形成属于自己的数学智慧搭建了平台，有效促进其思维生长。

第二，创设开放、探究的学习情境是进行有效互动的基础。

课程改革走到今天，我们越来越清晰地感受到当下课堂当中的师生互动有了一个新的特征，那就是以"经历"为基础。在师生互动之前，以学生已有知识经验为基础，以解决问题为载体设计开放的、探究的学习情境，让学生有独立思考的空间、独立尝试的机会，让学生去思考、去感受、去理解、去分析，这不但为学生后面要进行的互动积蓄真实的互动素材，而且也让师生互动具有有效性成为一种可能。

比如,在自主探索这个环节,我们先让学生在方格纸上,通过独立动手实践,尝试去得到直角三角形的面积,这样的设计基于学生的最近发展区,巧妙地将学生带到对剪拼转化和拼组转化的感悟中,给予每一位学生思考的机会和初步感知时空,使得学生已有知识和经验被充分唤醒。有的学生根据研究平行四边形面积的经验,借助方格纸,用剪拼的方法得到了直角三角形的面积;有的学生则借助方格纸,利用三角形拼组的经验,通过长方形的面积推算出直角三角形的面积。之后让学生在有体验、有感悟的基础上进行互动,使学生有话可说,有悟可讲,进而产生要讲出自己想法的需要,同时也为学生在思维碰撞中能有"触类旁通"的感悟,甚或产生"豁然开朗"的顿悟做了必要的铺陈。

第三,采用激励、多元的学习评价是开展有效互动的保障。

"教学的艺术不在于传授本领,而在于激励、唤醒、鼓舞。"反思自己的教学行为,往往是以自己预设的教学目标为导向,借助一连串的问题与学生实现互动,造成课堂上主要是以与某一学生的一问题一答,甚至是抓住一个学生"穷追猛问"的形式为主,单调乏味,而且随着研究的深入,问题难度越来越大,参与互动的学生也愈来愈少,这成了困扰笔者的一个难题。磨课的过程中,几位专家给了笔者很多指点和帮助,让笔者明白,要提升师生互动的有效性,丰富互动的内容与形式,互动的主体就要从一元走向多元,教师要用欣赏的眼光看待孩子的思维生成,多采用正向激励的评价,以引导孩子的思维方向,提升互动的广度与深度,营造和谐、民主的学习氛围,促进师生、生生间的情感的传递、知识的共享和智慧的交融。

具体来说,比如展示有的孩子借助方格纸、利用剪拼的方法得出直角三角形的面积之后,教师先询问"还有谁也想到了剪拼的方法?"再点评"能想到用我们研究平行四边形面积的经验去解决问题,真是善于思考的孩子!"这样做的目的有三:一是让更多学生得到正向的激励;二是打散学生的聚焦点;三是让学生感受到用以前学过的知识经验去解决问题的思路是正确的。如果我们在一个学生展示之后就点评,那么只有这一个孩子会感受到成功的喜悦，同样是抓学生的思维亮点，通过询问"还有谁也想到了剪拼的方法？"教师再点评，让凡是想到这个方法的同学哪怕是想到了剪拼但却没有成功得到面积的同学都会有了成功的感觉，打散学生的聚焦点，由纯粹关注结果到聚焦策略，让学生感觉到思考的过程同样重要，同时也使更多的同学意识到应用以前学过的知识经验去解决问题的思路是正确的，进而让学生再次主动在大脑中搜索与三角形和面积有关知识，试图去寻找其他解决问题的途径。

再比如，当学生尝试分别用剪拼和拼组的方法推算出锐角三角形的面积之后，先让学生组内交流，推选具有全班分享价值的作品，之后再展示，并鼓励学生去评价所展示的作品，教师抓住学生无意识说出的那句"和我的方法一样！"引导学生与学生之间的评价"既然他的想法和你一样，那夸她就等于夸自己呀！你觉得他作品中那些地方做得好？"从组内推选到班内评议，伴随互动方式的演变，评价的方式也走向了多元，在评价的过程中，学生的思维得以不断生长，思维路径也越来越清晰，同时这样多元的互动让学生在课堂中获得了积极的情感体验。

第四，撷取动态、生成的学习资源是推动有效互动的阶梯。

在课堂上，学生思维的顿悟、灵感的萌发、瞬间的创造无时无处不在。捕捉稍纵即逝的教学资源，引导学生从无意识的研究到有意识的思考；抓住学生思想的火花，引领学生全身心地投入到再创造的深层探究中去，推动学生的思维从"无序"走向"有序"，这同样是师生互动过程中教师的一项重要任务。

比如在学生借助方格纸用拼组的方法研究锐角三角形的面积时，有的孩子会萌生奇思妙想——在锐角三角形的两侧分别拼上一个小直角三角形，进而组成一个长方形。对于这样的方法，大多数的学生的第一反应一定是不认可的，在学生犹豫不定之时，教师自言自语式地追问："这里的 3×2 得的是……后面它也是除以 2，这个可以吗？这个锐角三角形的面积是这个长方形面积的一半吗？"这样迅速将学生的思维之火点亮，有的学生想到借助直角三角形的拼组经验去思考，有的孩子会借助锐角三角形的剪拼经验去解决问题,更多的孩子则是借助三角形的拼组经验,想到通过平移左侧的小三角形说明锐角三角的确是长方形面积的一半,某一个学生无意识状态下的思维成果,被教师撷取并且——呈现,引导之下成了让学生从无意识研究走向有意识思考的导火索,更通过这样一个活动让学生思维不断向纵深发展,在互动的思维分享中对应用三角形的剪拼和拼组解决问题产生一个新的认识,起到了事半功倍的效果。

在实践中,我们越来越真切地感受到,有效的、多元的互动是孕育生成的沃土,促进了课堂上精彩纷呈的生成;撷取动态、生成的学习资源适时引导学生思考辨析,又会使课堂真正成为师生共同创造的舞台,让师生的互动更深入有效,使得课堂变得富有生机与活力。

以悟为径，实现整体理解与迁移

——"同分母加减法（2021 版）"教学实录与点评①

【教学内容】

《义务教育课程小学数学（人教版）》五年级下册，第六单元第一课时。

【教学目标】

首先，学生通过对同分母分数加减法本质的探索过程，理解同分母分数加减法的算理并与整数加减法、小数加减法进行类比，贯通知识联系。

其次，让学生经历"猜测—验证—推理—反思"的过程，培养学生的推理能力，发展学生的应用意识、问题意识和创新精神。

最后，使学生在探究活动中，获得成功的体验，建立自信心，渗透事物是相互联系的辩证唯物主义观点，培养学生会思善问的品质。

【教学重点】

通过探究感悟，理解分数加、减法的意义，正确计算同分母分数加、减法。

【教学难点】

沟通整数加减法、小数加减法、同分母分数加减法本质联系。

【教学准备】

彩笔、多媒体教学课件。

---

① 本课曾于 2021 年 6 月于天津举办的教育部教研基地小学数学全国线上教研活动中做展示，并得到北京教育科学研究院基础教育研究中心张丹教授高度评价。

【教学过程】

一、第一个环节:直入课题,引发思考

师:同学们,今天老师想和同学们一起研究同分母分数加减法。请大家算一算下面这三个分数加减法。

(教师通过课件展示: $\dfrac{4}{8}+\dfrac{3}{8}=$? $\dfrac{4}{7}+\dfrac{3}{7}=$? $\dfrac{4}{5}+\dfrac{3}{5}=$?)

生:第一道题目的答案是 $\dfrac{7}{8}$;第二道题目的答案是1;第三道题目的答案是 $\dfrac{7}{5}$、 $1\dfrac{2}{5}$。

师:算得真快,你是怎么算的?

生1:分母相同时,用分子相加,分子相加等于7,分母不变。

生2:我的算法和前面的同学是一样的,分母相同,分子相加。

师:大家听出来没有,这两位同学说的有一个前提。前提是什么?

生:分母相同时。

师:分母相同的分数我们把它叫作什么?

生:同分母分数。

师:大家刚才在计算像这样的同分母加法的计算方法是什么?

生:分母相同,分子相加,分母不变。

二、第二个环节:自主探索,构建新知

(一)第一步骤:动手实践——"做"中感悟

1.独立思考,初步感知

师:有人说,会算的永远都是徒弟,会讲道理的才是师父。谁来讲讲当分母不变时,只是分子相加,分母不变的道理是什么呢?

生1:因为只加分数单位的个数就行。

生2:分数单位一样。

师：你能画个图表示一下吗？比如，$\frac{4}{8}+\frac{3}{8}$怎么画？

生：可以把一个长方形平均分成8份，先取其中的4份，再取其中的3份。

师：(课件展示出长方形)怎样先表示$\frac{4}{8}$？

生：就是取8份中的4份。

师：接下来呢？

生：再取其中的3份。

师：图中有4份吗？有3份吗？有7份吗？

生：有。

师：怎么看出分母一样呢？

生：因为开始将"单位1"平均分成了8份，平均分的份数没有变。

师：由此如同之前两位同学说的，当我们把"单位1"平均分成8份时，分数单位就有了，每份都是$\frac{1}{8}$，那你们眼中的"4"除了是$\frac{4}{8}$，还是什么？

生1：4个$\frac{1}{8}$。

生2：3就是3个$\frac{1}{8}$。

师：如果请你画图说明计算$\frac{4}{5}+\frac{3}{5}$时，分子相加，分母不变的道理，你准备怎么做？

生：把"单位1"平均分成5份——这次还用一个图不行了！

师：那怎么办？想想办法，然后动手画一画，尽可能要让别人看出来你的整个计算过程，并且能够说明分母不用变。

(学生动手操作，小组内交流后汇报成果)

师：大家先看看这位同学的想法，他的这个图能说服你吗？

生1：不能。

生2：他画的图表示的是 $\frac{4}{8}+\frac{3}{8}$，而不是 $\frac{4}{5}+\frac{3}{5}$。

师：所以一定要听老师的要求，那这幅图呢？

生：这幅图不太好理解。

师：再看一看。

（教师出示课件）

生：这个图好理解。

师：我怎么看像 $\frac{7}{10}$ 呢？

生1：我不同意您的想法，我想说这两个不是合在一起的，所以不能分成两个"单位1"来计算。

师：我把它们合在一起行不行？

生：不行。

师：有没有办法既把它们不合在一起，又能看出4份加3份得到的 $1\frac{2}{5}$ 就是 $\frac{7}{5}$？

师：有没有更清晰的？

（教师通过课件展示）

师：有没有线段图？

（教师通过课件展示）

师：大家认为他聪明的地方在哪儿？

生：中间标注了1，末端标注了2。

师：这不是10份吗？你们怎么还说是 $\frac{7}{5}$ 呢？

生1：因为他在中间标了"单位1"。

生2：因为他在中间标了"1"，这就说明图中有两个连在一起的一样的"单位1"。

生3：它们都被平均分成了5份，分数单位也是一样的。

师：也就是说每份的计数单位都是 $\frac{1}{5}$，这是7个 $\frac{1}{5}$，所以是 $\frac{7}{5}$。

师:那为什么同样借助 4+3 来计算,出现的结果却不同呢?

生 1:因为它们的分母不同。

生 2:因为它们的分数单位不同。

师:那么 4+3 在这里算的是什么?

生:4 个 $\frac{1}{8}$ 加上 3 个 $\frac{1}{8}$,合起来就是 7 个 $\frac{1}{8}$,也就是 $\frac{7}{8}$。

师:那这里的 4+3 表示什么意思?

生:4 个 $\frac{1}{7}$ 加上 3 个 $\frac{1}{7}$,等于 7 个 $\frac{1}{7}$。

师:这个呢?

生:4 个 $\frac{1}{5}$ 加上 3 个 $\frac{1}{5}$,等于 7 个 $\frac{1}{5}$。

2. 比较交流,深入体验

师:除了这 3 道题之外,还有没有其他两个分数相加也用到"4+3"来计算的题目?举例说明。

生 1:$\frac{3}{6}+\frac{4}{6}=\frac{7}{6}$。

生 2:$\frac{4}{4}+\frac{3}{4}=\frac{7}{4}$。

生 3:$\frac{4}{10}+\frac{3}{10}=\frac{7}{10}$。

师:能把它全部说完吗?

生 1:不能

生 2:可以用字母表示,比如 $\frac{4}{x}+\frac{3}{x}=\frac{7}{x}$。

生 3:这里的 x 不能为 0。

师:你们真善于思考,那 $\frac{1}{x}$ 表示的是什么?

生:是加数与和的分数单位。

师:那 4、3、7 表示的是谁?

生:表示的是分数单位的个数。

(二) 第二步骤:梳理归纳——"思"中顿悟

师:同学们,请大家想一想,像这样的4+3能帮助我们计算这么多同分母分数的和,它以前还帮我们算过什么?

生1:算过小数加法,比如0.3+0.4=0.7。

师:这里的4+3算的是什么?

生1:这里的4+3表示的是4个0.1和3个0.1相加等于7个0.1。

生2:0.04+0.03=0.07。

生3:0.24+0.03=0.27。

生4:还能计算整数加法,比如4+3,也就是4个1和3个1相加等于7个一。

生5:40+30=70,这里的4+3表示的是4个10和3个10相加等于7个10,10是计数单位,4和3表示的是计数单位的个数。

生6:400+300=700,这里的4+3表示的是4个100和3个100相加等于7个100,100是计数单位,4和3表示计数单位的个数。

师:同学们,请大家想一想,列竖式时,老师为什么非要要求我们算整数一定要相同数位对齐,算小数一定要小数点对齐?这些原则背后的道理是什么?

生:计数单位的个数相加,计数单位不变。

师:你会在0.53+0.4中用那个3加那个4吗?

生:不会。

师:为什么呢?

生:因为分数单位不同。

师:也就是说不管是整数、小数还是分数加法,我们在计数单位相同的情况下才用4+3计算出的是计数单位的个数。

师:现在我们再回过头来看这个4+3,你的脑海里出现了什么?

生1:4个1加3个1。

生2:4个10加3个10。

生3：4个0.1加3个0.1。

生4：4个$\frac{1}{5}$加3个$\frac{1}{5}$。

师：如果让你根据4+3想想减法，你想到的会仅仅是7-4=3吗？

生1：7个10减4个10等于3个10。

生2：7个$\frac{1}{10}$减去3个$\frac{1}{10}$等于4个$\frac{1}{10}$。

生3：$\frac{7}{11}-\frac{3}{11}=\frac{4}{11}$。

生4：$\frac{7}{x}-\frac{3}{x}=\frac{4}{x}$。

师：同分母分数减法时你会怎样算？

生1：分母相同，分子相减，分母不变。

师：分数加减法和我们之前学习的小数加减法、整数加减法还有可能哪些地方是一样的？

生：一根钢筋用了$\frac{4}{7}$，还剩下多少？ 就是$1-\frac{4}{7}$，也就是$\frac{7}{7}-\frac{4}{7}=\frac{3}{7}$。

师：为什么用$\frac{7}{7}$减$\frac{4}{7}$呢？

生：因为$\frac{4}{7}$的计数单位是$\frac{1}{7}$，所以将"单位1"转换成$\frac{7}{7}$，这样计数单位相同，就可以直接分子相减，分母不变了。

三、第三个环节：巩固拓展，提升认识

师：下面用这道题来考考大家，看看在计算的过程中你有什么思考和感悟？

（教师通过课件展示题目：一杯牛奶，第一次喝了全部的$\frac{1}{12}$，第二次喝了全部的____，两次一共喝了全部的____。）

师：一杯牛奶，第一次喝了全部的$\frac{1}{10}$，第二次喝了全部的……请大家

看着屏幕,接下去。

生1:一杯牛奶,第一次喝了全部的$\frac{1}{10}$,第二次喝了全部的$\frac{3}{10}$,两次一共喝了全部的多少?

生2:$\frac{1}{10}+\frac{3}{10}=\frac{2}{5}$。

生3:一杯牛奶,第一次喝了全部的$\frac{1}{10}$,第二次喝了全部的$\frac{3}{10}$,还剩下全部的多少?

师:这位同学和刚才那位同学说的意思一样吗?

生:不一样。

师:有什么不一样?

生1:$1-\frac{1}{10}-\frac{3}{10}$。

生2:$1-(\frac{1}{10}+\frac{3}{10})$。

师:比较这两个算式,大家有什么想说的?

生:第二个算式比第一个算式更加简便。

师:谁还能给大家不一样的启示?

生1:一杯牛奶,第一次喝了全部的$\frac{1}{10}$,第二次喝了全部的$\frac{5}{10}$,第二次比第一次多喝了全部的几分之几?

生2:一杯牛奶,第一次喝了全部的$\frac{1}{10}$,第二次喝了全部的$\frac{1}{5}$,两次一共喝了全部的几分之几?

师:大家为什么给他鼓掌?

生:别人说的都是同分母分数,他说的是异分母分数。

师:$\frac{1}{10}+\frac{1}{5}$怎么算呢?

生:通分。

师：怎么通分？

生：把 $\dfrac{1}{5}$ 变成 $\dfrac{2}{10}$。

师：为什么要通分？

生：因为计数单位不同。

师：那如果一杯牛奶，第一次喝了全部的 $\dfrac{1}{10}$，第二次喝了全部的 $\dfrac{1}{10}$，第三次又喝了全部的 $\dfrac{1}{10}$，三次一共喝了全部的几分之几？

生：$\dfrac{1}{10}+\dfrac{1}{10}+\dfrac{1}{10}=\dfrac{3}{10}$。

师：如果连续喝了 9 次，算式是什么？

生：$\dfrac{1}{10}\times 9$。

师：为什么不用加法呢？

生：因为太麻烦。

四、第四个环节：反思评价，完善认知

师：通过本节课的学习，你对于分数加减法又有哪些新的认识呢？

生 1：我觉得不仅仅是对分数加减法有了新的认识，而是对加减法有了新的认识。

生 2：在计数单位相同的时候，只计算计数单位的个数。

生 3：它们解决问题的思路是相同的。

生 4：当计数单位不同时，要将计数单位转化成相同的再计算。

师：今天我们重新认识了分数加减法，之后老师会带着大家进行更深入的学习，好了，今天我们就可以下课了。

【张丹老师的现场点评】

我特别同意孟庆阳老师在发言中的一句话："我们单元整体教学不是简单地减课时，也不是简单地合并。"其实就是这样，我们一做单元整

体教学,就误认为是简单的减课时,或许我们通过单元整体教学可能会达到减课时这样的一个效果,那只是一个结果而已,那绝对不是初衷,也绝对不是简单地"我把教材打破了,重新再来",这是一个认识的误区,所以孟老师的这句话说得非常好!

为什么我们要做单元整体教学?这是我喜欢的一个出发点,原来我的出发点是从学生起,因为学生本身是连续生长的,所以必须要整体思考。最近我的出发点还是学生,只不过是学生未来发展的素养,我更喜欢从这个出发点去考虑,不管教师选择的内容是什么,最终的目的就是通过教学来培养学生能够适应未来发展的素养,那么素养到底体现在哪些方面呢?一个人的素养体现在他在解决新情况下的复杂问题,包括我们老师,比如说这个老师很有教学素养,什么时候体现出来呢?就是在他遇到之前为遇见过的情况下很好地解决了问题。

首先,教师应该自己想明白。

比如:孟庆阳老师这节课中,提出"4+3 能解决这么多问题,能否想办法表达一下"这个要求时,学生虽然学习了用字母表示数,但是当他们遇到需要概括的时候,很多学生想不到用字母去表达,这里就凸显了单元结构的力量,怎么办呢?只能在学习用字母表示数,在其他的内容中,慢慢让学生意识到思考问题的一种方法:当我需要解决一类一类问题的时候,需要概括表达的时候,可以尝试用字母来表示,一步步地厚积薄发。这样也能帮助我们解决教师教学实践中的一些困惑:孩子的错误率高,也就是孩子不知道自己在算什么。比如,我身边有一个真实的例子:有个孩子计算小数除法总是出错,根本原因是他不知道这个小数点是否该对齐。老师在讲小数加减法的时候要求小数点要对齐,可以理解,但是讲小数除法的时候,又要求末位对齐,好不容易理解了,到了小数除以整数,遇到了商的小数点要和被除数的小数点对齐,这刚明白,可是出现 0.02÷0.4 的时候,又不是简单地对齐了,还需要先转化再对齐,那到底该和谁对齐? 由此我产生了一些思考:就算我们不考虑孩子的核心素养,就考虑让孩子把题做对了,如果孩子不知道其背后的道理,不知道怎么去思考问题,一样不行！所以单元整体教学既能培养学生的核心素养，同时也能帮助我们解决教学中的困惑。

其次，教师不仅要自己想明白，而且要做出来。

孟老师的课体现了教师的实践智慧。我们进行了单元备课，而且把单元备课落实到整个学习活动的序列中。孟老师非常亲切，与学生互动自然，引领学生在学习中开展了"计数单位转化"的核心活动，比如：孟老师在"分数加减法"一课中，有几个非常好的活动，第一个活动：讲道理；第二个活动：4+3还能算哪些？引导学生慢慢想到了小数，又慢慢想到了分数，又慢慢想到了整数，由此发现4+3能算很多；第三个活动：整数加法、小数加法、分数加法要求不一样，背后的道理是否相同呢？实际上这是引导学生找联系；第四个活动：整数、分数、小数，除了刚才提及的，还有什么是一样的？之所以将四个活动罗列出来，是为了在后期的研究中思考在实现"计数单位转化"的过程中设计的活动序列有哪些，需要设计哪些典型的核心活动，这样就有抓手了。即使我们老师不太理解，但是"魂"已经挖出来了，只要心中有"魂"，就可以从孟老师的课中找到抓手，由此明白："整合"不是放在一起教，而是放在一起思考，形散神不散。

【课后所得】

"以大观念为统领，基于理解实现迁移"是张丹老师提出的单元整体教学的显著特点。我们所进行的尝试是"以悟为径，实现意义理解与自主迁移"，即基于学生的已有知识经验，帮助学生通过有效的感悟活动，体悟知识本质、感悟数学思想方法、领悟事物间辩证关系，实现意义理解和自主迁移。以下结合自己对五年级下册"分数加减法"单元尝试做"大观念"单元整体教学设计时经历的三个阶段，浅谈一下自己对如何进行"大观念"单元整体教学设计的思考和尝试。

首先，以终为始，确立单元学习预期结果。

"以终为始"就是站在学的角度，从学生学习的预期结果、学习需求开始进行逆向思考。张丹老师认为"大观念"即内容、过程和价值的融合。单元目标包括的不仅是知识和技能（知识技能目标，简称为K目标),更为重要的是依据具体观念设定的意义理解目标(U目标)和迁移目标(T目标)。

这就让我们为师者再次叩问自己,课堂究竟为何而"教"? 显然不是仅仅为了知识传承,还要为学生关键能力的提升、为核心素养的培养。而这一切我觉得都始于"理解和迁移",何为理解? 何为迁移? 我认为理解即学生因"悟"而达成的"融会贯通",而迁移则是学生基于理解的"灵活应用"。由此看来开展"大观念单元整体教学"首先是以知识为媒介,基于引导学生的"学"的目的,对整个单元进行学习预期结果的分析,确立单元观念、单元目标和单元核心问题。

"分数的加减法"单元作为学生在小学阶段认识数的加减的收官单元,基于我们对学情的分析和数学教学价值的认识以及对单元整体教学的理解,我们对这一单元的教学内容进行了整体剖析,确立了单元观念并以其为统领,确立了单元目标和单元核心问题。

表1　"分数加减法"教学内容整体剖析

阶段一　单元学习预期结果		
单元观念	单元目标	单元核心问题
1.分数加减法是非十进制计数单位的数之间的运算,在相同计数单位的前提下,可以找到合理的计算方法 2.通分是计数单位的统一,更清晰地体现了将相同计数单位的个数进行合并和比较的道理 3.以分数加减法引发学生对整数加减法、小数加减法、分数加减法算法和算理的整体思考,发展迁移、推理能力	学习迁移	1.分数加减法为什么要这样计算? 2.计算整数加减法、小数加减法、分数加减法时真的是各有各的诀窍吗?共性是什么?
	1.知识经验的迁移:将单位思想迁移到分数乘法和分数除法 2.推理能力的迁移:能借助几何直观去尝试说明分数乘法和分数除法的算理,学会寻找推理思维的支撑物和直观表达形式 3.思想意识迁移:解决生活中新情境下的实际问题	
	理解意义	
	1.理解算法:在计数单位相同的前提下,分数的加减其实就是计数单位的个数聚合与比较 2.理解算理:通过研究分数加减法引发学生对整数加减法、小数加减法、分数加减法算法和算理的整体思考 3.理解方法:借助几何直观说明分数加减法的算法的依据。体悟几何直观的价值	
	掌握知识技能	
	1.理解分数加减法的意义 2.掌握分数加减法的运算方法 3.理解加减法运算定律对于分数同样适用	1.能正确计算同分母或异分母分数加减法 2.能正确进行分数连加、连减或混合运算 3.可以根据分数的特征选择适当方法进行简算 4.能应用分数加减法解决实际问题

其次,优化重组,调整单元学习计划。

张丹老师倡导的"大观念单元整体教学",强调大观念统领下的整体理解与迁移,所以需要教师根据学生的学情对原来单元内教学内容进行重组,以实现对新知识的整体理解和整体迁移,避免碎片化的低效的学习。

"分数的加减法"单元是学生在过去五年中陆续学习了整数加减法、小数加减法和简单的同分母加减法之后的学习内容,可以说学生对加减法有着扎实的认知基础,对于研究加减法的算理有着丰富的经验。特别是三年级学生对简单的分数加减法有了初步的认识,加上学生对于运算定律和加减法的混合运算经历了从整数范畴到小数范畴的拓展,原有的"新授课+练习课+复习课"的课型势必不能满足大观念单元整体教学的需求,以大观念为指导,对原有的课型进行重新定位的必要性也就凸显了出来。我们本着让学生以研究分数加减法、感悟加减法本质的大观念为统领,对单元内容进行了重整,对课型依据学习任务的需求进行了重新对位,具体如下:

表2 "分数加减法"单元学习计划

"分数加减法"单元学习计划			
"分数加减法"单元内容重整			
主题	课时内容	主题	课时内容
分数加减法	同分母加减法	又见加减法	又见加法 (感悟通法)
	异分母加减法		
	分数加减混合运算		再算加减法 (练习提升)
	运算定律的推广		
	解决问题		解决问题

表3 "分数加减法"单元课时内容安排解析

"分数加减法"单元课时内容安排解析				
课时内容	课 型	整合内容	主要任务	核心目的
又见加减法	尝试感悟课	同分母加减法	认识加减法的本质,感悟分数乘整数的意义	感悟通法
		异分母加减法		
		分数加减混合运算		
		运算定律的推广		
再算加减法	应用梳理课	同分母加减法	在应用的基础上,深入感悟加减法的本质,熟练计算异分母加减法、加减混合运算	学以致用,融会贯通
		异分母加减法		
		分数加减混合运算		
		运算定律的推广		
解决问题	探索迁移课	解决问题	借助几何直观分析解决问题	领会策略

再次，以悟为径，做单元评估设计表现型任务。

"悟"乃是中国智慧和思维能力的传统优势所在，它在本能和认知，情感和理智，知识和哲学等诸多层面给中国智慧提供了奇妙的融合和升华的通道。① 小学数学之"悟"是学生在经历、体验、思考、分享中的觉醒过程，是一个同化与顺应的过程，是一个思想试验的过程，是一个将习得的数学概念精致化的过程，是一个探索寻求数学规律、形成数学模式的过程。

基于这样的认识，我们结合理解六侧面的逆向设计逻辑进行了"分数的加减法"单元整体教学设计的第三个阶段，进行单元评估和表现性任务设计及评估。我们依据期待学生通过学习活动达成的学习目标，对能证明学生基于理解实现迁移和应用的表现以及评估工具进行了论证。具体如下表：

表4 "分数加减法"单元评估证据

阶段一	阶段二	
如果预期结果是让学生……	你需要学生有证据能表明他们能……	需要这样的评估……
理解： 1.理解算法：在计数单位相同的前提下，分数的加减其实就是计数单位的个数聚合与比较 2.理解算理：通过研究分数加减法引发学生对整数加减法、小数加减法、分数加减法算法和算理的整体思考 3.理解方法：借助几何直观说明分数加减法的算法的依据，体悟几何直观的价值 仔细思考这些问题： 1.分数单位能帮我们研究分数乘法和分数除法的计算吗？如果可以，该怎么研究？ 2.我们该如何借助画图的方法去尝试说明分数乘法和分数除法计算方法背后的道理？	应用： 1.能计算同分母或异分母分数加减法 2.能进行分数连加、连减或混合运算 3.能根据分数的特征选择适当方法进行简算 4.能应用分数加减法解决实际问题 解释： 1.分数加减法为什么要这样计算？ 2.计算整数加减法、小数加减法、分数加减法时真的是各有各的要诀还是有共性的地方？	1.用画图的方法说明同分母加减法算法的合理性 2.试着说说，两个数相加减其实都是在…… 3.在尝试计算，不同的比较中说一说自己的感悟和猜测（分数混合运算的计算法则和运算定律的推广） 4.小小数学研究报告《我们学过的加减法背后的故事》

① 杨义.感悟通论(上)[J].社会科学战线,2006(1):101–118.

在评估论证的基础上,对本单元学生活动中的表现性任务进行了设计,并对学生反映出的不同水平进行了划分。以下面六个表现性任务对本单元的学习进行贯通。

表5　表现性任务设计及评估

表现性任务设计及评估		
活动设计	表现评估	
活动一	水平	表现
为什么可以把下面题目中两个分数的分子相加,分母却不用相加呢? $\dfrac{4}{8}+\dfrac{3}{8}=$ $\dfrac{4}{7}+\dfrac{3}{7}=$ $\dfrac{4}{5}+\dfrac{3}{5}=$	一级	能画说明,单位思想清楚
	二级	能画说明,单位思想模糊
	三级	能画说明,不能给出依据
	四级	很难画出图,依据模糊
活动二	水平	表现
"4+3"还曾帮我们计算过……	一级	既能举出整数的例子, 又能举出小数的例子
	二级	能举出整数的例子
	三级	能举出小数的例子
	四级	只能想到型如"$\dfrac{4}{A}+\dfrac{3}{B}=?$"的式子
活动三	水平	表现
议一议:计算整数加减法、小数加减法、分数加减法时真的是各有各的要诀吗?	一级	能认识到两个数相加就是把相同的计数单位的个数相加,计数单位不变
	二级	能认识到计数单位相同,才可以相加
	三级	没有脱离数分类的干扰,认为整数和小数加法是相同数位上的数相加,同分母分数加法是分子相加
	四级	不能完全理解问题

续表

表现性任务设计及评估		
活动设计	表现评估	
活动四	水平	表现
思考：如果计数单位不同呢？比如"$3-\dfrac{4}{5}=?$"我们又该如何计算？	一级	能正确计算，算理清晰
	二级	能正确计算，依据模糊
	三级	能正确计算，不能给出依据
	四级	很难得到结果，依据模糊
活动五	水平	表现
算后有感 $\dfrac{11}{15}-\dfrac{8}{15}-\dfrac{3}{15}=$ $\dfrac{3}{5}+\dfrac{3}{5}+\dfrac{3}{5}+\cdots\cdots\dfrac{3}{5}=$	一级	能正确计算，可以将运算定律推广到分数加减法，感悟到分数乘法是分数加法的简便运算
	二级	能正确计算，可以将运算定律推广到分数加减法，不能感悟到分数乘法是分数加法的简便运算
	三级	能正确计算，想不到将运算定律推广到分数加减法，也不能感悟到分数乘法是分数加法的简便运算
	四级	不能正确计算
活动六	水平	表现
小小数学研究报告《我们学过的加减法背后的故事》	一级	能清楚表达整数、小数、分数加减法的本质以及他们之间的区别与联系，并基于此有所感悟和猜想
	二级	能清楚表达整数、小数、分数加减法的本质以及他们之间的区别与联系，并基于此有所感悟，但没有猜想
	三级	能清楚表达整数、小数、分数加减法的本质以及他们之间的区别与联系

综上所述，我们认为单元整体教学可以从更高的视野，让我们以结构化的视角去审视学生在本单元要学什么、怎么学、学到什么程度，同时，单元整体化的方式进行教学不仅仅是帮助老师对自己的教学进行规划和反思，更使得学生对学习的路径进行科学设计，对学生学习的思维过程可视，对学生的学习效果可评。

第三编　同行者眼中的"润悟"教学

润"悟"耕心,育才养德①

作为引领教师教育教学的指南,《义务教育数学课程标准(2011 年版)》明确提出:"数学教育既要使学生掌握现代生活和学习中所需要的知识与技能,更要发挥数学在培养人的思维能力和创新能力方面不可替代的作用。"而传统观念下的数学教学重法轻理,即只关注计算方法的掌握,忽视对知识本质的理解、数学思想方法的浸润,以及对思维能力和创新能力的培养,课堂教学经不起推敲,致使学生的学习方式呆板,缺乏对知识系统性、整体性的认识,不利于迁移能力的培养和提升。因此,如何有效践行小学数学课堂教学,努力达成课程目标要求的教学目标,成为摆在所有教师面前的教学难题。

为切实帮助教师和学生走出教与学的困境,小学数学"润悟"教学应运而生。

一、小学数学"润悟"教学的内涵

(一)"润悟"教学之"润"

春秋战国时期,孔子主张"因材施教"。从教师教的角度理解"润悟"教学之"润",即课堂需要教师根据实际需要创设育人的环境,使学生能够在较好的教育环境中探索新知、深入思考,进而碰撞出智慧的火花。

著名思想大师怀特海曾说:"把所学的东西都忘了,剩下的就是教育。"因此,从学生学的角度来说,课堂教学追求学生能够实现知识、能力的通达。结合时下的单元整体教学,"润"所要达成的不仅仅是知识技能的通达,还要融入对数学思想方法的感悟、对知识结构的认识、迁移应用

① 本文作者为孟庆阳小学数学工作室成员、天津市蓟州区同乐小学教师王春梅。

能力的提升、乃至情感、态度、价值观的正向输出上。

（二）"润悟"教学之"悟"

悟包含了人认识、学习的全过程。按照人的思维程序,"润悟"教学之"悟"可表示为体悟、感悟、顿悟、领悟,这一过程有效表明了人的思维深度。与此同时,"悟"传递的另一层面含义是"自悟",即在学习进程中,有效发挥学生的主体地位,关注学生自主探索能力的提升。

（三）"润""悟"合一

千教万教教人求真,千学万学学做真人。小学数学"润悟"教学的精神恰恰与这句名言一脉相承。从教的角度来说,小学数学"润悟"教学旨在引导学生在数学课堂中真参与、真思考、追求真知,进而达成真学习。从学的角度来说,其主要目的在于使学生成为品行端正的人。总体上说,小学数学"润悟"教学亦与五育并举的教育方针相吻合。

二、小学数学"润悟"教学的实施路径

（一）"润"之有方,教之有果

1. 创"润"境,以"润"助学

教育家狄尔泰说:"培养完整人格需要调动教师与学生双方的积极性,构建和谐的师生关系。"因此,从"润"的层面来说,教师首先要创设积极、有效的教学情景,以便学生能够积极主动参与教学活动,为达成教学目标做准备。

如笔者在执教小学数学二年级上册"认识时间"这一单元时,基于问题"关于时间,你有哪些疑问?"展开课前调研。创"润"境,以任务的形式倒逼学生思考,充分给予学生积累相关素材、疑问的时间和空间。面对学生五花八门的反馈,如何有效地处理也是达成"润悟"教学之"润"的重要方面。

从圭表、日晷到铜壶滴漏、水力浑象、水运仪气象、五轮沙漏乃至今天的钟表,以数学史贯穿学生认识钟表的全过程,使学生体味知识的演变过程,不仅开拓了学生的视野,亦培养、提升了学生的数学经验,促使学生向

数学学习的更深处漫溯。进而使教学真正实现小学数学"润悟"教学所强调的"潜移默化地润泽,细润无声地引领"的境界。

2.研"润"法,以"润"孕果

从目的层面来说,小学数学"润悟"教学亦涵盖了课堂教学中学生所要达到的成果。数学学科本身具备理性精神,始终致力于对学生思考、反思、批判等能力的培养,即通过教师在课堂教学中潜移默化地引领,逐渐以数学思想、方法浸润学生心灵,使教育真正实现启迪智慧、点化生命的目的。

如笔者在执教五年级上册"多边形的面积"这一单元时,立足面积教学本质,通过下面两个活动开启单元教学,试图唤醒、打开学生对面积、面积本质的认识和理解。

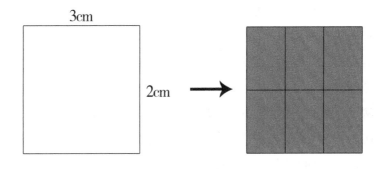

图 1

活动一:仔细观察(图 1 左),大家能计算出长方形的面积吗?大家说说这里的 3 和 2 分别表示什么?

尽管学生已经在三年级学习了面积,但受面积概念的抽象性以及教师教学方式的影响,学生对面积和面积本质的理解浮于表面,有形而无质。以问题引领,启迪学生自主感悟面积公式与面积本质之间的关联。

活动二:小明在计算一个平面图形的面积时,列出的算式是 4×3,大家觉得 4×3 可以表示谁的面积?为什么这样图形的面积都可以用 4×3 求得?

本活动开展之前,学生对面积的理解处于只见局部不见整体的状态,因此,当图形形状改变时,学生就束手无策了。以 4×3 逆推图形,不仅激发了学生探索的热情,亦发展了学生的推理意识和空间想象能力。

两个活动以单位思想为主线,以促使学生达成对知识本质的通达为目标。学生对知识本质的理解、对数学思想方法的感悟和自身迁移应用能力都得到了显著的提升。

(二)"悟"之有道,学之有法

1. 以"悟"为根,学之有本

实用主义教育学派代表人物杜威曾说:"教育即生长,教育的目的是促进人本身的生长,教学过程中应该重视学生自己的独立发现、表现和体验。"《义务教育数学课程标准(2011 版)》也充分肯定了学生的主体地位。也就是说,学习活动需要学生自悟,以独立探索、小组合作的方式去达成,教师只是数学学习过程中的引导者、组织者。

笔者在执教四年级上册"三位数乘两位数"第一课时笔算乘法时,立足学生真实的认知基础,通过下面两个活动展开,引导学生独立感悟整数乘法的算理。

活动一:请你尝试计算 145×12,并与同伴说一说你的思考。

相比传统"教师手把手带着算"的方式,本节课直接让学生自己算。这样的安排,一方面是因为学生已有多位数乘一位数、两位数乘两位数的研究经验;另一方面是想将学生呈现的多种计算策略推向乘法运算的本质,进而带领学生整体感悟整数乘法,为接下来的学习做铺垫。

在课堂上,学生也正如我所预想的那样,分别运用乘法的意义(累加法)、多位数乘一位数和两位数乘两位数(拆分法)等策略计算出了 145×12。而这个过程均始于学生真实的思考,是学生自悟的第一步。

活动二:请学生自主比较下面几位同学的作品,并分享你的思考和发现。

在活动一的一基础上,继续引导学生自主比较几位同学的作品。借助"为什么计算方法不同,结果却相同呢?""不同计算方法之间有哪些共性?"等问题,使学生自主领悟不同计算方法都是在计算计数单位的个数,进而寻找共性、优化算法的过程中,抽象基本算法,为下一课时的巧算"160×40"做铺垫。

学非探其花,要自拔其根。以上两个活动皆是在教师的问题引领下,学生通过独立思考、交流、抽象,不断实现知识和思维的进阶的。因此,小学数学"润悟"教学旨在把学习还给学生,让学生自悟,进而向上成长。

2. 以"悟"为径,学之有援

教育心理学家布鲁纳说:"不论我们选教什么学科,务必使学生理解该学科的基本结构。"而小学数学"润悟"教学试图向教师传递的是一套行之有效的教学方法路径。达成这样的教学路径需要教师自身对学科结构有一个较为清晰的认知,这样才能带领学生去建构知识,使学习具有系统性。

在执教小学数学五年级下册"通分"这一课时的时候,笔者以单位思想为统领,围绕以下三个主体活动展开,使学生在体悟、感悟、领悟、顿悟的过程中对分数大小比较的实质有了一个整体的认识。

活动一:请你从 $\frac{3}{10}$、$\frac{7}{8}$ 和 $\frac{7}{10}$ 这三个分数中,选出最容易比较出大小的一组分数,并说明理由。

此时,学生能够很快比较出两个同分母分数 $\frac{3}{10}$ 和 $\frac{7}{10}$ 的大小,并能够利用已有知识经验解释这样比较的道理。而学生在比较 $\frac{7}{8}$ 和 $\frac{7}{10}$、$\frac{3}{10}$ 和 $\frac{7}{8}$ 这两组分数时有困难。但基于同分母比较的基础,学生也能很快从份数、分数与除法、度量几个维度比较出同分子分数的大小。甚至对于分子、分母都不同的分数也能借助分数单位或 $\frac{1}{2}$ 这样特殊的中介比较出大小,但分数大小比较终归是要走向通分的研究。此环节学生初步经历了体悟和感悟的过程,对分数大小比较有了一个基本的认识。

活动二:现在你能比较任意两个分数的大小吗? 你能比较哪些分数的大小? 比较哪些分数有困难?

此环节启发学生借助"分数墙"说明比较的道理,学生在经历多组分数的比较之后提炼出同分母、同分子分数比较的通法,但只能比较几组特殊的异分母分数,对于像 $\dfrac{7}{10}$ 和 $\dfrac{5}{8}$ 这样的一般分数就无从下手了。

活动三:同分母、同分子分数大小比较的本质是什么? 比较两个分数的大小,到底是在比较什么?

本活动旨在引导学生深度思考数大小比较的本质。学生有了几轮比较的经验,能够较好地抽象出同分母、同分子分数比较大小其实就是在比较计数单位和计数单位的个数,进而提出问题:"是不是只要分数单位统一了,就能比较任意两个分数的大小?"在这样一系列的活动中,学生能够很快地将研究方向直指通分。于是,通分就顺理成章了。从比较同分母、同分子分数再到比较异分母分数,学生完成了从"浅悟"到"深悟"的过程,实现了对单位思想的深度理解,明白了数大小比较的本质,使深度学习得以发生。

小学数学"润悟"教学倡导以学科知识本质为血脉,以学科知识本身的结构性和系统性为骨架,关注学生的主体地位和教师的主导地位,指引学生掌握带得走的智慧,进而使教育真正实现启迪智慧、点化生命的目的。

探寻"润悟"之道①

《义务教育数学课程标准(2011年版)》要求落实"四基""四能"的教学目标,但是,这些教学目标就像熟悉的陌生人,如何才能通过学习路径将目标具体化? 通过孟老师"润悟"教学的实践研究,解决了笔者在实际教学中的诸多疑难问题,也引发了一些对数学课堂的新思考。

一、何为"润悟"教学

现在的数学课堂提倡"四基"教学,其中的基本思想方法和基本活动经验与"润悟"教学倡导的理念"以悟为径,润泽生命"不谋而合。审视当下课堂,重法轻理比比皆是,数学思想的传授浮于表面。如果一堂课只注重方法和结论,那么就会失去应有的"数学味儿"。作为教师的我们,应该如何让一堂课变得厚重起来呢?

从教师的角度讲,我们需要打造学习生态圈,营造适合的学习环境,即设置有效的数学活动帮助学生"悟"出知识本质,学习"看得见"的数学,进而提升学生的核心素养,得到智慧的启迪;从学生的角度讲,他们需要以知识为载体,在交流探讨中发展"带得走"的思维,从而受到数学思想方法的熏陶,得到心灵的润泽,发展高通路迁移。

二、为何实施"润悟"教学

将"润悟"教学理念融入课堂的目的便是通过设置有效的教学活动,引发学生的数学思考,迅速点燃学生的学习热情,发展学生思维,使其感悟数学本质,在猜测、交流、验证中不断获得数学思维、创新精神以及理性

---

① 本文作者为孟庆阳小学数学工作室成员、天津市蓟州区杨津庄镇中心小学教师付雪伟。

精神。恰如数学家波利亚所说："教师讲了什么并非不重要，但更重要千万倍的是学生想了些什么，学生的思路应该在学生的头脑中产生，教师的作用在于系统地给学生提供发现事物的机会。"

（一）帮助学生自主构建知识结构体系

目前大力倡导的大概念视角下的单元教学告诉我们，不要把每堂课都看成独立的个体，而应将一个个学科知识点串成线，再变成网，最后由知识走向真实世界。

以小学数学三年级"除数是一位数的笔算除法"教学为例，教材以植树的主题图为情境进行平均分计算，笔者认为此生活情景与学生的生活经验不够贴切，亦不符合现实情况。在本节课中，笔者立足帮助学生实现算理与算法的有机融合，让学生遵循着算理，发明算法、驾驭算法①，发展学生的运算能力。

第一个活动：请将 42 本书平均分给 2 个班级，你准备如何分？

本活动学生根据已有的真实分书经验，并不会你一本、我一本地平均分，而是会先将成包的图书平均分，也就是每班 2 包书，再将剩余的 2 本未成包的图书平均分，每班 1 本，最后求得每班 21 本图书。据此，我们可以继续提问："为什么大家会想到先分成包的图书呢？"学生下意识的行为也许并未想过分书和数学除法的关系，他们只是觉得这种分法速度更快。所以教师需要为学生创"润"境，给学生提供能够进行数学思考的机会，让学生在交流表达自己的思考过程中，悟出这样分书快是因为我们先从大单位进行均分，即以"十"为计数单位平均分；成包的图书不够分时，将成包的图书打开，即以"一"为计数单位继续平均分，通过逐级细化计数单位完成分东西这一过程，体悟到除法的本质。

第二个活动：你能将分东西的过程用竖式记录下来吗？

本活动学生受到加法、减法、乘法中竖式记录方式的负迁移，大部分学生记录完除法竖式后，笔者追问学生："这样的方式进行记录，其计算

---

① 曹培英.跨越断层，走出误区："数学课程标准"核心词的解读与实践研究［M］.上海：上海教育出版社.2017.

顺序是否与分书动作保持一致?"通过这一问题与学生探讨如何改进竖式更合适,通过创设有助于学生自主构建知识结构体系的"润"境,让学生在"辩"中体悟除法的记录方式之所以和加、减、乘均不同是因为它们都是将多个数合并成一个数,从个位起满十进一,只有除法是从最高位算起。

(二)助力学生核心素养的提升

"核心素养"的出现就是在指向培养什么样的人,引导教师将教学目标进行转移,落实以生为本。以"用字母表示数"的教学为例,教材内容以表格的形式记录小红的年龄和爸爸的年龄间的函数关系,学生通过观察算式规律,进而归纳出用字母表示数的一般形式。这种函数关系的呈现方式对于接触用字母表示数较少的学生来说思维跨度稍大。由此,需要准确定位学生的思维起点,重新设定本节课的发展性目标:理解用字母表示数的意义,体验数学抽象,发展符号意识,感悟数学思想,培养学生的理性精神。

学生需要学习的是如何用文字表示特定的未知数,并把它求出来。[①]课程伊始,笔者拿出一个盒子,请同学们猜一猜盒子里有多少个乒乓球。由于盒子的大小以及不透明,学生会猜 3、4、5 个等。笔者继续提问:"不可能有多少个乒乓球?"学生会根据盒子的大小判断不可能是 30、50 个等较大数字。通过创设"润"境,让学生明白遇到不确定的数字,可以用字母表示。笔者进而拿出一个较大的盒子,请学生判断此盒子中的乒乓球与第一个盒子中的乒乓球的数量关系,"悟"出不同事物需要用不同的字母表示;笔者继续告诉学生大盒子里的乒乓球比小盒子里的多 10 个,提问学生:"大盒子中乒乓球的数量可以如何表示?"使学生感悟两个事物有关系时,可以用一个量表示另一个量。通过创设一个个发展学生思维的阶梯,将抽象的符号意识具体化。

---

① 张奠宙,巩子坤,任敏龙等. 小学数学教材中的大道理:核心概念的理解与呈现[M].上海:上海教育出版社.2018.

（三）培养学生理性精神的养成

数学课堂留给孩子的不能只是公式、概念或者计算方法,而应用数学的眼光看问题,用数学的思维解释现实世界。"润悟"教学恰好是在强调于潜移默化中浸润启发,培养学生的理性精神,引领我们从教学走向教育。教师需要随时把握学生的最近发展区,对学生的基本经验适度拓展,给他们点亮智慧,实现自我超越的机会。

比如,在小学五年级"分数的意义"一课中,本堂课需要学生重点把握对"单位1"的理解,据此,教师可以设计这样的探究性问题:"小红吃了一个月饼的 $\frac{1}{4}$,小明吃了一盒月饼的 $\frac{1}{4}$,谁吃的多一些?"此"润"境的创设就是为了让学生掉入老师设计的"陷阱",而大部分学生也确实认为小明吃的多一些。这一结论的由来基本可以认定为直觉。面对这样的现状,教师适时启发学生思考,请大家把自己的答案用图表示出来。这样的点拨,迅速唤醒学生们的知识经验,小红是把一个图形平均分成4份,将其中的一份涂上颜色,表示 $\frac{1}{4}$,小明的 $\frac{1}{4}$ 是将4个图形中的1个用涂色来表示,也会有少数学生画出8个图形中的2个、16个图形中的4个,学生借图交流达成一致,认为"小明吃得多"。在这种情况下,老师需要适时追问:"一定是小明吗?"给学生留足思考讨论的时间,重拾对"单位1"的思考。在此学生经历了一次深入研究的过程,能够体味到从肤浅走向深邃的喜悦。

学生结合图示证明自己的想法,借形解数,直观感受"单位1"的大小决定了同一个分数的不同大小;借形解数,学生能够清晰地看到自己的理性战胜了直觉,发现了数学的隐藏秘密,学生的理性思维得到了充实的孕育。

三、如何实施"润悟"教学

（一）创"润"境,悟原理

苏霍姆林斯基曾说过:"在心灵深处,总有一种把自己当作发现者、研究者、探索者的固有需要。这种需要在中小学生精神世界尤为重要。"所以,教师应从"润"字上下功夫,为学生营造发现、提出问题,分析、解决问题的良好课堂环境,让课堂如同是人类文明发展的微缩景观,让学生成为探索者,经历、体验人类文明发展历程,并从中感悟提升思维品质与能力。[①]

在教学 $45×12$ 时,教师发现学生在初步尝试时会出现这样的迷思:在第二步计算中会把 45 与 1 的乘积结果依然从个位开始对齐;将两步乘法计算结果继续相乘得到最终结果。当教师清楚学生达成"悟"的真实起点后,可以借助点子图让学生圈一圈、画一画,再根据图示对竖式进行修改完善,最后寻找到乘法运算的基本法。教学过程中,教师要给予每一个学生参与、思考的机会,并适时引导学生体悟运算定律的便捷: $45×12=45×(2+10)=45×2+45×10$,本质就是相同的计数单位个数的相加。这样打通了知识的壁垒,感悟到知识的关联性,实现"润"的渗透。

(二)因润得育,以误换悟

学生是千姿百态的,错误是五花八门的,学生没有疑问的课堂最为可怕。课堂就应该让学生试错,没有问题时教师甚至需要设计让学生踩下去的"陷阱",理清思维盲区。当学生出现错误后,教师要给学生自述的机会,展示其思维独特性,引导学生对思维误区进行深入思考,让"错误"变成"措""悟"。

对于计算题" $72÷(40+8)$ ",部分学生存在这样的迷思:乘法有分配律,除法是乘法的逆运算,那么除法也会有分配律,于是将计算过程写成" $(72÷40)+(72÷8)$ "。教师将问题抛给学生:"可以证明你的想法吗?"不少学生会想到用列举法,这样就会得到部分成立的结果。学生已有乘法分配律图解的基础,这时候教师可以引导学生借形解读除法分配律,用数据回归模型帮助学生理解:当两个长方形有一组相等的边时,除法分配律是存在的;当两个长方形的长和宽均不相等时,除法分配律不存在。教

---

① 孙松军,王竖芹.创设教学情境 促进积极建构[J].山东教育,2000(08):41.

师要以知识教知识,直面学生的错误,而不是避开学生的想法。过程比方法更重要,自主思考顿悟的过程能加强学生对数学的理解。

当学生有了迷思,教师就困惑所在之处加以浸润挖掘,让每一个学生都能够获得恍然大悟的快乐,获得参与感,这样的教学过程,使学生经历从否定到肯定,在头脑中种下"只要肯思考,终会找到正确答案"的种子,帮他们走向成功。

小学数学"润悟"教学强调学生的学习状态和学习过程,是触及数学本质、感悟数学思想的教学方法,真正实现认知上的超越,深化学生对数学本质的理解,使学习向深处漫溯。

润以植根,悟以生花①

百年大计,教育为本。时代赋予小学数学教师的使命是什么? 落实立德树人的根本任务,培养学生的数学核心素养。源浚者流长,根深者叶茂。对于小学数学教学,教师需在日常教学中培根铸魂,启智润心。小学数学"润悟"教学通过创"润"境,施"润"法,使学生在体悟、感悟、领悟、顿悟自主构建知识的过程中,培养能力,积累活动经验,提升数学核心素养,开启智慧之门,润泽生命之花。笔者基于常态教学中的一些尝试,浅谈对"润悟教学"的思考与心得。

一、润——以植"理解"之根,悟——以生"智慧"之花

从"双基"增加到"四基",基础知识与基本技能的落实始终是数学教学的重任。学生掌握知识,形成数学素养,其核心便是理解意义与实现迁移。这需要我们教师通过"设计"而非"运气"来促进学生对知识的理解。那么作为教育的组织者,需对每一个知识点持有"大局观",以高位概念建构知识,摸索"润"法,促使学生的学习成为一种深层的学习,帮助学生加深对知识的理解,促进新知识的吸纳,以及知识在新情境中的迁移。

以三年级上册"多位数乘一位数——口算乘法"为例,教师以何"润"法帮助学生植"理解"之根? 如何有效迁移学生已有经验,感悟乘法计算的算理?

乘法计算的高位概念是数的运算,纵观小学阶段的乘法计算:2×3,以3个2相加为依据,通过口诀"二三得六"算出结果。上下延伸出的每一道乘法计算(如图1),都是计算2×3。如20×30,2个10乘3个10,是6个10乘10,即6个100;0.2×0.3是6个0.1×0.1,即6个0.01⋯⋯分数

---

① 本文作者为孟庆阳小学数学工作室成员、天津市河北区红权小学教师戴美丽。

$$0.02 \times 0.03$$
（2个0.01乘3个0.01）
$$\uparrow$$
$$0.2 \times 0.3 \implies \frac{2}{10} \times \frac{3}{10}$$
（2个0.1乘3个0.1）　（2个$\frac{1}{10}$乘3个$\frac{1}{10}$）
$$\uparrow$$
$$0.02 \times 0.3$$
（3乘2个0.01）
$$0.2 \times 3 \implies \frac{2}{10} \times 3$$
（3乘2个0.1）　（3乘2个$\frac{1}{10}$）
（二年级）　　$\boxed{2 \times 3}$
$$\downarrow$$
（三年级）　20×3　（3乘2个10）
　　　　　　200×3　（3乘2个100）
$$\downarrow$$
　　　　　　20×30　（2个10乘3个10）
　　　　　　200×300（2个100乘3个100）
　　　　　　……

图 1

乘法也是如此。也就是说，乘法计算的核心就是相同计数单位个数的累加及计数单位的转化。口算乘法教学中，教师搭建乘法计算进阶的"润"境，唤醒学生对乘法意义的理解，借助 2×3 的经验，以"三探"活动，引导学生利用摆一摆、画一画等方式自主探索计算 20×3、200×3 的算理。

一探——探究算理，感悟算法。核心活动：摆一摆小棒助力思考，如何计算 20×3？交流中，学生从以"一"为计数单位一根一根数出 60 根小棒，到想到将 20×3 看作以"十"为计数单位进行累加。生生交流、师生交流的碰撞中，借助直观操作和抽象概括的有机结合，促使学生对乘法算理的理解迈上一个小台阶。

二探——探究新知，领悟算理。核心活动：画一画进行表达，如何计算 200×3？活动过程中，学生极力想用实图准确表达出 200×3 的结果，却因数量太大，画到一半转变策略，尝试并探索出画一大捆标着 100 的小棒图，画 6 捆，又或是用一个圆形代替 100，画 6 个圆。学生"被迫"找到解决口算乘法的"捷径"，却因此借助类推，抽象并成功理解整百数乘一位数的口算方法。

三探——迁移延伸，因思得悟。核心问题：如何计算 2000×3？学生无须画、摆，计算结果水到渠成。教师唤醒感悟："你们在计算 20×3、200×3、2000×3 时，都想到了什么？"学生反馈："想到 2×3＝6。"教师追问："它们之间有什么联系吗？又有什么区别吗？"这是一个关键性对比问题，沟通整十、整百、整千数乘一位数与表内乘法的关联，都是在计算相同计数单位的个数，算理一致。

教师如此创设自主探索的"润"境，为学生搭建摸索、思考的机会，从模糊尝试到有方法地思考，引领学生在潜移默化中迁移已有经验，深刻理解、感悟乘法是求相同计数单位个数的累加，对乘法算理的认识再次迈上一个新台阶。所谓"润"境与"润"法，就是教师撒在课堂中的催化剂，其核心目标是抓住数学知识的本质，唤醒学生对乘法意义的理解以及研究乘法运算的基本经验与方法，以核心问题适时适当地将学生的思考引向深入，进而使其理解知识本质，感悟数学推理，提高运算能力。在每一次探索活动中，植入"理解"之根，学有所悟，学有所获，方能开出"智慧"之花。

二、润——以植"思想"之根，悟——以生"能力"之花

"双基"变"四基"，其中的基本思想具有重要作用。《义务教育数学课程标准（2011 年版）》指出："数学思想蕴含在数学知识形成、发展、应用的过程中，是数学知识和方法在更高层次上的抽象与概括，如抽象、分类、归纳、演绎、模型等。"[①]可见，数学思想不是教师教出来的，而是学生在数学知识建构的过程中"悟"出来的，既然要"悟"出来，那便要教师润物无声地渗透思想、植入思想。"润"虽像春雨滋润小苗一样无声，但却浸入根本从而融入内心，陪伴学生成长。

以小学六年级上册"圆的面积"一课为例，为了让学生真正领悟极限思想和化曲为直思想，笔者将课堂交给学生，小组合作，动手实践，借助学具图，将圆剪成 4 等分、8 等分、16 等分的小扇形，再尝试分别拼成学过的图形，以探求圆的面积。学生在剪、拼、试的过程中，慢慢体会发现，等分成的小扇形，随着平分的份数，从"四不像"逐渐向平行四边形靠拢，而且

---

① 中华人民共和国教育部. 义务教育数学课程标准（2011 年版）［M］. 北京：北京师范大学出版社，2012：9-15.

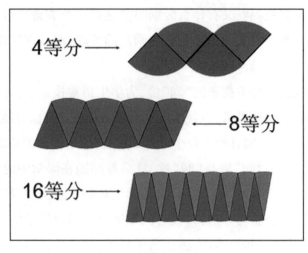

图 2

把圆平均分得份数越多,拼凑起来的图形就越接近于平行四边形(如图2)。随后教师借助多媒体课件演示,将圆等分成 32 等份、64 等份、128 等份,再拼凑起来,学生在惊叹中直观地感受到,所拼成的图形边缘越来越光滑,越来越像平行四边形了。动态化、具体化、形象化的展示,在学生头脑中留下深刻的"过程性表象"。此时教师推波助澜地展开想象,如果将圆分得再细些,拼在一起会怎样?分成无限的细,又会怎样?想象的结果是可言语的,但头脑中经历的过程是不可言喻的,而想象之前的一系列操作,正是植入数学思想所不可缺少的过程。学生通过剪一剪、拼一拼、摆一摆的动手操作体验,加上多媒体演示的直观感受,最后到脱离实物的大胆想象,逐步、进阶式地感悟化曲为直、化圆为方和极限的思想。与此同时,学生不仅掌握了转化图形的知识和技能,更体验了操作活动的价值。这价值既包含知识所带来的新奇和乐趣,思维发展由量变进阶为质变,也包含探索过程中克服困难、不断进步的自豪感,和生生交流、师生交流所碰撞出的智慧火花,以及课程当中所积累的数学活动经验和数学思想方法。"悟"出的学习能力,将会陪伴学生成长,随时随地发生作用,受用终身。

三、润——以植"品德"之根,悟——以生"素养"之花

浇花浇根,育人育心。小学数学润悟教学还体现在教学过程中的德育渗透。以数育人和德育渗透相辅相成,德育渗透如细雨,数学教学似沙土,学生在细雨的滋润下无时无刻吸收土壤中的营养。结合数学学科的特点以及课程内容的需求,教师施"润"法,适时植入"润"心的品德教育,方能助力学生"悟"出素养之花。

例如在教学圆的周长时,教师引领学生自主经历猜想(圆的周长与什么有关)、操作(用绕绳法或滚动法动手测量任意圆形物品周长并计算其周长与直径的比值)、探究(周长与直径的比值有什么规律)等过程。学生基于充分的活动体验,积累丰富的数学活动经验,在实践探索、付出辛苦却求而不得真理后,介绍我国古代数学家祖冲之在圆周率方面付出的艰辛和取得的伟大成就,从而对学生进行爱国主义教育,激发学生的民族自豪感。学生深刻体会科学探索之路艰辛、不易,需要严谨求实的态度,勇于探索的品格和持久不懈的毅力。如此充分的数学活动经历,在学生心中深深地埋下探索数学真理的种子,且悄无声息地灌溉了爱国主义情感,加深学生对数学文化的理解以及数学学习情感的培养,促进学生的全面发展。

课堂是"润悟"教学的主阵地,练习设计同样可以发挥以数育人的作用,细无声地植入品德之根。比如,在教学"用字母表示数"一课时,笔者设计了两个层次的练习。

首先是基于本课知识的基础题目:

根据北京市环境保护宣传中心介绍,我们一个人一天会产生大约 1.2 千克的垃圾。如果以三口之家为家庭单位来计算,每个家庭一年可产生 1.3 吨生活垃圾。

请你阅读以上材料,算一算,填一填:

(1)某小区常住人口有 a 人,一天能产生 _____ 千克垃圾。

(2)当 a = 1000 时,这个小区一天能产生 _____ 千克垃圾。

学生用字母表示未知数量，体会用含有字母的式子可以表示出与其相关联的数量，发展代数思维。真实数据的代入求值，巩固基础代入求值的计算，也让学生在数据背后，感悟每日家庭垃圾产生数量之大，从而自觉提升学生环保意识。

其次是基于延伸思考的拓展题目。

背景材料：

我国每年产生近 10 亿吨垃圾，每年使用塑料快餐盒多达 40 亿个。

2019 年，某市一年产生的生活垃圾为 900 万吨。

每回收 1 吨废纸可造好纸 850 千克，节省木材 300 千克。

依据背景材料，请你写出两个含有字母的式子，并写出它表示的含义。

学生尝试主动应用字母表示数量关系，想到了诸如：我国每年产生近 10 亿吨垃圾，n 年将产生 10n 亿吨垃圾；某市一年产生生活垃圾 a 万吨，每天产生垃圾（a÷365）万吨；回收 x 吨废纸可造好纸 850x 千克……开放性的练习方式激活学生的发散思维，打开思路，使学生从多视角去思考问题，进而培养学生数学思考能力，感悟用字母表示数的本质与内涵，发展代数思维。同时，学生能更全面地关注素材中提供的信息，提高自主阅读、分析、提取信息的能力，感受生活中的数学，体悟节约能给我们带来的好处，使"垃圾分类""变废为宝""环保理念"深入学生内心，实现数学学科的育人价值。练习的过程，是学生独立"悟"的过程，"悟"知识、"悟"方法、"悟"道理，是学生意识形态、人文素养形成的重要途径。就这样，在每一次数学活动中，慢慢地，以数育人与德育渗透有机结合，温和地植入润根的品德教育，引领着学生经历悟数学的过程，逐渐养成良好的学习品质，树立正确的人生观、价值观，为学生的全面发展奠定坚实的基础，开出多彩的"素养"之花。

我国著名学者黄克剑曾把教育的使命归结为三大层面："授受知识、开启智慧、点化或润泽生命。""润悟"教学正是在课堂教学中以润泽生命为目的，突出深度参与和真实学习，凸显"润于境""润于思""润于能"

"润于行",使学生主体作用得以充分发挥,学生在不断的"润"境中,体悟、感悟、领悟、顿悟数学思想和方法,在"悟"中提升数学核心素养,受到心灵的浸润、生命的润泽。小学数学"润悟"教学离不开教师不断地思考,精心地设计,不断探索植根于心的"润"教育,定能使学生"悟"出绚烂多彩的花。

以生为本润无形，循序渐进悟有声①

　　小学数学"润悟"教学的"润"有润物细无声之意，在没有刻意表扬、刻意表演、刻意引领的情况下，老师用看似随意实则匠心的设计，顺势推进，"润"在无形之中。"悟"是学生思考问题和领悟数学思想方法的过程，要求教师提供给学生"悟"的时间和空间，学生在不断交流的声音中，互相启发，思维不断走向深入，循序渐进地领悟知识的本质，最终使知识在真实、自然、和谐的氛围中生成。

　　下面笔者从两方面谈谈自己对"润悟"教学的理解及实践。

一、以生为本润无形

　　小学数学"润悟"教学尊崇以生为本的教育理念，"以生为本"是要求老师设计的教学活动要尊重学生的认知起点，从学生"学"的角度开展教学，这样才能针对学生的真实情况因材施教。小学数学"润悟"教学重视学生学的过程，通过开展真实有效的教学活动，让学生经历真思考，真探索，自主建构新知。"润"要求教师在数学过程学中要充分挖掘育人资源，适时启发点拨，进行潜移默化地润泽。

　　"润"分为润心和润情，润情是指看似提问实际是对学生鼓舞的一种润泽方式，能够提高师生之间的信任感、默契感，在此过程中，学生能够体会到成就感、自豪感和思维的认同感。润心在实施润悟教学中至关重要，这是因为在知识建构过程中，由于学生的认知水平不尽相同，思维不可能"齐头并进"，教师要对针对学生现有的思维或活动作品进行点拨，点燃学生创造的火花，启发学生深度学习，实现自我超越的机会，逐步修正自己的观点，达到改善思维的效果。润心的重要作用在于启迪学生的智慧，

---

　　①　作者为孟庆阳小学数学工作室成员、蓟州区下仓镇草场中心小学教师田鹏。

提高学生创造性的思维。

"无形"指的是老师对学生的润泽不是生硬灌输给学生的,而是延续学生的思维,顺势推进,引发学生深度思考及创造性思维的发生,润在无形之中,学生的思维是渐进式的发展,这对于培养学生的创新思维至关重要。

在以往的观念中,情感的体验普遍认为是文科学科的任务,与数学学科的关系不大。小学数学"润悟"教学认为小学数学思想的引领、品德的教育、意志力的培养都是能够实现育人的有效途径。

在课堂中,教师会组织包括辩论在内的形式多样的讨论,这对于培养学生的质疑精神有非常好的效果。同学们在辩证说理的过程中,双方能够互相启发,不断修正自己的观点,最终使知识的脉络逐渐清晰,思维趋于一致,这是一种有效的学习途径。但在实际教学中,我们教师普遍重视对观点正确一方的赞赏,而忽略对观点错误一方的同学们的情感关注,他们在讨论中思维也是非常活跃的,同样贡献了思维的力量。小学数学"润悟"教学主张促进师生、生生间的情感传递,观点虽然错误,但是积极的思考的过程值得表扬,教师可以进行类似的点评:"你们敢于质疑的精神值得我们学习,也为你们敢于提出与别人不同的观点,同时勇于修正观点的勇气点赞! 为两个小组同学都鼓鼓掌! 感谢你们精彩的辩论!"

实施好小学数学"润悟"教学,要在常态课上下功夫。在教学过程中,因学生年龄不同,学生的语言表达能力也不尽相同。我们教师要以欣赏的眼光对待学生的回答,深入挖掘学生回答问题的价值所在,并进行适度启发。课堂上我们经常会遇到学生的表达与预设相差较大的情况,教师若忽略学生的回答,转而找其他同学回答问题的话,那么课堂可能进行得更加顺利,但是对于回答问题的同学来说他们就会产生一种挫败感,长此以往可能会失去学习的兴趣。此时,老师如果"润情"得当的话,不仅不会影响课堂的进度,反而会让每个同学都体会到自己的智慧被启迪的愉悦感。其实,教师可以围绕这个回答继续提问:"你们理解这名同学所说的是什么意思吗?"类似这样的提问意为培育学生要用欣赏的眼光评价同学回答问题的正确价值观,同时感悟回答问题要抓住问题核心观点的思维品质。同学们围绕这个问题展开简单讨论,从不同角度进行分析,最后,帮助这名学生完整地回答了这个问题。

要做到以学生为本,润于无形之中,就要求我们教师基于学生的认知规律,关注学生的每一个细节,通过语言的启发,通过活动的渗透,让学生自悟和感悟数学的思想方法和体悟数学知识,达到让每一名学生的思维都能够有所进阶的效果。"润"不仅要求我们在课前设计出以生为本的教学活动,还应做到课上对学生的回答做出巧妙的回应,润在无形之中。

二、循序渐进悟有声

史宁中先生认为,思维方法的养成不是教师"教"出来的,而是学生自己"悟"出来的。笔者认为,这和小学数学"润悟"教学中的"悟"是异曲同工的。

学生知识的建构不是一蹴而就的,是学生在经历、体验、思考、分享的过程中循序渐进地悟出来的。

"声"指的是语言,主要是学生的语言。语言是思维的外壳,语言反映学生思维的路径,在课堂上,学生的语言表达能够说明学生的认知层次。学生在语言表达的过程中不断自悟,以达到不断完善自己思维的目的。发言的同学让自己的思维更具系统性,其他同学在倾听时,与自己的思维发生交流碰撞,也学会了判断、记录、提升。在生生互动阶段,学生在辩论的过程中辨析同学们和自己的观点,达到自悟的目的。这就要求教师多创造让学生表达的机会,同时也要帮助学生养成善于倾听其他同学表达的好习惯,这样才能保证悟得实,悟得深。

在实施"润悟"教学时如何循序渐进地开展教学活动,让学生的"悟"逐渐走向深入,直至知识本质呢？下面笔者结合案例进行说明。

学完小学三年级的小数加减法,学生在头脑中印象最深的应该就是"小数点对齐"了,以至于学生在四年级继续学习"小数加减法"这节课,最想表达的仍然是小数点对齐。但是小数点对齐属于"惰性知识",它能帮助学生计算小数加减法,但是不能帮助学生理解知识之间的本质联系,进而解决新的问题。

在实施小学数学"润悟"教学时,教师应给学生提供"悟理"的机会,"悟理"不是通过一个活动就能轻松达成的,要通过几个活动逐步顿悟的。学生在试算两位小数加两位小数后,很容易感悟到小数加法和整数加法是一样的,都是相同数位对齐或末位对齐,这是学生第一层次的"悟",这样的感悟其实还停留在表层,此时老师就要引发学生认知上的冲突,让"悟"走向深入。紧接着,教师提问:"同学们,你还能创造出不一样的小数加法吗?"这样学生就自主创造了计算两位小数加一位小数的机会,为第二层次的"悟"提供有力抓手。学生在试算后就会出现相同数位对齐和末位对齐两种情况,同学们根据生活中买东西的情境或者其他已有的知识经验进行辩证说理,能够自主地把算式背后的"故事"讲出来,就会将小数加减法的末位对齐与整数加减法的相同数位对齐产生矛盾,进而体悟小数加减法和整数加减法是不一样的。第三层次的"悟"要指向知识的本质,教师可以结合 $52+34$ 与 $0.52+0.34$ 这两个算式询问:"请大家用数学的眼光观察,小数加法和整数加法哪里一样,哪里不一样?"这其实是在帮助学生透过"小数点对齐"这个现象看小数加法和整数加法的本质。通过交流,学生能够辨析出小数加减法和整数加减法本质上是一样的,都是把相同计数单位的数相加减。此环节不仅能够帮助学生从整体上审视小数加法和整数加法,同时也能够深刻体悟到透过现象看本质这个数学思想方法。这样的"悟理"过程,学生就能够从知识的表象进行深挖,辩证地看待小数加法和整数加法是否一样这个问题,体悟整数加法和小数加法不一样的地方,感悟小数加法和整数加法算理的一致性,进而从生活中的情境抽象出数学知识,最终把小数加减法纳入小学阶段所有加减法的知识体系之中。从小数点对齐到相同数位对齐,再到相同计数单位的合并,学生的思维是循序渐进的,是在生生的交流中悟出来的。在整个过程中,学生从小数加法和整数加法一样到不一样,最后领悟到了整数加减法和小数加减法法理合一。

　　在实施小学数学"润悟"教学中,教师要在课堂的每一个环节都要留给学生充分悟的时间和空间,要设计几个层次逐步顿悟数学知识表象背后的理。在悟的过程中,学生可能会遇到很多的困难,当学生悟不出来或者思维发生偏移的时候,老师要精准把握介入的时机,并恰当地退出,继续给学生悟的机会,不断培养学生悟的能力。这就起到了润悟教学的育人价值,培养学生敢于面对困难、善于解决问题的品质。在他们面临困难和挑战时,脑海里可能就会浮现一个信念——只要肯动脑筋,那就是有价值的,就是成功的,这就起到了润泽生命的作用。

　　数学课堂是育人的平台,是促进学生生长和成长的过程,是促进学生全面发展的重要途径。教师要顺应学生思维的发展规律,润在无形之中。学生能够在语言表达等多元表征中积累数学活动经验、循序渐进地感悟知识的本质,由此看来,"润泽生命"是实施小学数学"润悟"教学的所有老师所应追求的目标。"润"与"悟"不是孤立存在的,它们是共同存在于教学环节之中,"润"促进悟法的深度及广度,使知识在不同的层面得到生长,"润"能深化学生悟理的过程,使知识和经验共同提升。"悟"能够促进润情、润心目标的达成,最终使师生互相促进,共同发展。

明心见性，温润而泽①

自笔者参加工作以来，有幸接触到了天津市小学数学的研究课题——"落实核心素养背景下构建小学数学自主学习核心课堂的研究"。在很长的一段时间内，笔者有幸学习了这个课题下的众多研究成果，大致了解到近十几年我国课程改革从落实"双基"走向落实"核心素养"的历程，深刻感受到我国基础教育进入了更加注重人的发展、学科价值和育人价值并重的新阶段。随着"自主学习核心课堂"课题研究的逐步深入，笔者对"自主"产生了一点的认识，但是对"学生在学习过程中能自主到什么程度，以及如何在数学课堂中抓住育人的契机？"这样的问题依旧存在着很大的迷惑。学习践行孟庆阳老师的小学数学"润悟"教学，再结合自己日常课堂中的思考与实践，笔者对"自主学习核心课堂"有了一个新的认知，也对落实学科核心素养的途径与方法有了新的思考。

一、孟庆阳老师的小学数学"润悟"教学

孟庆阳老师从广义与狭义角度对小学数学"润悟"教学进行了概括，其中包含了学生角度自身的"悟"，教师角度教学方法的实施——创"润"境、施"润"法，以及育人目标角度——落实核心素养与立德树人教育的根本任务这三个方面。孟庆阳老师详细介绍了"以悟为径，润泽生命"的有效教学解决方案，实施策略有三：以润为本的教；以悟为径的学；以人为本的育。在创"润"境，施"润"法的教学方法下，引导学生行中悟"法"，辨中悟"理"，"悟"贯穿始终，使法理合一，最终实现"启迪智慧，点化生命"的育人效果。

---

① 本文作者为孟庆阳小学数学工作室成员、天津市武清区杨村第九小学教师王晓欧。

二、对润悟教学的理解和应用

"悟"这个字对笔者的影响是巨大的，"悟"是学习的最高境界，这其中包括了学生自身的学需要悟，教师的教更需要教师本人去悟。悟是建立在经历、思考的基础之上的，是极度自主的体现，是把知识，方法内化成观念意识的最有效途径，也是学生想应用、能应用、再创新的有力保障。学生悟的过程不是教师个人意愿的强加，也不是教师直接口头告知的产物，而是处在问题情境中的学生自身经历了思考、迁移、联系、建构体系的活动后逐步把对事物的一种感觉用合适的方式表达出来，并借助对事物的认知内化成意识的学习状态。教师的教应符合学生悟的过程，学生悟的层级是不一样的，从最初的体悟、感悟、领悟，最终到顿悟，悟的深度、广度和对事物存在的认知与内在意识形成的完整度不断地提升。给予悟的环境才是一切的开始。润悟教学以创"润"境为始，以润孕悟。

（一）做中悟"法"

教师教学首先要搭建适合学生认知进阶的"润"境，润给人的感觉是细腻的、不牵强的、不刻意的，于无声、无形处诱发学生的悟。笔者在教学"用公倍数解决问题"一课时，为了达到行中悟"法"的目的，创设了"彤彤和小美暑假约好去动物园"的情境，彤彤在暑假需要上舞蹈班，小美要上书法班。笔者提出问题："从小美和彤彤的对话中，你觉得她们希望我们帮忙解决什么问题呢？想要解决这个问题，需要知道哪些信息？"

学生经历思考发现，自己分别需要知道书法班、舞蹈班什么时候休息。彤彤是每上五天休息一天，小美是每上三天休息一天。只有基于对遇到的问题的整体把握学生才能自主想到解决这个问题的关键信息有哪些。借助生活的经验，把对发现问题、提出问题并且调查收集信息的体悟和感悟于无形之中变成有形的意会，这是学生依靠本心去悟的意会体验，这样的体悟和感悟是引发学生后续数学思考和积累活动经验，感悟生活中有数学的必要条件。

为了进一步深化"做中悟法"，笔者给足学生思考和实践的时间与空间,对于解决如上问题的方法都是由学生借助已有生活经验和知识经验的自主探究。课上学生提出了在日历中圈画的方法,也有学生利用公倍数的知识在学习单上借助列举法和集合圈体现想法。这样的过程是学生自主体悟和感悟数学方法在实践中应用的过程,可以说体悟和感悟贯穿始终,是抽象意识形态的有形展示。

（二）辨中悟"理"

史宁中教授说过:"在教育的过程中,必须考虑到教育的主动性,必须考虑到受教育者自身的学习欲望和能量。协调教育,只能是引导这种欲望并且能够激发其能量。学习的根本动力在于个人的兴趣与学习的内容的和谐,在于个人的需要与生存环境的和谐。""理"指数学领域中知识的本质,是学生经历思辨、悟的过程而获取的。在"公倍数解决问题"一课中,笔者顺应学生的思维,在他们找 3、5 的倍数和 4、6 的倍数的基础上提出了问题:"同学们都发现了这个问题中还隐藏着倍的知识,那我们究竟是找 3 和 5 的倍数还是找 4 和 6 的倍数呢?"学生之间产生了不同意见,大家在辩论的过程中悟到:应该是找 4 和 6 的倍数,因为书法班是上三天休息一天,第四天休息、第八天休息,书法班的休息日就是 4 的倍数。舞蹈班是上五天休息一天,第六天休息、第十二天休息,舞蹈班的休息日也就是 6 的倍数。所以要求 4 和 6 的倍数。辨析是学生在经历自主的操作尝试和初步的分享与交流基础上进行的更高层次的思考,因此学生经历了因辩而辨的过程。

笔者继续提问:"4 和 6 的公倍数既然有无数个,那是不是她们一起去动物园的日子也有无数个?"这样的问题让学生自主意识到虽然我们利用数学方法和知识去解决了问题,但是还要根据具体的问题具体分析,检验结果的合理性。于是学生呈现了这样的回答:"不是,因为是在暑假期间去玩儿,暑假一般放 50 天左右就开学了。"教师没有止于此,而是将学生体悟和感悟推向了更高的层次,即领悟。教师展示学生的作品:"这位同学只找到 12 这一个数,也同样在日历上圈出了其他相对应的日子,大家知道他是怎么想的吗?"学生悟到 12 是 4 和 6 的最小公倍数,其他的公倍数都是最小公倍数分别乘以 2、3、4 得到的。教师提出问题："那大家建议她们什么时候去呢？"教师自始至终没有刻意强加给学生任何想法，而是顺着学生的思维，借助学生的作品提出了几个问题，这样的做法即为"润"，像细雨般滋润着孩子的心灵，使学生能够悟以无限可能，帮助学生从初步的体悟、感悟走向了更深层次的领悟。

　　笔者将悟"理"进行到底，以促使学生的知识、思维、能力三个维度的生长。"现在请你想一想：如果小华也想加入小美和彤彤的活动中呢？大家能再帮帮小华吗？快把你的想法在学习单上写一写。"学生发现，4、5、6 的最小公倍数是 60，但是第 60 天暑假已经开学了，所以她们没办法一起去了。学生们虽然解决了问题，但是他们并不高兴，因为三个好朋友没办法一起去动物园而伤感了起来。这正如史宁中在《关于教育的哲学》一文中所说："教育不是激情的产物，恰恰相反，这是避免激情的产物。"学生的学习是基于情感之上的，他们的情感能够细腻到如此程度，由此看来，我们的课堂不仅要重视悟法、悟理，更要在此基础上重视润情与润心。我们要启迪智慧，点化生命，不失时机地对学生进行适宜的思想教育，培养学生正确的价值观。不仅如此，教师还要关注对学生学习兴趣、方法和品质的培养，让学生好学、会学、乐学。教师以言行来示范，学生用数学眼光观察现实世界，用数学思维思考现实世界，用数学的语言表达现实世界，教师教法的多样化，以创新的教法来替代语言输出，能够潜移默化地给学生积极的影响与启发。

　　学生和教师在悟中成长的过程，是由心而起、发现自我的过程，亦是表达自我、修炼心性的过程。悟的过程是"明心见性"的过程，是教师不断熟悉学生、顺应学生、引领学生、点化学生的过程；是学生掌握知识、具备能力、形成观念、造福社会的过程。润悟教学以"润"为法，促"明心"，以"见性"为基，"润"泽天下！

以"润悟"成就生命成长①

　　小学数学"润悟"教学的实践研究是基于新时代立德树人的根本要求,尝试解决教学实践中存在的只重知识技能、忽视能力与素养培养。基于此,孟庆阳老师以体验教学和感悟教学的有关理论和研究为指导,提出的小学数学"润悟"教学。"润悟"教学从教师的教学实施策略入手,探索"以悟为径,润泽生命"的有效教学解决方案,对转变教师教育观念及教学行为,实现从教学到教育的转变具有积极的促进作用,让教师在教学实践中有"法"可依,最终让学生能够达材成德,坚定理想信念,求真务实,矢志追求创新,志存高远,不懈努力奋斗。"润悟"教学的本质是"人点亮人"。

一、什么是小学数学"润悟"教学

　　"润"乃温润、润泽、细润无声之义。"润"在课堂教学中表现为教师以数学知识为媒介,围绕数学知识本质,营造数学育人氛围,通过教师潜移默化地润泽,润物细无声式地引领,自然无痕地点化,使学生通过学习活动达成的在知识、技能、情感、态度、价值观全面的通达。

　　我们的课堂教学应该在充满活力和弹性的"润"境中进行,按部就班的教学方式已经不能满足孩子们无限的想象力。一堂好课不只是看他有多少亮点,最主要的是看有多少"卡点",看教师是如何引导孩子解决这些"卡点"的。

　　"悟"的本义是觉醒、明白。《说文·心部》:"悟,觉也。""悟"从心,从吾,它强调了是靠自己的本心去领悟、开悟、觉悟。因此,"悟"是人的

---

　　①　本文作者为孟庆阳小学数学工作室成员、蓟州区穿芳峪镇唐庄户中心小学教师张雅昕。

一种认识转变过程，即由迷惑到清醒、由混沌到清晰、由错误到正确的认识过程。所以，悟是学生在经历、体验、思考、分享中的觉醒过程，是一个同化与顺应的过程。[①] 悟是转化、吸收的过程。学生当前的认知结构就像一颗种子，它有再次生根发芽的能力，但这需要一个充分的条件——"润"，教师要做的就是通过正向的引导来润泽这颗种子，使学生将外在客观存在的现象经过"悟"的过程转变成自己的认知结构。

初生牛犊不怕虎，小学生往往更具有挑战精神。我们都担心孩子犯错，但还要看到事情的另一面，只要我们时刻关注着孩子的动向，及时正向引导，避免他们过分偏离即可，轻微的错误可以锻炼孩子的内驱力、自主性、自信心。丧失自信的孩子，有一种习得性的无能，通常不爱挑战、退缩，只有那些探究经验丰富的学生，通过吃一堑、长一智，认知能力才能更强，更能预测深层次的知识网络。

教师以润为本，学生以悟为径。总之，我们认为，小学数学"润悟"教学中的"润"是尝试从数学教学走向数学教育，以教学内容为媒介，通过教师的以润孕悟（即创设"润"境，提供大问题情景）、以润促悟（即在引导、启发、点拨中润情润心），达成启迪智慧、点化生命的育人目标；而"悟"是学生学的途径，是学生在数学活动中通过"体悟—感悟—领悟—顿悟"实现自己的生命成长。

二、为何要进行"润悟"教学

从历史上来看，我们的平均工作时间不但没有缩短，反而延长了。1930 年，经济学家凯恩斯曾预言："100 年后（2030 年，笔者注），人类会因为无所事事而烦恼。"他的理由是，随着生产力的发展，人类每周只要工作 15 小时，就可以彻底摆脱贫穷。也就是说，在凯恩斯看来，几年之后，我们这一代人每周只要工作 5 天，每天工作 3 小时就可以了。但这个预言显然站不住脚。既然科技一直在进步，机器在不断地取代人工，但为什

---

① 孟庆阳. 以悟为径，润泽生命——小学数学课堂教学的实践探索和思考[J]. 天津教育，2017(05)：53-54.

么我们一代比一代更忙？这很不合理。科技越进步,社会对我们的要求就越高。从本质上来说,下一代的身上凝聚着祖国的希望。他们应该勇担时代使命,厚植家国情怀,拓展全球视野,追求创新实践。

作为下一代的老师,我们单纯向孩子传授知识是不够的。在今天这个科技和知识快速更新迭代的时代,知识的容量之大是我们这辈子都学不完的,所以我们要传授给孩子们的不是知识本身,而是学到知识的方法、一种思维方式。通过具体的事例,我们要给孩子营造一个容易得到启发的"润"境,让孩子静思、细品、产生迁移。迁移必须作为学校所有教学的目标,因为在教学时,我们只能传授在整个学科中占小部分的样本,所有教师在下课时都会想,要是时间再多一点就好了,这些内容只是沧海一粟,我们从来都没有足够的时间来教授所有的内容。① 迁移是最重要,也是最困难的任务,因为我们要让学生能够在"润"境中领悟,自主地学到更多的知识,远比从教师那里学到的多。知识的传授靠教好一门课永远都不够,我们要通过这门课教会学生方法和思路,开阔视野,为他们打开自我求知的大门。在传道授业解惑的过程中,解惑往往是关键,授人以鱼,不如授人以渔,短暂的课堂时光,学生悟出新知,转成长久的记忆,最终将是永远的留存。

三、开展小学数学"润悟"教学的实践及意义

学生在教师提供的丰富的"润"境中进行学习活动,体验到学习的结果更有利于自身发展,也就是说,学生在自主行为与结果之间体验到了同步性、关联性,就会形成掌控感,周围人及时给出回应,是培养掌控感的基础,能够让孩子体验到被重视感,体验到成就感,从而开展良性循环,学生更愿意积极地尝试新方法,从而带来新的锻炼机会和操作机会。反之,如果学生在自主行为与结果之间体验不到关联性,无助感便会产生,无助的后果就是学生的自主反应减少,难以认识到自主行为的因果效应,变得焦

---

① [美]格兰特·威金斯(Grant Wiggins),杰伊·麦克泰格(Jay McTighe).追求理解的教学设计[M].上海:华东师范大学出版社,2017.

虑和抑郁。

世界上有很多东西是"悟"出来的，而不是"教"出来的。好的教学应该给学生参与的机会，给他们感悟的时间，让他们积累经验。

学生想象是一种体验，学生边想边看老师操作又是一种体验，通常只有学生亲自动手操作了才会有"噢，原来如此"或"或许我应该换一种思考方式"的想法。孟老师在《三角形的再认识》①一课中经过七个关键的具有启发性的问题，为孩子提供"润"境，这些"润"境点醒了学生。学生们的认知结构进一步滋生新的枝芽，数学思想逐步形成。经过"操作、思考→更深层次的思考→更严谨的操作"的过程，学生的思维经历了一次升华。

营造能够启发孩子的问题时，要联系生活、切合实际，才能点燃学生学习数学的热情。笔者在讲授小学数学二年级下册"轴对称图形"时，预设情况如下：

师：（老师展示课前精心准备的教具"不对称的眼镜"）同学们，老师这个眼镜好看吗？

生：不好看。

师：为什么不好看呢？

生：因为两边不对称。

笔者进而引出"对称"这个主题。

课前准备的眼镜是一边方形、一边圆形，不符合常规审美，所以课前预测是孩子会回答"不好看"。

然而实际课堂开展情况如下：

师：同学们，老师这个眼镜好看吗？

生1：好看。

生2：不错嘛，挺时尚的。

只有小部分同学回答"不好看"，而且无论如何笔者也引导不出"对

---

① 孟庆阳. 直观想象，发展学生空间观念——以"三角形的再认识"一课为例[J].
小学教学（数学版），2017（06）：44.

称"两字,最后教师只得被动地提出本节课主题。课后笔者对本班学生进行调查,发现孩子们在本节课之前根本没有接触过"对称"两字,可见,情景设置一定要基于学生已有的认知经验。

有一次一位学生找到我,说:"老师,我妈妈说学数学没啥用,将来也不能涨工资。"学数学有什么用呢? 其实细细想来,哪个学科单独拿出来都不能产生大的作用,所以我们每个人都需要涉猎各个领域的信息。作为学生,他们有很长时间是在学校度过的,如何接触更丰富的知识呢? 我想"润悟"教学最终能产生跨学科的教学效果。因为我们在营造"润"境的时候需要将数学与生活、艺术巧妙融合,引导学生融会贯通,它渗透的是一种方式,一种思想。"润悟"教学培养的是智者,智者面对浩瀚的知识海洋时,不甘只做知识的接收者,要做知识的发现者和创造者。让学生敢于触碰未知领域,不断学习。

四、如何进行"润悟"教学

"学起于思,思源于疑。"疑问是思维的火种,思维以疑问为起点,有疑问才有思维,经过思维才能解疑。"找规律"是小学数学人教版教材一年级下册第七单元第85—86页的内容,在进行这一部分内容的导入环节时,笔者设置了游戏:"老师说1你们就举起左手,老师说2你们就举起右手,反复两次后,请孩子们闭眼(为了孩子跟随自己内心的选择)。"老师说3,举左手右手都有,老师不说对错,请同学们汇报原因,并鼓励孩子:"你的判断不因我而来,不因其他同学而来,因何而来呢? 因你自己而来。你们的想法都合理,所以不管你举左手还是举右手,都把掌声送给自己!"此游戏旨在调节课堂气氛,调动孩子积极性,鼓励学生相信自己,为本节课学生能够大胆发现规律、创造规律做铺垫。通过小小游戏,引发孩子思考,并为本节课即将探究的规律进行初步的"润"。

在同学们探索出规律后,笔者再次对游戏进行延伸:"老师说1大家就举左手,老师说2大家就举右手,老师说3大家举左手,老师说4大家举右手,老师说5大家举左手,老师说6大家举右手,以此类推。"练习熟悉后,请孩子们闭眼(为了孩子跟随自己内心的选择),老师说7,这个时候会发现基本上所有学生都举左手。

在习题环节,笔者展示了规律的普遍性以及形式的多种多样。从有形规律,如颜色、数量、声音和动作拓展到无形规律,如春夏秋冬、白天黑夜、日出日落,每隔十分钟就有一班次的公交等,最后延伸到学生的实际生活要有规律,这也将成为能使学生们终身受益的宝贵素质。

这节课充分尊重学生已有的认知结构,通过一系列的引导和活动,学生主动悟出具有可迁移性的新知,从而促进数学知识、技能、能力及情感、态度、价值观的达成。教育的目的不是顺从,而是使学生学会思考,学会质疑。探索知识的思维过程总是从问题开始,又在解决问题中得到发展。

"润"境需要老师和学生共同营造,课堂中的问题有两种:一是来自老师的预设,二是来自学生的发现,两者相辅相成,学生在解决一个个疑问的过程中,不断地悟出相关联的新知,于无形中编织了数学知识链。

课堂是一个充满不确定性的地方,未来,变化将成为常态,教师需要在不确定性中寻找确定性,这也给教师提出了更高的要求。只有拥有多个视角看世界的能力,才能不断拥抱变化。这就要求教师拥有开阔的眼界,懂得与时俱进。教师课堂领导力的本质就是把愿景转化为现实的能力,在外界动荡纷乱的时候,我们需要向内寻找一种稳定的力量。作为教师,只有精神内核充实丰盈了,才能有源源不断的力量自内产生。这个过程同时也包含着克制额外欲望的"自律",以及坚定自己内心的"定力"。

每一个数学专业名词背后都有一个内容丰富的世界,想要营造"润"境,就要专业学科的宽厚知识体系来奠定基础。我们需要保持终身学习的心态,长远地、系统性地思考问题,才能拥有"创造力"去营造"润"境,想给别人一杯水,自己就应该有一桶水。我们应该以合作、包容,更具人性温度的新形态,展示在学生面前。小学数学"润悟"教学不仅意味着教师要有更好的沟通和共情能力,也应把更多温度和包容带入课堂管理之中。

润悟课堂，教学相长[①]

为了适应社会对人发展的需要，数学课程目标由传统的"双基"到"四基"，要求学生在学习过程中不仅要获得数学基础知识和基本技能，还应获得数学的基本思想和基本活动经验。其实基本思想和基本活动经验是一种隐性的东西，它的获得不单纯是依靠他人传统的知识灌输和传授方法，而是靠学生自主"悟"出来的，是基于课堂"润"境，依赖学生本人参与其中的思维活动或实践活动，使学生获得客观性知识的同时获得主观性知识、积累经验，进而感悟到数学基本思想，促进学生的终身发展。

能够启迪智慧、促使学生发生深层学习、润泽生命、实现其生命成长的教学不是传统的灌输式教学，而是学生在细润无声的"润"境中，受到无声无痕地点化、启发、引导，进而在思辨中体悟、感悟、领悟、顿悟的润悟课堂。

"润悟课堂"基于一种和谐平等的师生关系，教师作为学生真实学习活动的参与者，细润无声般地参与到整个学习过程中，成为学生学习的组织者、指导者、助力者，让学生感受到教师是整个学习活动的一员，而不是灌输知识的旁观者，真正发挥学生在课堂中的主体地位，教师主导课堂方向，创设数学课堂"润"境，在教师的无痕点拨、启发、引导下，使学生自主思考、感悟、觉悟；并在教师的激励中，获得师生认可的自豪感、收获新知识的成功感、树立继续学习的自信心、增强克服学习困难的恒心，使学生的学习达到收获知识、培养能力、丰富思想、积累经验的目的，进而实现润泽生命的永恒价值。

教师不露痕迹的"润"式启发、点拨、引领，荡漾在学生的心灵中，有

---

① 作者为孟庆阳小学数学工作室成员、天津市蓟州区下营镇镇东中心小学教师吴艳丽。

着惊人的力量,催化出学生不由自主地对知识的思悟。"悟"是教师水无痕般"润"式启迪智慧的归宿,是知识积累和运用的前提,是与学生的心灵撞击后产生的共鸣,通过形式多样的润泽,让学生在潜移默化中提升自己、得到全面发展,"润泽"其生命。

一、"润悟"教学之"以学定教"

想要引导学生在数学活动中通过不由自主地思悟使学习真正的发生、领悟数学知识的真谛,就要让学生在细润无声式点拨、引领的"润"境中,不知不觉地汲取满足自身营养的数学知识。而细润无声式的引领正是基于教师对学生全面的了解,"以学定教"才能够让学生在"润"境中,通过"悟"使学习真正、悄无声息地发生,就必须依托于学生为主体的教学活动,要做到教师心中时时刻刻把学生放在首位,尊重学生,体现一切教学都是为了学生主体终身发展的这一宗旨。那么在教学中,教师就不应存在单纯为完成教学任务以及完成事先安排好的教学计划等重教轻学的现象。对于教师而言应该是先学后教,即先了解学生作为学习主体的基本情况,再确定教学的起点,并在恰当的起点上选择最优的教学方法,才能起到润物细无声式的点拨、引领作用,不经意间激发学生学习的内驱力,创设"润"境般的课堂,在一系列引发心智的活动中使学生感受到知识的魅力,让每一位学生达到最优化的发展。"引发心智的活动"一定是基于教师对学生现有水平的准确把握,以生为本,充分考虑学生的喜好和接受程度,着眼于学生的最近发展区,才是"润"式课堂,才能完成旧知识向新知识的成功迁移。

了解学生的"最近发展区"是教师润物细无声式地引领、自然无痕地点化的基础,是定教的起点。如:孟庆阳老师在执教"三角形的面积"一课中,在动手实践、初步感知环节,让学生通过动手实践获得三角形面积的设计时,就是基于学生的现有水平,学生能够进行知识的迁移,由平行四边形剪拼迁移到三角形剪拼,进而把三角形成功地转换成多边形来计算面积。

"润悟课堂"中教师基于对学生和知识的了解，不仅在讲授环节引导学生将新知识转化为旧知识，完成知识间的正迁移，而且在教学结束时的收获总结环节也帮助学生多角度认识旧知识，使"悟"发生得更加深刻，能够培养学生挖掘知识内部之间的联系，透过知识表层感悟知识的内在精华。如：孟庆阳老师在执教"分数的基本性质"一课中，利用学生四年级学过的商不变的性质的旧知识和五年级下册分数与除法的关系求商来证明分子、分母都不相同的分数大小相等的新知识，把旧知识迁移到新知识中。在本节课最后谈收获的环节，学生不仅总结本课的收获，还要在老师的引导下，思考用新知识去解释旧知识。这种用五年级下册分数的基本性质去解释四年级下册小数的性质，能够使学生体会知识间的内在联系以及数学知识的连贯性，帮助学生重建知识结构。

所以在教学之前，教师先要了解学生，再创造"润"境，加以无痕地点拨，才能使学生将新旧知识联系在一起，进行有效的迁移和转化，体验到成功的喜悦，进而激发兴趣，才能使学生在"悟"中自主构建知识，润泽学习的心灵。

二、"润悟"教学之"以润促悟"

"润悟"教学即教师创设"润"境，学生在"润"中"悟"，学生因"悟"得"润"。教师创设的"润"境是学生思悟的基础、前提，"润"是潜移默化的润泽，是润物细无声式地引领，自然无痕地点化，是学生"悟"的催化剂。

首先，教师在教学过程中不仅是一个"润"境创设者和"润"式教育的引导者，还应是一个激励者，时刻润泽学生那颗幼小的学习的心。在教学活动中，同学们愿意分享自己努力思考的成果，高高举起小手，渴望回答问题的机会，不管它是一个有创意的想法，还是一个有小问题的答案，总之是学生思考的结果，作为教师，我们应该把同学们通过努力思考获得的东西视为珍宝和财富，在指出不足之外，更多的是给予所有学生激励，使学生获得愉悦的精神和舒畅的心情，引导其在学习的过程中自主思考和领悟。在评价时，教师不应该急于评价某个同学，要对朝着有正确答案方向的所有同学给予肯定的评价,使更多的同学,甚至还没有真正成功的同学有成功的喜悦感。在教师的赏识中,学生便能学会自信;在和谐的教学氛围中,学生便学会相信自己周围的人;在充满亲情、友谊的"润"境中,学生便会觉得身处于一个轻松自在的课堂,这将激发学生心中那个求知欲强、勇于探索、积极进取的自我,所以在教学时教师要给予学生真诚的爱的评价。

除了教师对学生的评价,学生互评也很重要,甚至优于师生评价,评价的过程中不仅使被评价人有成功的喜悦感,也能够使评价者的思维路径变得清晰,让更多的人去欣赏他们的这种精神,才能更好地引导学生互相欣赏、相互学习。

其次,把握时机、恰到好处地进行润物细无声式的点拨是课堂教学中师生互动的一项技能,能够有效地促使课堂生成,启发学生深入地思考,使学生进行深度学习与探索。如面对难题,学困生茫然不知所措时,中等生"踮起脚尖,够不着"时,学优生渴求发挥聪明才智时,都应给予自然无痕地"润"式启发,使其醍醐灌顶、情感激荡、涌智慧。在教师尊重、保护、关爱式的"润"境中,激励、发展学生的"悟",才能引发学生对知识连绵不断的深层思辨与感悟。

生命需要爱护,小学生更需要教师的精心呵护以及激励,"润悟教学"着眼于学生的生命成长,来自教师和同学间的欣赏、赞同和鼓励,能够让学生获得成功感以及成长的驱动力,"润泽"孩子那颗稚嫩幼小的求知心,促进学生自主感悟。

三、"润悟"教学之"润泽生命"

学生在"润"境中,因"悟"得"润","悟"是学生收获知识、润泽生命的必由之路,"润"是学生思悟的前提保障,亦是学生"悟"的归宿,在学生思悟、收获知识之时,润泽其心灵,能够使其实现自我的生命成长。

为全面贯彻课堂变革理念,研究学生发展核心素养,我们应摒弃灌输式的传统教学模式,注重素质教育,使学生的学习方式由被动向主动转变,"润悟"教学必将助力学生终身发展,实现自己的生命成长。在教学内容不变的情况下,有限的教学时间在减少,教师和学生都面临着巨大的挑战。"润悟课堂"的出现不仅能够帮助更多的师生解决时间短、任务重的难题,还能使学生形成适应社会发展需要的核心素养。

教师基于对知识整体的把握、对学生"最近发展区"等基本情况的了解,用自然且不露痕迹的"润"式教学方式,以及尊重、保护、关爱的"润"式教学互动、点拨方式,把学生的知识获得放置于学生成长的整体视角下,更加关注学生完整的生命成长。教师创设"润"境,"润"荡漾在学生的心灵中,有着惊人的力量,能够充分激起学生心中渴求知识的浪花,并使其在"润"境中狂舞,激发出学生学习的内驱力,产生不断学习的动力,掀起感悟的巨浪,在学习中自主思辨、感悟知识的内涵,日复一日,感悟将逐渐成为孩子的一种习惯,真实、自信、自我价值、理性思维、勇于探究等精神将在这个过程中悄然生发。

在教学中渗透"润悟"教育,做到教书与育人相融合,既为学生打下坚实的知识与技能的基础,又能够使学生获得基本思想和基本活动经验,进而感悟数学基本思想,促进学生素养不断进阶、提升,助力其终身成长。让基于数学知识整体教学视角和"润"境的"润悟"教学,走进学生的课堂、学生的生活,渗入学生的心灵深处,提升学生的核心素养,润泽其生命成长。

"润悟课堂"是师生的对话、沟通,是合作、共建,是以教促学、教学相长。在润悟教学中教师应当反思自己的认识,不断在实践中调整和更新观念,让学生轻松愉快地感悟、学习,让学生真正享受"润悟",教学在"润"境中,学生自主"悟",真正达到"润"在学生心里生根发芽,润泽其生命成长,滋润教师教育生命,让"润""悟"搭起师生共成长的桥梁!

以数育人,润悟有方[①]

小学数学教育该如何开展,这是数学老师需要重点思考的问题。结合目前的教学实践分析可知,教育不仅仅要强调专业知识的传授,更要强调做人理念以及人生道理的传授,所以教育是具有综合性的工作,而单纯依靠"教"是难以达到效果的,所以在很多时候,教育需要启发,需要让学生自己去思考,去体悟,这样,学生的感触会更加深刻,所学内容也会更加全面。"润悟"教学理念可以有效推动小学数学教学的发展,而且可以为育人实效提升提供帮助,所以基于小学数学教学实践分析讨论"润悟"教学,并研究实践教学策略,这对于整体教学来讲是有显著价值的。在数学教学中,"润悟"教学该如何开展,这是老师们需要重点思考的内容,立足于教学实践对"润悟"教学的方法与策略进行总结,这对于推广优势教学经验来讲有突出的现实意义。

一、是创"润"境,启智润心

"润"的最终目的是"悟",即老师的具体工作开展,最终的目的是要引导学生思考与分析,即要加深学生的体悟。结合教学实践进行分析就会发现,环境感知对促进学生感悟有积极的作用,因此在教学实践中,老师需要基于学生的基本认知情况搭建能够推动学生思考和感悟的"润"境,在"润"境的作用下,学生的思考与感悟效果加强,"润悟"教学实践效果会获得显著性提升。

以三角形边的作用为例进行分析,在教学过程中,笔者设计了以下问题:

1. 三角形的顶点能决定它的位置,那三角形的边又能决定它的什么

---

① 作者为孟庆阳小学数学工作室成员、天津市蓟州区第六小学教师石小青。

呢？是不是像大家猜测的那样呢？

2.同学们,这个三角形是用这样的三根小棒围成的,每一根小棒都可以看成一条线段,对吧？在我们的学具袋子里的三角形也是用这样的三根小棒围成的,它们的形状会一样吗？

3.请大家拿出学具比一下,看看结果和你想的一样吗？如果我们把这个三角形全部拆开,还用这三根小棒去围,能围成一个和它形状不同三角形吗？如果你能用这三根小棒围出了一个形状不同的三角形,请拿到前面来展示一下好吗？

4.像这样一个三角形的三条边长度确定了,它的形状是否也确定了呢？（学生通过已有的知识、猜想和动手操作等方法,循序渐进地得出三角形的边可以决定它的形状和大小的结论）

就此阶段工作的具体开展来看,其主要强调"启发点拨重润心",具体表现为给学生点亮智慧,实现自我超越的机会。结合教学实践做分析会发现,每一个学生都能够独立思考,但是具体思考什么,他们没有方向,该如何思考,他们也没有方法,具体思考的深度要求是什么,学生也没有明确的认知[①]。通过合理的方法让学生对自我的思考与感悟有准确理解,使其明白自己想要什么,要达到什么样的结果,久而久之,学生的意志会更加坚定,其思考深度会明显提升,这对于学生的成长与进步来讲意义显著。"悟"不是一项简单的工作,其需要坚持,更需要契机,通过激励、唤醒等方式让学生保持状态,并为其创造契机,这样,学生"悟"的效果会更加的突出。

二、行中悟"法",辨中悟"理"

所谓的"法"指的是方法,即数学问题的解决中所利用的方法。就方法的获取来看,其与"行"是离不开的,而"行"表示的是做,即行为,也就是说在数学的学习中,学生需要立足学习过程对学习的方法、规律等进行

---

① 张敏.润物无声 育人有方——浅谈读写结合,多样表达的几种有效策略[J].教育革新,2019(10):53.

思考,这样才能够获得感悟与提升①。在辨中悟"理",所谓的"理",具体指的是道理,在数学学科的学习中,其所指的是数学知识的本质,其是学生在数学学习的过程中所形成的。就"辨"而言,其具体指的是辨析,即对知识或者是行为进行判断和分析。在目前的数学教学中,不少教师都要求学生积累学习经验、思考学习过程,其最终的目的就是要让学生通过行为感悟"方法"。

以"三角形具有稳定的原因"为例,笔者设计了以下问题:

1.如果我们用长度确定的四根小棒去围成四边形,这是唯一的形状吗?

2.如果我们像这样拉动三角形的框架呢? 我们都知道平行四边形容易变形,那三角形呢?

3.(拉动演示)为什么三角形会具有稳定性呢?

4.有同学试图从三角形角的大小不可以改变去解释三角形为什么具有稳定性,你怎么看? 他们试图从三角形边的角度去解释三角形为什么具有稳定性,还有不同的意见吗? 刚才有的同学发现三角形框架拉动时,角大小不可以改变,我们看这个角的大小能改变吗? 也就是说,当三角形的三条边的长度确定的时候,它的形状是确定的、唯一的,不会再改变了!

这些问题环环相扣、逐步深入,让学生通过提问的引导,用做、思、悟的方式方法,自己得出长度确定、形状唯一、具有稳定性的结论并以此为依据让学生进一步思考三角形具有稳定性的根本原因是什么,引出三角形具有稳定性和它自身的结构特点有着密切的联系。通过老师的提问和学生的总结,最终引出了三角形具有稳定性和它自身的结构特点有着密切的联系。

结合小学数学教学实践进行分析,在基础知识的思考和判断中获取"感悟",学生的知识理解和认知会向更深层次的方向发展②。正所谓"理越辩越明",在数学学习的过程中,学生在不断地"辨"中获得学习感悟,

---

① 陈国泰."和润教育"理念下班级育人的思考与探索[J].2021,6(04):59-60.
② 严必友.挖掘数学文化 践行学科育人[J].数学通报,2019,58(11):19-22+27.

最终将感悟碎片进行系统化整理和加工,这可以形成完整的知识体系,这对于学生本身的经验提升、学习实效提高等有突出的现实价值。

三、明"润"标,以数育人

通过明"润"标,启迪智慧,点化生命,以求达到立德树人,以数育人之目标。主要强调三点:第一,以知识学习为媒介,联系教材和学习内容或是课堂上的生成资源,不失时机地对学生进行适宜的思想教育,培养学生确立正确的价值观。第二,以学习活动为依托,培养学生的核心素养,重视学法的指导和问题意识培养,关注思维方式和思维方法的培养,关注学习兴趣、方法及品质的培养,让学生好学、会学、乐学①。第三,以教师言行为示范,重视教法和学习活动的创新,做学生创新思维的引路人,言教不如身教,教师的创新会潜移默化地给学生积极的影响和启发。

经过前阶段教学,课堂进入下一个问题环节。笔者将此问题环节设计为"拓展延伸"。教师引导学生思考:"大家知道人们在生活中为什么这么喜欢用三角形了吧? 既然三角形这么稳,那我们就把生活中的平行四边形都改成三角形,怎么样?"

对此次教学进行分析可知,在课堂中,老师所引入生活中常见的实例激发了学生的兴趣。在好奇心和好胜心的驱动下,学生自发调动已有经验与认知,由感官入手,学生经历了从直觉到实证的过程,从三角形边的作用到三角形具有稳定性和它自身的结构特点有着密切的联系,简单来讲,这种引导、总结的教学方式帮助学生培养了主动思考的习惯,在学生学习能力培养与提升中具有重要作用。

就此工作的具体分析来看,其主要包括了三个层次,分别是以疑导悟、以润促悟和因悟而润。就具体工作的实施来看,其主要的措施为:首先,构建真实学堂,由润孕悟。在此措施的实施中要形成"求真的育人场",这样才能推动达成润与悟,即实现知识的传承、能力的培养、核心素

---

① 王建莉.数学育人,核心素养视角下的初中数学教学的基本理念[J].数学教学通讯,2019(05):37-38.

养的提升，才能培养学生求真的数学精神和人文的情怀，才能培育出真人。① 在具体工作的实施中，需要寻找学生"悟"的起点，要尊重学生悟的真实路径，同时要呈现悟的真实过程，这样，相应工作的实际效果才会更加显著。其次，围绕知识本质，以润助悟。要实现核心素养的培养，数学教学就要依据学生，把握两个本质。所谓两个本质，一个是数学知识的本质，一个是数学教学的本质。最后，搭建辩论辨析的场，以辨促悟。在师生、生生的互动中展开思维碰撞，实现在辨析中领悟，在领悟中成长。

综上所述，小学数学教学实践中的"润悟"教学理念运用对改变目前的教育教学实践、推动教学持续发展有重要的现实价值，所以积极地分析"润悟"教学理念的实际运用非常必要。

---

① 耿思嘉. 成风化人 润物无声 以"课程思政"提升育人实效[J]. 北京教育（高教），2020(09)：81-82.

润无声,悟有道[①]

《义务教育数学课程标准(2011 年版)》中的课程目标已从传统的"双基"发展到要求落实"四基""四能",与此同时,回顾传统课堂的教学过程,我们常常感觉知识的传授显得过于平面化。在实际执教过程中,笔者确实也感到过迷茫。后来,在随孟庆阳老师研究和践行小学数学"润悟"教学的过程中,笔者慢慢厘清了方向,领悟到"以悟为径,润泽生命"的教学理念,为师生之间搭建沟通的桥梁,将教师如何教、学生如何学落到了实处。

一、何为"润悟"教学

润,从教师的角度讲,要求教师通过潜移默化地润泽,润物细无声式地引领,自然无痕地点化,达成对学生的"育"。从学生的角度讲,要求学生在学习之中要达到通达。"悟"从心,从吾,强调的是从自己的本心领悟、开悟、觉悟。在一堂课中,数学课本是载体,数学知识是媒介,两端连接着教师与学生。教师的肩上不仅仅有教授学生知识、经验的任务,更担负着育人的重任。悟是学之佳径,润是悟之根本,也是育人的目标,课堂教学是师生的双向互动之地,教师会引、润,学生善思、悟,浑然一体。教师在教学时应以润为本,浸润思想于无声之中,满足学生的学习需求;学生在求知时应以悟为径,于实践之中,体悟、感悟、领悟、顿悟,自主完成知识建构,提升自身数学素养。"润"就是不急于求成,是围绕核心,循序渐进;"悟"就是学生通过自主学习,慢慢地、一步一步地由浅入深,从模糊走向清晰,从未知走向顿悟。润是教师的策略,教学是目标,悟是学生学的途径,润、悟一体,才能达到真正的深度学习。"润悟"教学要做的就是

---

① 本文作者为孟庆阳小学数学工作成员、天津市蓟州区山倾城小学教师周津杰。

让知识活起来,变得立体,延展知识的思考空间,让学生得以"润"其中,"悟"其义。

二、实施"润悟"教学的策略及意义

（一）润之无声,自然渗透

小学数学"润悟"教学聚焦新课改之后的课堂教学学生的自主参与性差和深度参与度不高的现状,力求通过教师的"润"发挥学生的主观能动性,强化学生的主体地位,立足于知识本质,引导学生经历设疑、求知、思考、反思的学习历程,达到真正意义上的深度学习,实现启迪智慧,润泽生命的育人目标。

1. 创"润"境,以疑促学

所谓"境",即环境、氛围,而创"润"境,即创设学生建构认知,发现、探索数学问题的场所。在日常的教育活动中,教师应重视教学活动的环境创设,寻找课本知识与生活实际的联系,从学生应该得到怎么样的思考、实现什么样的发展的角度出发,将抽象的数学问题、枯燥的文字信息具体化、生动化处理,引导数学知识软着陆,进行有效分解,自然渗透,激发学生的数学学习兴趣,提高数学自主学习能力,开展课堂高效教学,提升学生的数学能力。

学生对于知识思考的深度往往取决于教师能否创"润"境、引导学生以润孕悟,在教学过程中是否能够进行合理点化。比如在孟老师执教的"三角形的面积"一课中,孟老师就提出过这样的问题:"在图中任选一个三角形,想办法弄清楚它的面积有多大,并把想法在选定的三角形上画一画、算一算,争取让其他同学能看懂自己的想法。"此问题情境的创设就在于让学生把握学习的主动权,唤醒学生的已有认知经验,实现旧知识到新知识的正向迁移,使学生在反复操作、实践的过程中进行深入思考,从而可以摆脱方格,进一步思考图形本身的底和高之间的关系,激发学生的自主研究欲望,学生不仅明白了如何从"数"到"不数",理解转化的意义,在思考深度上也由知识表层指向了对数学知识本质的深入理解,促使学生更加理性的思考。

从可以直接利用面积单位度量求得面积的长方形、正方形,到平行四边形、三角形和梯形这样不能直接利用面积单位进行度量的平面图形,在这个学习过程中,"润"境的创设应从学生学的角度出发,围绕问题核心,分层教学,培养学生的合情推理能力,让学生不仅知其然,更知其所以然,能够灵活运用所学的知识。这正好符合"润悟"教学所倡导的"以其自主理解,迁移应用,获得数学能力和品质的提升"这一教育理念。

据此,教师在课堂中所创设的教学情境,一定是贴合学生实际,让学生有问可提,有言可发,有内容可思考,教师利用问题引导学生的深入思考,逐步挖掘知识的本质,使学生基于已有的知识经验,最大限度地进行迁移运用,动手、动脑来解决问题,明确在解决未知问题时可以通过一定的方法将其转化为已知问题来解决的方法,可以有效提高学生的逻辑思维能力和学习效果。

2.施"润"法,入情入心

"润悟"教学中所提到的"互动交流重润情"正是如此。同一个问题学生的理解不同,思考角度不同,无论是哪一种答案,教师都应该给予正向的评价,建立师生之间、生生之间的信任桥梁,鼓励学生勤于思考、善于超越。

如在教学"梯形的面积"时,有的同学想到的是通过切割出一个长方形和一个三角形的方法推出了梯形的面积,此时教师可以询问有没有其他同学也使用了这种方法,对这种切割的方法进行肯定,鼓励学生可以继续研究该方法的运用;同时也可以问一问还有没有别的方法,意在提示学生回忆起学过的方法不仅仅有切割,还有剪拼、转化等方法,进而使学生意识到除了切割,还有其他方法可循,拓宽思路。

"润悟"教学意在让学生掌握课堂基本目标之后,知识深度能有所加深,为学生日后研究图形面积夯实基础,积累经验,强化学生的自主转化意识,使学生的思维得到二次升华。如在孟老师"三角形的面积"一课的课尾部分,孟老师借助直观的多媒体课件,借助摆面积单位这一学生研究长方形面积的经验，将同是底为 3 个单位长度、高为 4 个单位长度的长方形、平行四边和三角形，以摆面积单位的形式为切入点，探索三种平面图形面积计算方法的背后联系。这样一个提升式的点拨往往能激起学生内心求知的涟漪，让他们明白什么样的学习是深度学习，如何展开深入思考，满足了学生的不同发展。

教师在授课过程中可以有意识地启发学生运用合适的数学方法解决问题，唤醒学生的数学意识，学生在进行问题研究时，教师可以适时进行点拨、引领，慢慢地将数学方法渗透到学生的思维当中，循序渐进，有机分解，自然渗透，促进学生的深度思考。

（二）悟之有道，以思促悟

"润悟"教学旨在让学生经历了实践、探究、思考、讨论、交流等过程之后，可以真实地感受到知识的生成过程，触发学生的深度思考，强化对知识的深入理解，积累学习活动经验，实现旧知识与新知识之间的合理迁移，从学生研究问题时最初的懵懵懂懂，到后来的有理有据，进而点亮学生的思维，深入感悟数学思想。

数学素养的形成不能单纯依靠教师在课堂上所呈现的教学方法及教学活动，更重要的是能够让学生参与其中，不是教师带着学生去学，而是由学生自发、主动地去学，去促使教学活动完整地进行。数学知识的运用也不能过分依赖于教师的传授，其关键在于学生的自主思考、感悟。在学习过程中，只有当学生基于课本知识能够生成自己的思想，对学习内容产生自己的感悟时，学习才算是真正开始了。学生通过"悟"所得到的理论认知，对知识本质的理解更为深刻，实践运用起来会更为娴熟，而且在这个学习过程中，学生也会产生一种成就感，这种成就感会转化为学生日后深度求学的源动力。

在学习"百以内加减法"时，学生可以通过画图、摆小棒、数拨计数器等方法来逐步感悟同一类图形之间才可以叠加、递减，整捆的小棒要和整捆的小棒相加减，即"相同数位上的数字要纵向对齐、计数单位相同才能相加减"的算法算理。教师也可以追问"为什么整捆的小棒不能和单根的小棒相加减"等问题,来启发学生对加减法的学习进行思考,也可以鼓励学生与学生之间互相质疑,通过生生合作,突破教学重难点,掌握学习的技能,"悟"得知识的本质,建构完整的知识体系。

在教学实施与设计中,不仅要能抓住教学的本质、关键,还要能在适宜的时机抓住"润""悟"的结合点,注重对核心问题的提炼,培养学生在问题中探寻知识,从迷茫到清晰,从错误到正确,在方法中感悟数学思想,进而发挥知识的最大价值。

润之无声,悟之有道。"润悟"教学引导学生感悟数学思想,润泽学生的生命,发展学生的数学思维能力,提高学生的数学素养,将外在知识内化,达成逐层润泽、逐步悟道的效果,致力于学生的终身发展。

润为本，悟为径[①]

"润"有润泽、滋润之意。唐代诗人杜甫的诗句"随风潜入夜，润物细无声"对后人的影响是深远的，对教育者的影响是深刻的。时至今日，"润物细无声"仍被广泛运用，形容在教育过程中受教育者在潜移默化中受到熏陶和润泽。这无声、无痕的教育方式是一种教育境界。[②]

教师在教学活动中时时刻刻都在向学生渗透知识、传递思想。一味地灌输不能真正推动学生自主学习、自主构建、全面提升学生的核心素养。"无声胜有声"，潜移默化地润泽，润物无声地引领，自然无痕地点化更加能够彰显教师的魅力，唤醒学生的灵魂。教师应遵循学生身心发展规律以及教育规律，让学生理解教育内容，在获得亲身经验的实践中领悟教学道理，在以自身为主体的教育中得到认知的飞跃和精神的升华。最好的教育是学生看不到教育的发生，却真真切切影响着他们的心灵，最大程度上帮助他们挖掘其内在潜能。[③]

"悟"的本义是理解、领会、觉醒，"悟"这个字有"吾"有"心"，只有自身用心去思考才可以做到。"悟"是学生主体性的体现，是凭借自身已有的生活和知识经验感知事物、领悟实质。因为数学具有较强的逻辑性，学生在学习过程中不能脱离深刻的亲身体验和必要的领悟。学生若想牢固地掌握知识，深刻地理解本质，就需要用内心的创造与体验来学习数学。[④] 所以怎样促进"悟"的转化与形成，使学生在学习活动中体悟方法、

————————

①　本文作者为孟庆阳小学数学工作室成员、天津市蓟州区别山小学教师郑杰。

②　陈强. 随风潜入夜 润物细无声——浅谈自主学习背景下小学数学课堂教学策略[J]. 数学学习与研究，2018(17)：74.

③　邵亚南. 无痕教学，提高小学数学课堂实效[J]. 新课程(小学)，2014(07)：205.

④　李星云. 论小学数学教学中学习"悟场"的建立[N]. 内蒙古师范大学学报(教育科学版)，2015，28(04)：143-145.

积累经验、领悟思想从而形成数学智慧是教师应该思考的。

"润悟"教学体现了"润"与"悟"之间的息息相关性,巧妙地将"润"与"悟"融合在一起。它主要是指教师在教育教学中实施相应的教学策略,通过创润境、施润法,在悄无声息中引导学生及时"悟"、准确"悟",从而达到启迪智慧乃至点化生命的效果。其中"润"是教师教的方式,也是"悟"的起点,而"悟"则是学生学的途径,也是润的最终归宿。在新课标的要求下,对学生的"四基""四能""六素养"的培养会在"润物教学"的实施下事半功倍。

在教学中,教师应充分读懂教材、读懂学生,围绕知识本质并以其为载体,设计具有探究性和价值性的问题,给学生创设自主探究交流的平台,能让其主动观察、比较、猜测、验证,反思梳理,使学生成为真正意义的学习者,从而使学生悟的过程贯穿整个课堂学习始终,在润的活动中不断提升对智慧、生命的感悟。

一、"润"中"悟"法

教学的最终目的是让学生学会学习,掌握方法,领悟本质。课堂的一切教学活动都应该以学生会学习为出发点,关注学生自身发展。教师应真正提高教学效率和育人效果,使学生有效学习的同时全面提升自身素养。所以教师应在课堂中寻找学生悟的真实起点,尊重学生悟的真实路径,呈现悟的真实过程。

以四年级下册"小数的意义"为例,教师可以引导学生经历不同层次的"悟"。第一步是基于已有知识经验的"感悟"。课程开始,教师拿出米尺,提问:"把 1 米平均分成 100 份,每份长多少? 谁能结合米尺图,用自己的话表达一下 0.01 米所表示的意思? 你能准确在米尺上找到 0.15 米和 0.63 米吗?"学生们经过思考,及时唤醒长度单位进率这部分旧知识,初步感悟小数存在的意义。接着教师提问:"如果把一个正方形看作 1 元,该怎样表示 0.35 元呢?"这时学生基于新经验的再次"感悟"深入理解小数的意义。教师顺势提问:"你能在图上表示出任意一个两位小数吗？观察这些两位小数，你还能得到三位甚至四位小数吗？"一系列问题的设置让学生体验数学思维方法的过程，体悟知识之间关联的层层递进性。整个活动中体现了数形结合的思想以及数学模型方法，并用类比思想推广到多位小数的认识，学生不断感悟数学思想方法。

课堂教学重在找准时机，合理渗透，引导学生在自主探究知识的过程中领悟数学思想。教学时要体现出孕育、形成、发展的递进性。比如"鸡兔同笼"这一课，虽然是以鸡兔为例，但是课后题目形式多样：龟鹤、租船、投篮等。课程伊始，笔者通过讲故事描述"画蛋法""抬腿法"等，引出"假设法"。当学生熟练掌握之后提问："如果是'鸭兔同笼'或'鸡猪同笼'该怎么办？"此刻学生会感悟到掌握方法的同时更要了解本质。学生们通过分析对比这些题目，发现鸡兔同笼的本质是有两种东西，它们有着共同的特点，只是特征数不同。比如鸡和兔都有腿，腿数却不同。表扬同学们能通过问题看到本质之后笔者会再次提问："你还能提出类似的'鸡兔同笼'问题吗？"学生们展开了丰富的想象力……在掌握方法的基础上探究本质、深入理解问题，"悟"贯穿了课堂始终。在"悟"中，我们可以感受到学生思维发展和解决问题能力的提升。

数学课堂在这种"润悟"教学理念的指导下，学生的学习过程是充满智慧和快乐，学习结果是充满意义和效果的。这样理想的课堂教学虽无痕迹，却有声色、有滋味、有歌乐、有情理。

二、"润"中"悟"理

新课标重点强调在数学教学中，需要特别注重发展学生的运算能力。要想让学生理解运算的算理，必须培养其运算能力。机械地让学生掌握算法是不可取的，教师需要让学生在理解算理的同时感悟算法，只有这样，才可以使学生们在学习的过程中长知识、长智慧。教师在教学中不能只关注结果和方法，而应该更加关注得到结果、得到方法的思维过程，而这正是学生悟算理的过程。算理、算法对小学生而言十分抽象，他们仍然以直观形象思维为主。所以教学的难点所在正是怎样结合学生的思维特点、处理好运算教学中算理与算法的关系。教师可以借助直观模型和当前学生已有的认知基础和生活经验合理创设"润"境、搭建平台,让学生通过自主探索经历悟的过程。① 理解算理是根本,不能重算法、轻算理,只有这样,学生才不会形成机械记忆竖式格式、学过之后又忘记的现象。

例如五年级上册"小数除法"这一章节,对于学生们来说,将小数与除法结合在一起难度系数会很大。怎样更好地让学生理解算理而不只是生搬硬套商、乘、减、比、落? 怎样唤起学生原有的知识经验去解决新的问题? 这都是教师应该思考的。课本一开始是以 4 周跑 22.4 千米求出每周跑多少千米为例进行学习。由于学生们生活中对于元角分的认知更为深刻,所以教师可以在课程开始创设如下情境:4 名同学利用假期去卖菜,一天共收入 57 元,平均每人分得多少钱? 通过列式计算,学生们会轻松求出每人 14 元,还余 1 元。接下来的学习需要学生们利用原有旧知识去解决新的问题,看看 1 元怎样继续分给 4 个人。通过思考,有的同学会将 1 元变成 10 角,平均每人分 2 角之后还剩下 2 角,继续将 2 角变成 20分,每人再分到 5 分。还有同学直接将 1 元转化成 100 分,这样每人分得25 分。对比学习几种方法之后,怎样将思路融合到刚才未完成的竖式中? 这需要学生们再次进行思考。在一步步简化步骤并且融入小数点的过程中,学生们逐渐领悟了算理和算法。在此过程中,学生利用教师创设的"润"境,实现了顿悟,从而掌握了新知识。

例如在教授两位数乘两位数这一部分例题 14×12 时,可以提示学生把 1 本书看成一个点从而形成一个点子图,在图上分一分、算一算。针对这一环节,学生根据已有知识经验的不同会呈现出不同的划分方法。点子图在其中便起到了呈现不同学生思维轨迹的作用。接着让学生说说自己为什么这样划,让学生根据自己的划法说明计算过程。交流讨论之后,不难发现有的学生属于无意识划分,比如 14×2×6。当然这里会有划分成(14×10+14×2)的同学,这便直接反映出竖式的计算过程。教师通过搭

---

① 马云鹏主编;吴正宪副主编.数学课程标准　2011 年版　专题解读　小学数学教师研修指南[M].长春:东北师范大学出版社,2013.

建分享辨析的平台，学生成功将点子图与竖式建立联系，从而深入领悟算理，在这场师生与生生的活动中展开了思维的碰撞，实现在辨析中领悟，在领悟里成长。

润悟教学的课堂让学生在学习中经历自主探究的过程，从而创造了促进学生主动构建真切领悟的美好境界。

三、"润"中"悟"情

教学的艺术不在于传授本领，而在于激励、唤醒和鼓舞。而"悟"的真正意义不仅仅是让学生在所学知识的方法上领悟，更重要的是在情感、态度、价值观等方面的重新塑造。让学生将所学知识注入灵魂、融入血液，切身感悟生命的意义，顿悟生命的价值。随着时代的发展和进步，我们越来越能够意识到，教易育难，教书与育人是有区别的，而教育的首要任务就是育人。新课标中也将德育放在了十分重要的位置上。所以教师应在课堂中悄无声息地渗透情感教育，让学生感悟到师生情、家国情的存在。

在课堂教学中，教师不要为了课程进度忽视那些后进生，也不应在学生回答问题出错时立刻终止，耐心地倾听、适时地鼓励都会让学生感受到温暖并能激发出更多的潜能。学生在遇到困难时教师应积极引导，学生有进步时教师应及时表扬，让学生在课堂中感受到希望与信心。教师将爱渗透到课堂教学中的每个环节，让学生感受到关爱与温暖的同时增强学习积极性。同时教师也要培养班里学生认真倾听和分享的好习惯，当同学出现错误时，大家不应立刻举手打断或给予否定，可以在之后为学生搭建分享不同观点的平台，让同学之间互帮互助、共同进步。温暖的话语、肯定的眼神都会让学生在课堂中感悟到真情的存在，充满真情的课堂更能滋润孩子们的内心。

数学教材中从不缺少有关家国情怀的题材，教师在启迪学生智慧的同时更应充分挖掘，把它们无形渗入课堂中，让学生感悟到家国情怀。提及《九章算术》可以增强学生的民族自豪感，谈到祖冲之可以激发学生们的自信心,提到华罗庚可以加深学生浓浓的爱国情,甚至在学习"时、分、秒"时都能通过申奥成功时人民的喜悦渗透身为中华儿女的骄傲与自豪……

对学生进行情感教育是实施素质教育的重中之重,教师需要不断挖掘教材中存在的情感因素渗透点,潜移默化地将传授知识与情感教育结合起来。一旦教师把教育意图和学习目的深深隐藏于教的背后,学生的精神情感将在不自主中得以升华。

成功的教学会让学生在不知不觉中体悟,在不露痕迹中领悟,在潜移默化中感悟,在春风化雨中顿悟。"润悟"教学赋予了传道授业解惑的教师职责新的意义,为在课堂教学落实立德树人提供了全新的范本。

第四编 "润悟"教学的实践与推广

"笔算除法"中的"润"与"悟"①

　　小学数学"润悟"教学倡导"以悟为径,润泽生命"的教学主张。把教学内容当作教育的媒介和资源,旨在让学生在思、悟、辩、辨、润的过程中去自主构建知识,提升能力,积累活动经验,进而使学生的数学思维、情感、态度、价值观念受到感染和润泽。基于以上认识,笔者首先从知识本质和学习路径两方面展开思考。

　　"除数是两位数的除法"隶属于"数与代数"领域,是整数除法的最后一个阶段,也是发展运算能力这一学科核心素养的深入阶段。在这之前,学生已经学习了"表内乘(除)法""多位数乘一位数""两位数乘两位数""三位数乘两位数"和"除数是一位数的除法",理论上来说,学生研究"除数是两位数的除法"具有丰富的知识经验基础。此外,本章的学习也将为学生后续研究"小数除法"乃至"分数除法"奠定基础,可谓起到了承上启下的作用。除法运算的本质是计数单位及其个数的运作,即通过计数单位的转换实现计数单位个数的平均分。学生在学习这部分内容时却呈现出"只见算法,不见算理"的认知特点。这样的认知特点不利于学生迁移能力的培养,使数学学习缺乏系统性和连贯性。

　　基于以上思考,秉承小学数学"润悟"教学的育人理念,首先对"除数是两位数除法"这个单元进行了整体的思考,并对第二课时笔算除法展开设计,以七个主体活动为主线,融入"以悟为径,润泽生命"的教学主张,使学生在体悟、感悟、领悟、顿悟的过程中建构对除法运算的整体认识,旨在使课堂教学真正实现启迪智慧、点化生命的目的。

　　活动一:92本连环画,每班30本,可以分给几个班?

　　师:详读题目,你打算怎么做?请说说你的思考。

---

① 本文作者为天津市蓟州区下营中学教师白凤林。

学情预设:

①可以列算式 92÷30,求得可以分给几个班。

②根据"四舍五入"的方法,92 约等于 90,看 90 里面有几个 30,就是可以分给几个班。

③根据"四舍五入"的方法,92 约等于 90,看"9 个十"里面有几个"3 个十",就是可以分给几个班。

④根据"四舍五入"的方法,92 约等于 90,90÷30 可以之接看成 9÷3＝3,所以可以分给 3 个班。

……

【设计意图】

以问题情境,唤醒学生整数除法意义及口算除法等相关知识和经验,为学习除数是两位数的笔算除法做铺垫。

以分连环画的情境展开,在独立思考的过程中,唤醒学生对"等分除"和"包含除"的认知经验,进行列示。能够利用"四舍五入"法,分别以"十"为单位或以"一"为单位进行计算。在交流的过程中,学生自主将口算除法的计算经验迁移到笔算除法的学习中,继续感悟计数单位的不同,运算的难易程度也会不同,加深对"单位思想"的认识,体悟计数单位的价值。此外,教学设计基于学生的学习路径,依照教师的预期,自然生成认识偏差,为后续活动埋下伏笔。数学思想的引领不仅丰富、滋养了学生的数学情怀,也激发了学生学习数学的兴趣,活跃了课堂氛围。

活动二:请你用竖式记录分的过程,并说说你有哪些思考和发现。

学情预设:

图 1

学生独立列竖式,体悟除法竖式能记录分的过程。基于转换单位使得计算变得容易的经验,学生根据自己的喜好进行竖式计算,生成了不同的除法竖式,为进一步在交流的过程中体悟除法算理做铺垫。此过程充分显示了以学生为主体、教师为主导的教学原则,鼓励学生在思的过程中,达成对"理"的初步体悟,培养初步的推理意识和模型思想。

活动三:仔细观察同伴的作品,说说你同意哪种观点,并尝试用自己喜欢的方式解释竖式。

生1:我同意1号同学的作品,92四舍五入是90,先从最高位除起,3个30是90,所以商是3,3×30是90,余数是2。

生2:我同意2号同学的作品,92四舍五入是90,90里面有3个30,所以商3,与被除数的个位对齐,3×30是90,余数是2。

生3:我同意3号同学的作品,92四舍五入是90,9个十里面有3个"3个十",所以3应该与被除数的十位对齐,3×30是90,余数是2。

生4:我同意4号同学的作品,92四舍五入是90,9个十里面有3个"3个十",3是一位数,应该与被除数的个位对齐,3×30是90,余数是2。

……

教师根据学生竖式表征,施"润"法,以问题引领学生进行有序的交流。通过对竖式的观察,学生分别发表自己的见解。让学生在说理的过程中,引出竖式具有可以记录分的过程,并解释算理的功能。通过这样的交流、辨析,进一步深化了学生对单位思想的认识和理解,为接下来体悟算理、算法的一致性做铺垫。

活动四:比较上面的作品和观点,说说你有哪些新的思考和发现,并与同伴分享。

学情预设:

生1:1号作品和2号作品的观点大致相同,不同之处是商的位置。

生2:3号作品和4号作品的观点大致相同,不同之处也是商的位置。

生3:1号作品的被除数下面是90,3号作品的被除数下面是9。

生4:3号作品的被除数下面是90,4号作品的被除数下面是9。

生5：商的位置到底与被除数的个位对齐，还是与被除数的十位对齐呢？

生6：被除数下面的数到底是写90还是写9呢？

……

在活动三的基础上，组织学生对比不同除法竖式的"形"，使学生不断从"形"的认识走向"理"的挖掘。在对比、交流的过程中，为接下来利用单位思想辨析、解释、确定商的位置奠定基础。

活动五：请你结合上面的疑问继续思考，并在研学单上梳理一下竖式的计算过程，并说说思路及解决方案。

生1：1号和3号作品肯定是错误的，不管是90里面有3个30，还是9个十里面有3个"3个十"，3都是一个一位数，若与被除数的十位对齐，则表示30，显然解释不通，所以应该与被除数的个位对齐。

生2：我认为4号作品也是错误的，因为3个30是90，3个"3个十"是9个十（即90），尽管4号作品的9写在了十位上，但为了与被除数保持书写的一致，还是写90美观。

生3：2号作品是正确的。

……

师：尽管数学也讲究数学之美，但我们研究数学要有理有据。因此，仅用美观来解释这个90似乎有些说不通。（课件展示图2）如1280÷4这道题，这里为什么不写1200而要写12呢？这里为什么不写80而要写8呢？

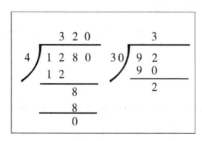

图2

【设计意图】

以单位思想为统领,深化学生对计数单位的认识,使其初步感悟除法运算的本质是计数单位个数的均分,沟通口算除法和笔算除法之间的内在联系,引发、修正学生除法竖式的认知偏差,同时对除数是两位数的笔算除法的算理、算法有新的思考。

学生利用单位交流、辨析被除数的位置,打通算理、算法的一致性。从体悟到感悟,逐层推进,深化对知识本质的理解,提升语言表达能力和推理意识。此外,又在算理的感悟中生成新的知识迷思"被除数下面的数到底是写 9 还是写 90",使教学环节严谨,环环相扣。关注学生的思维路径,深化对数学思想的理解,使学生的数学素养不断得以提升。

活动六:仔细观察两道题目的异同,并与同桌分享你的思考和发现。

学情预设:

①1280÷4,先用 12 除以 4 商 3,表示 12 个百平均分成 4 份,一份是"3 个百";而 8 除以 4,表示 8 个十平均分成 4 份,一份是"2 个十"。

②92÷30 中,用 90 除以 30 商 3,表示将"90 个一"平均分成 30 份,一份是"3 个一"。

③除法竖式完整地记录了分的过程。

……

在活动五的基础上,基于"被除数下面的数到底是写 9 还是 90"这一问题,引导学生继续展开研究,教师引导学生数学学习不能浮于表面,更不能想当然,而应该以"理"服人,并组织学生继续探究除法竖式的算理。通过对比 1280÷4 和 92÷30 两组算式,使学生不断明晰被除数下面数的意义,即分出去的部分。并能够利用"等分除"解释算理,打通整数除法的算理和算法,提升运算能力和解决实际问题的能力。

活动七:通过上面的研究,如果再计算整十数除几十几的数你打算怎么做? 书写竖式时要注意什么?

学情预设:

①按照"四舍五入"的方法,将被除数约成整十数,看被除数里面有

多少个除数,商就是几。

②按照"四舍五入"的方法,将被除数约成整十数,将被除数和除数都看成几个十的形式,再看被除数里面有多少个除数,商就是几。

③整十数除几十几时,商通常是一位数,要与被除数的个位对齐。

④被除数下面的数是商与除数的乘积,要与被除数对齐,且这个数个位的 0 不能省略。

......

【设计意图】

学生在思考、辨析、总结等一连串的活动中,深入感悟整十数除几十几的数的算理及算法,初步领悟除数是两位数除法的运算本质计数单位个数的均分,沟通除数是一位数的除法与除数是两位数除法的内在联系,体悟除法运算本质的一致性,进而发展学生的推理意识和认知思维能力。

通过对感性的经验、零散的方法和策略的有序整理,学生对除法运算的本质、思想方法及策略有了更为清晰地认识,提升了计算能力,达成了"体悟—感悟—领悟—顿悟"的过程。加深了对数学思想方法的理解与认识,实现了经验策略以及迁移应用能力的有效提升。

基于以上设计,认识到教师要提升自己的专业能力,深挖教材,立足本质,夯实基本功才能给予学生更多的成长空间,才能使我们的课堂更加丰富,进而实现随风潜入夜,润物细无声的境界。

"解决问题"中的"润"与"悟"[①]

在当前教育环境中,怎样创新性地将中国传统文化中的"悟"与教师在课堂上落实立德树人的根本要求相结合,真正实现以"数"育人呢?

教学内容作为一种媒介和资源,以"润"促"悟",帮助学生在学习中"体悟其惑、感悟其法、领悟其理、顿悟其径",构建"不会—学会—会学—乐学"的完整链条,让每一个孩子通过思、悟、辩、润,在体悟、感悟、领悟、顿悟的自主构建知识的过程中都会学。笔者结合人教版小学数学五年级上册"解决喝牛奶中的数学问题"一课,谈一谈如何在日常教学中润"学"无痕、思"悟"无声。

一、前测体"悟",暴露思维难点

"解决喝牛奶中的数学问题"安排在"分数的意义"的教学之后,在"分数加法、减法"的单元里,教学目的是通过对分数意义的理解,借助几何直观、数形结合的方法解决问题。学生的原有认知状态是怎样的?解决问题的难点在哪里呢?学情前测为其找准方向。

前测错例展示:

$$\frac{1}{2} + \frac{1}{2} = 1(杯)$$

$$\frac{1}{2} + (1 - \frac{1}{2}) = 1(杯)$$

首先,从直觉思维的维度分析,学生以具体思维为主,抽象能力不强,平时接触到的问题都是关于对一个量的刻画,直观认识到混合物难以进

---

① 本文作者为孟庆阳小学数学工作室成员、天津市滨海新区大港第六小学教师王锐。

行量的刻画,无从入手。

其次,从逻辑起点的维度分析,学生在此前尚未学习分数乘法,解决问题的知识结构不完整,在之前学习分数意义时都是把一个物体看作"单位1",求一个整数的几分之一是多少。而对于 $\frac{1}{2}$ 杯的 $\frac{1}{2}$,是把 $\frac{1}{2}$ 杯看作"单位1",这给理解带来困难。由此可见,引领学生怎样更好地理解" $\frac{1}{2}$ 杯的 $\frac{1}{2}$ 到底是多少杯纯牛奶? 第二次喝得纯牛奶是谁的 $\frac{1}{2}$ 呢?"是关键。

二、思错感"悟"——引发思维障碍点

方法比知识重要。改变课堂,我们先要改变我们的教学策略,在"做中学"上找出路,不在"单口讲"上走来回。学生对解决问题策略的感悟需要有具体的、深刻的解题过程做支撑,需要有亲身经历的"做数学"的体验做基础。

基于前期对于教材和学情前测的分析,笔者让学生自己阅读与理解初步获取信息,并用自己的语言说说"乐乐在家做了一件什么事? 在这件事中有没有数学问题呢?"学生在对数学信息进一步梳理和内化的过程,感悟解决问题的第一步是深入理解题目的意思,之后凭借已有知识经验提出自己的数学问题:"乐乐一共喝了多少杯纯牛奶? 多少杯水?"将生活中的问题初步抽象成数学问题。

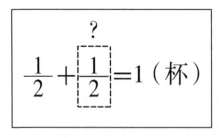

图1

笔者放手让学生尝试自主解答,展示不同层次的作品(见图1),学生凭借已有知识经验,直接找到第一次喝的 $\frac{1}{2}$ 杯纯牛奶,而第二次在喝掉半杯纯牛奶中再加入半杯水,出现了 $\frac{1}{2}$

$+\dfrac{1}{2}=1$（杯）。笔者引导学生谈想法："大家同意他的想法吗?"引发其他

同学的思考："我不同意他的想法,因为第二次喝的不是 $\dfrac{1}{2}$ 杯,是 $\dfrac{1}{4}$ 杯。"

思维聚焦在了" $\dfrac{1}{2}$ 杯的 $\dfrac{1}{2}$ 为什么是 $\dfrac{1}{4}$ 杯"这里。此时杯子里的混合物如

何能看出多少是学生最不能理解的地方,这恰恰是学生思维障碍点。

三、借画领"悟"——给予思维支点

史宁中教授曾说过:"我们必须清楚,世界上有很多东西是不可传递

的,只能靠亲身经历。智慧并不完全依赖知识的多少,而依赖知识的运

用、依赖经验,教师只能让学生在实际操作中磨炼。"

因此,笔者将学生的思维障碍点亮出来,智慧地"退","撬动"学生思

维,巧妙地"推":"第二次到底喝了多少杯纯牛奶? 喝的纯牛奶到底是谁

的 $\dfrac{1}{2}$ 呢?"促使学生在初悟、渐悟、深悟这三个层次递进的教学过程中思

路一点点打开,方法一个个找到,思维一步步提升,在他们自己的"述学

辩论"平台上体会方法、感悟策略、发展思维。

(一)画中初"悟"

在直观图示的引导下,学生凭借对" $\dfrac{1}{2}$ 杯的 $\dfrac{1}{2}$ "的直观感悟,按照自

己思维支架的框架,对模型表征呈现数量关系的多维图式,形成清晰的思

维链条,促使隐性思维显性化。

有的学生想到了将"水和纯牛奶瞬间混合"(见图2),利用画示意图

这一数形结合的方法来说明学生对喝掉的半杯的想象,在想象中将一杯

平均分成了4份,顺利得出了 $\dfrac{1}{2}$ 、 $\dfrac{1}{4}$ 的数据,此时出现的分数,就是学生思

维的产物,学生找到了分数的生活原型,进一步认识了"单位1",第一次

把一杯纯牛奶看作"单位1",第二次把一杯兑满水的牛奶水看作"单位

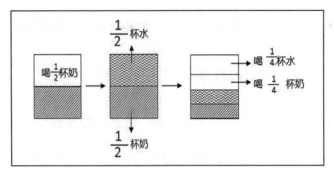

图 2

1",虽然都是 1 杯,但是"单位 1"的变化引起了两次的半杯的不同,学生

感悟到第二次喝的纯牛奶是 $\frac{1}{2}$ 杯的 $\frac{1}{2}$,也就是 $\frac{1}{4}$ 杯纯牛奶。"第二次喝的

纯牛奶是谁的 $\frac{1}{2}$ 呢?"学生的质疑再次暴露思维疑点。"混合"和"分离"

两种思考角度引发学生认知冲突,学生对于"第二次喝的纯牛奶是谁的

$\frac{1}{2}$?"初步的感悟从杂乱走向清晰。

(二)辨中渐"悟"

学生将无形的数学思想贯穿于有形的图形直观之中,展开大胆的现

象:假设水和纯牛奶分离(见图 3),借助线段图的直观性来解释"第二次

喝的纯牛奶是谁的 $\frac{1}{2}$"这个问题的数量关系。第一次是把一杯纯牛奶看

作"单位 1",喝的是一杯纯牛奶的 $\frac{1}{2}$,而第二次是将剩下的 $\frac{1}{2}$ 杯纯牛奶看

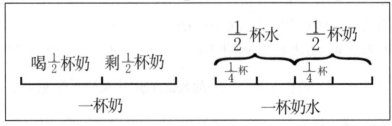

图 3

作"单位1",喝了其$\frac{1}{2}$杯的$\frac{1}{2}$,也就是1杯的$\frac{1}{4}$,所以是$\frac{1}{4}$杯,学生在推演中深化了对"单位1"的认识,领悟到"单位1"从"$\frac{1}{2}$杯"到"一杯"的转变。

(三)思中深"悟"

学生透过现象看本质,此时"图"成为"有形"的语言联结数量之间的关系,促使学生巧妙避开混合物对解决问题的干扰作用(见图4),提炼问题模型背后所蕴含的数学思想"变中抓不变"。学生思维锁定纯牛奶,第一次喝了一杯纯牛奶的$\frac{1}{2}$,第二次喝了剩下$\frac{1}{2}$杯纯牛奶的$\frac{1}{2}$,直观显示出剩下了$\frac{1}{4}$杯纯牛奶,促使学生摆脱用加法求和的思维定式,顿悟用不变量"一杯纯牛奶"减去剩下的$\frac{1}{4}$杯纯牛奶,进而得到两次一共喝了$\frac{3}{4}$杯纯牛奶,其他同学在关注、分析、思考、内化的过程中,顿时"柳暗花明又一村",正所谓不教之教胜于教。

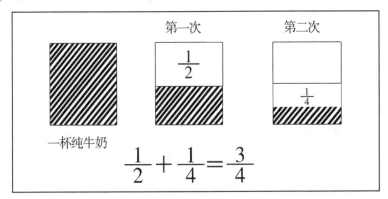

图4

总之,整个过程让学生经历了将"水和纯牛奶瞬间混合"到"水和纯牛奶巧妙分离"而后将"水和纯牛奶分道扬镳",从考虑水和奶到只思考奶,从杂乱走向清晰,从不完善到完善,从一知半解到深入透彻,从感悟解决"$\frac{1}{2}$杯的$\frac{1}{2}$"的计算方法,到领悟解决问题的数学方法,最后顿悟积累解决这类问题的方法,思维经历从"初悟"到"渐悟"再到"深悟"的螺旋式上升的感悟过程,"悟"到"策略味","悟"到其中的数学思想,"悟"出新意,"悟"出路径。

四、联想顿"悟"——收获思维质点

一种解决问题的模型要想逐步走进学生心里,仅靠对一道例题的具体感悟是不够的,学生需要有充分的感性积累和大量的实践体验。只有对较多的实例有充分的感悟,学生才会对某种模型有所感知和体验,才会有运用的意识。"用"非常有利于"悟",既要让学生通过策略解决问题,又要通过解决问题使其进一步领悟解题策略。

由此,为了让学生领悟"为什么变化的只是剩下的纯牛奶的量? 解决这类问题为什么可以用不变量'一杯纯牛奶'减去上一次剩下的纯牛奶?"笔者引导学生经历了三个不同层次的"悟"。

首先是基于原经验的"感悟",先组织学生想象:如果这个故事继续发展下去,会怎样? (见图 5)促使学生提出自己的数学问题:"第二次喝完一半后,继续加满水又喝了一半,他三次一共喝了多少杯纯牛奶?"学

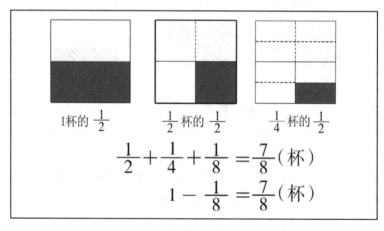

图 5

生主动尝试运用策略,在经历"借助直观得出结果,借助直观发现本质"的过程中,感悟到如果第三次兑水再喝,变化的只是剩下的纯牛奶的量。再次领悟"画图"策略在解决问题中的优势,从而建立水或纯牛奶与量的对应点,利用上一次剩下的纯牛奶的量可以推算出这次喝掉的和剩下的纯牛奶。

其次是基于新经验的"领悟"。请学生继续想象,照这样喝下去,四次一共喝了多少杯纯牛奶?此时,学生虽未学习分数乘法,但是学生基于分数的意义,主动运用习得的策略,再利用第三次剩下的 $\frac{1}{8}$ 杯纯牛奶则可以继续向后推算。

最后是基于现经验的"顿悟"。请学生接着想象,照这样喝下去,第五次、第六次……一共喝了多少杯纯牛奶?此时学生以图为线索发现规律,最终脱离开画图形成模型,凸显的是方法策略的经验积累,由"懂"到"通",由"活"到"精",由"会"到"悟",真正实现把现实问题转化成数学问题,提高综合解决实际问题的能力。

知易行难,"润"胜于言,"悟"化于心。培养学生的数学素养重点不是教会学生知识,而是以润促悟,让学生在尝试解疑时初步"体悟",在融错辩思时充分"感悟",在画图促思时深刻"领悟",在联想拓展时不断"顿悟",逐步完成"体悟—感悟—领悟—顿悟"的发展过程,润"学"无痕,四"悟"无声。

"轴对称"中的"润"与"悟"①

"好雨知时节,当春乃发生,随风潜入夜,润物细无声。"儿时朗朗上口的古诗,当下看来,如将"物"改为"悟",在某种程度上回答了当下时代背景对于教师提出的"为谁培养人、培养什么样的人、怎样培养人"这一问题。

"润",润泽之意,必定需要经过大量时间的积淀,学生才能在潜移默化地感染熏陶中得到生命的润泽。

"悟",素养的外显,史宁中教授曾在《数学的抽象》一文中提出"数学知识的形成依赖于直观",在《数学的基本思想》一文中进一步指出,"直观不是教出来的,而是自己悟出来的,这就需要经验积累"。由此,不难看出"自悟"是学习数学不可缺少的路径。

因此,"以悟为径,润泽生命",灵活运用教材和各类资源,为学生创设有效的数学活动,从而使其在自主经历"思、悟、辩、辨、润"的过程中构建知识,培养素养,这正是"润悟教学"的本质所在。

一、书山有路"悟"为径

学生对事物的认知和感悟,往往会经历"初悟、渐悟、顿悟"这三个过程,结合小学生的年龄特点,如不加以引导,学生往往只能停留在"初悟"的阶段,即对事物仅仅停留在表象的感知,无法自主进行更为深入的思考。因此,在每一节课的授课前,我们都应思考这样一个问题:"学生此刻的感悟停留在哪个阶段? 通过本节课的学习,学生的感悟又该深入到哪个阶段?"具体到课堂教学中,我们该如何去做呢? 下面笔者以"轴对称"一课为例,谈一谈如何在日常教学中开展"润悟教学"。

---

① 本文作者为孟庆阳小学数学工作室成员、天津市河东区实验小学教师梁文婧。

（一）摸清认知起点——寻"突破点"

"轴对称"一课是人教版小学数学四年级下册第七单元的内容,本节课需要达成的教学目标之一是"在观察、操作、想象、探究等活动中,进一步认识轴对称图形及其对称轴,体会轴对称图形的特征和性质,并能在方格纸上补全一个轴对称图形的另一半"。

前期的教材分析和学情调研均指出,学生借助二年级下册初步认识轴对称图形的经验,均能准确判断出一个图形是否为轴对称图形,但无论是否提供方格,绝大多数同学在尝试补全轴对称图形的另一半的过程中,仅仅停留在照葫芦画瓢或依据边的长度画出另一半的图形,只有极少数同学能够感悟到"点"在补全轴对称图形中的作用。因此,可以说绝大多数学生此时对于轴对称图形的感悟,仅停留在"初悟"阶段且无法自主获得更深的感悟。因此,如何引导学生关注到对称点,是本节课设计的难点,亦是关键。

（二）创设有效活动——引"思"促"悟"

"思"是"悟"之源,在课堂教学中如何创设有效的数学活动引发学生的数学思考,并在思考的过程中对知识的本质产生逐渐深入的感悟是关键。

1. 画中悟——暴露认知起点

基于前期对于教材和学情前测的分析,笔者设计了画出轴对称图形的另一半的数学活动,在这一活动中给予学生充分的思考和感悟的时间。学生在试画的过程中势必会唤醒已有的认知经验,并将对轴对称图形的初步感悟充分暴露出来,便于教师摸准本班学生认知起点的同时,激发起学生的学习内需。

为了准确画出轴对称图形的另一半,学生凭借对轴对称图形初步且直观的感悟,尝试了很多的方法。比如,有的学生将图形沿对称轴对折,对着光描着画;有的同学在测量出每条线段的长度后,比照着左边对位置按长度画;亦有极少数同学在多次尝试中关注到了"诀窍",先画关键点,再连线。但纵观全班同学,绝大多数同学只能够顺利完成部分的补充,思维卡顿在了中间有些复杂的部分,用学生的话说,就是"我也感觉自己画得有点不太对,就是不知道怎么调"。

2. 悟中辨——聚焦认知难点

看得出,在充分经历"试画、调整"过程后的学生,流露出想与同伴交流的迫切需求:分享彼此画得好的部分,交流画得不好之处的困惑。于是笔者选取了五六份作品,组织了一场"欣赏同伴作品"的交流活动。从画得较为准确的图形开始,在每一次作品欣赏的同时都伴随着一次空间想象活动。

"欣赏+想象"的活动,一方面有助于深化学生对轴对称图形对折后完全重合这一已有认知的感悟,另一方面在每一次的空间想象的活动中,有助于学生在头脑中初步形成动态重叠的表象,从而使得学生对轴对称的感悟逐渐深入,最终完成从关注边的重合到关注到点的重合的过渡。

因此,在多次"欣赏+想象"的活动后,当非对称的作品出现时,学生均能快速且准确指出"哪儿不行",并在交流、调整、感悟的过程中逐渐关注到"点",并最终悟出"点"起着至关重要的作用。

3. 悟中得——内化认知重点

在学生发现称点连线与对称轴的关系后,笔者又设计了多组想象活动,助力学生自主完成知识内化的过程。

例如,引导学生去寻找点 B 的对称点,并用数学语言进行描述,随后动态演示验证(如图 1),使学生初步感悟在这个轴对称图形中,可以找到无数组对称点。

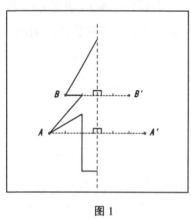

图 1

又如,在学生寻找完点 A 和 B 这两组对称点后,动态呈现方格图的形成过程:"既要保证对称点到对称轴的距离相等(出现相应竖线),又要保证对称点的连线与对称轴互相垂直(出现相应横线)。于是人们就想到了方格纸。"引导学生们感悟创造方格纸的人的智慧,并在寻找点"C、E、F"的对称点的过程中,自主体会借助方格纸寻找对称点的便捷性:既便于判断是否垂直,又便于确定距离是否相等(如图2)。

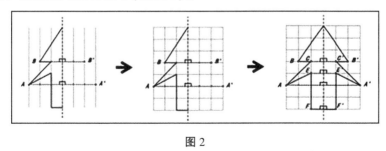

图2

再如,组织学生开展想象点 A 的对称点可能在哪儿的空间想象活动。

首先,图中只呈现点 A(如图3),组织学生想象这个点的对称点在哪儿,并思考会有多少种可能。学生在你一言我一语的汇报中感悟,没有给出对称轴时,点 A 的对称点会有无数种情况。

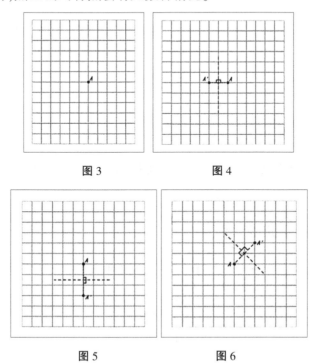

图3   图4

图5   图6

其次，在图中给定点 A 和对称轴的情况下（如图 4—5），再次组织学生开展想象活动，想象点 A 的对称点在哪儿，并思考会有多少种可能。学生在寻找对称点的过程中，再次内化对称点和对称轴之间的关系，并感悟到当给定对称轴时，点 A 的对称点是唯一的。

最后，为学生提供拓展延伸的空间："如果对称轴在这儿（如图 7），依据这条线为对称轴，你能画出对称图形吗？如果对称轴在这儿呢（如图 8）？与它对称的图形对称轴还能在哪儿？你能想象到多少种可能？"此环节，继续为学生提供了再次拓展深化的空间，也为教师提供了掌握本班学生所学所获的课堂评价依据，并准确确立下一节课的学习起点。

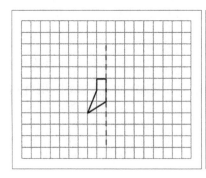 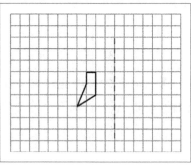

图 7　　　　　　　　　　　　　图 8

总之，每一个数学活动的创设，其目标均是引发学生产生更为深入的思考，从而促进学生获得逐渐深入的感悟，学生在一次次自主尝试、思考感悟、空间想象、交流辨析中，完成了"透过现象看本质"的过程。可以说，感悟贯穿于全课始终，学生的空间观念得到的培养和发展，知识、思维、能力三个维度均有所收获。

二、学海无涯"润"做舟

"润"有慢慢沁润之意，润泽于无形，细润于无声，看似无意，实则充满匠心。自古以来，教师的职责即为"教书育人"，如果说"悟"更侧重于引导学生在自主学习的过程中形成感悟知识，在感悟中逐渐产生较为深入的数学思考，从而得到数学素养的提升，那么"润"无疑是侧重对学生心灵的浸润。

(一)润中国之心,育爱国之情

"轴对称"这一数学知识被智慧的劳动人民广泛运用,如古代的建筑、雕刻、剪纸、吉祥图案等均体现了"轴对称"的特点。关于传统文化中的"轴对称",学生在二年级认识轴对称时,已经充分欣赏过了这些作品,那么如何在本课的教学中巧妙地润之以无形呢?

1.赏中"润",育数学眼光,树民族自信

首先,"润"之以无声。很多时候,对于中国传统文化之美,为学生提供浸润式的欣赏机会,往往比语言更有力量。本节课,笔者巧妙地利用了多媒体课件,对多媒体课件的封面(如图9)进行了设计,看似一副简约的山水画,实则处处隐藏"玄机"。上课伊始,学生们仅仅是感受到了封面的简约之美,明确了本节课学习的课题,随着整节课进行到尾声,笔者再次呈现这幅画(如图10),并以它为背景谈收获时,学生们说着说着,便发现这前后呼应的画中原来隐藏了那么多的"轴对称",山里有,水里有,天上的红日也有,就连我们习以为常的田字格里也有。就是这样一幅无声的画,擦亮了学生们运用数学观察世界的眼睛,引发了学生关于更多日常生活中轴对称的联想,从而能够感受到轴对称之美以及中国劳动人们的智慧!无声胜有声的浸润,树立了学生的民族自信!

图9   图10

2.借"润"促思,育探索精神,立责任担当

已有知识经验是一把双刃剑,有时在学习的过程会产生负迁移,从而打断学生更为深入的探索。例如在本课的学习中,学生在初次尝试补全轴对称图形的另一半时,部分同学会利用轴对称图形对折后能够完全重

合这一已有知识经验,对着光描出另一半。这无疑是解决问题的一种方法,但是却不利于学生对于轴对称图形特征和特性的探寻。因此,每当此时笔者都会追问学生:"如果这个轴对称图形是我国古代建筑上的残缺图案,无法对折,而作为文物修复师的你,该怎么办呢?"这样富有场景化的问题,不仅可以借助代入感促使学生进行再次思考,同时也为学生树立了保护文物的意识,形成"保护文物人人有责"的使命感。

(二)润欣赏之心,育抗挫之能

数学学科最大的魅力在于它的真实性,学生在数学课堂的学习过程如同人类探索世界一般,在每一次的成功之前,会经历多次失败,而这也终将是学生未来走向社会后的真实预言。那么,我们应该如何引导学生直面失败并坚持探索呢? 笔者认为,这一定离不开"润"学生的欣赏之心。欣赏是一种能力,能在一次次失败中"欣赏"正确的部分,才能总结经验不断向前;在交流互动中"欣赏"他人的思考,学生才能学会合作,取长补短。因此,在本节课中,笔者设计了欣赏作品、交流探讨的活动。例如,组织学生"欣赏交流"同学们初次尝试补全的作品,对于不太标准的作品,引导学生去发现并肯定其中画得还不错的地方。这样的设计,一方面,有利于树立学生的自信心,使其获得部分成功体验;另一方面,有利于快速聚焦问题所在,进行下一轮深入思考和讨论。因此,"欣赏交流"活动不仅可以浸润学生的自信心,更为学生指明了遇到挫折时的处事方法,有助于提高学生的抗挫能力。

让我们携手以"悟"为径育素养,以"润"为舟育心灵,润悟无声,静待花开!

"分数的意义"中的"润"与"悟"①

一、课前思考

学生在三年级的学习中已经初步认识了分数,积累了一些关于分数的知识与实践经验。本课是对分数知识的进一步补充,学生需要认识到分数是有大小的一种新的数,是对数系的扩充;理解分数是用来描述部分在整体中的大小的;为后续学习分数的基本性质,分数与除法等知识积累充裕的活动经验,掌握一些后续学习要用到的数学思想方法。

课程标准对本课内容学习的要求是学生体验从具体情境中抽象出分数的过程,并能结合具体情境理解分数的意义。因此,本节课教师需要为学生提供丰富的学习素材,通过创"润"境,施"润"法,以便学生多角度领悟分数的意义。

在三年级"分数的初步认识"中,学生已借助操作、直观的方式认识了分数。在"分数的意义"这课的学习中,数学概念较多且比较抽象,而小学生的抽象逻辑思维又比较弱,在很大程度上还需要借助直观的支撑。因此,在引入"单位1""分数单位"的概念时,需要加大思维的形象性,也就是需要借助图示来说明数学概念的含义,即通过创"润"境调动相关知识经验来帮助学生"悟"出分数本质。

分数意义的知识较为抽象,学习起来具有一定的难度。在实际教学中,教师们会发现学生有这样几点迷思:找不到"单位1";理不清"单位1"与自然数1的关系;"量"与"率"关系混淆,即平均分结果和部分与整体的关系的混淆。针对以上迷思,教师在课堂教学时,可以引导学生通过

---

① 本文作者为孟庆阳小学数学工作室成员、天津市蓟州区杨津庄镇中心小学教师付雪伟。

体验表征、图像表征、言语表征、符号表征等多元表征方式理解分数的意义,建构知识。

二、课堂实践

教师创设情境,以疑促悟。

师:同学们,这里有一段1米长的绳子,老师想用这截绳子测量这根教棍(1.5米)的长度吗,你们觉得可行吗?

学情预设:

学生认为可以测量,棍子的长度包含几个这样的绳子长度,那么棍子的长度就是几米。

学生认为不可以测量。如果棍子的长度不是这根绳子的倍数,就不能知道棍子的准确长度。

师:同学们的想法很全面。事实也是这样,棍子多出来的这部分长度确实不够1米,但是老师又想用米做单位表示出来,这可怎么办?

【设计意图】

通过创设"润"境让学生理解分数的产生是现实需求,关注部分与整体之间的关系;引发学生的学习热情,关注对参照物的思考;引发学生思考,不够1米的长度该如何表示。

(一)以悟为径,以润促悟

1.第一步骤:动手实践——"做"中感悟

(1)猜测验证,初步感知

师:同学们自己动手试一试,探究这根木棍和1米长的绳子有什么样的数量关系?并用自己的方式表达出来。

学情预设:

方式一:基于已有的认知基础,学生会从形的角度思考,如用线段图表示(如图1)。

方式二:学生会从倍数的角度,用文字表述,如绳子是剩余部分的几倍。

图 1

师:看来同学们已经发现了木棍和绳子两者之间的关系:绳子长度是棍子剩余部分的 2 倍。这是以哪个物体为标准?(棍子的剩余部分)如果以绳子为标准,我们就可以说:剩余部分是绳子的……

师:哪位同学说一说这个 $\frac{1}{2}$ 是什么意思?

师:2 和 $\frac{1}{2}$ 表示同一根绳子和棍子,为什么表达方式不一样?

【设计意图】

让学生经历度量物体的过程,体会度量标准不同,表达形式不同,从数、形两个角度理解分数的产生及度量意义。

(2)动手操作,深入体验

师:同学们,请大家动手画一画,说一说 $\frac{1}{2}$ 还可以表示什么?

学情预设:

方式一:学生用两幅图表示两个物体之间的数量关系(如图2)。

图 2

方式二:学生用一幅图表示部分与整体的关系(如图3)。

图 3

【设计意图】

学习活动舍弃了现实背景,抽象出分数 $\frac{1}{2}$,引导学生围绕分数本质,通过图像表征及语言表征将分数的意义印在学生头脑中,使学生全面认识分数。

借形解数是学生理解数学概念的重要途径之一,帮助学生亲历抽象过程,了解数学来自哪里、用于何处。因此,学生在认识分数时,经历了"看'形'思数'"到"见'数'想'形'"的过程,在"形"与"数"的转换中,让学生充分感知分数的来龙去脉,形成对分数的整体认知。

2. 第二步骤:梳理归纳——"思"中领悟

师:请大家说一说,什么叫分数?

学情预设:根据学生获得分数意义的过程,大部分学生会从部分与整体的角度描述分数。

师:这是你们对分数的理解。分数到底是如何定义的? 让我们来看看书中是怎么说的。请大家打开课本第46页,独立阅读教材,看看什么是分数,并将你认为重要的词语圈起来,和同桌交流。

师:除了分数,在书中还有哪些分数的知识?

学情预设:分数单位,"单位1"方面的知识点。

【设计意图】

先让学生历经多种模型的抽象,再让学生根据自己的理解用语言表征出分数的意义,最后放手学生独立阅读,完善本课对知识的补充。

3. 第三步骤:学以致用,用中再悟

师:同学们,今天我们都来当裁判,看谁吃的月饼多(展示课件内容,如图4)。

师:同学们,不要用语言告诉大家你的结论是什么,请你用两幅图,一幅表示小红吃的月饼,一幅表示小明吃的月饼,让大家通过这两幅图就能明白你的想法。

学情预设:

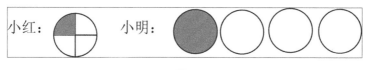

小红:我吃了一个月饼的 $\frac{1}{2}$ 。

小明:我吃了一盒月饼的 $\frac{1}{2}$ 。

大家猜一猜,谁吃的月饼多?

图 4

生:通过画图可以看出小明吃的月饼多(如图5)

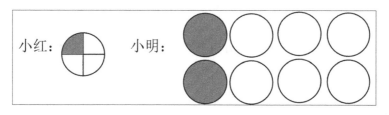

小红: 小明:

图 5

生:如果一盒月饼有 8 块,小明吃了 $\frac{1}{4}$,也就是吃了 2 块,小红才吃了一块月饼的 $\frac{1}{4}$,所以小明吃的月饼多(如图6)。

小红: 小明:

图 6

生:两种月饼的形状不一定相同,所以不好比较谁吃得多(如图7)。

小红: 小明:

图 7

生:小明这盒月饼的个数无法确定,所以答案不是唯一的。如果小明的这盒月饼只有 1 个,且月饼大小和小红的一样大,那么他俩吃得同样多;如果小明的这盒月饼有 4 个,其中 1 个的大小比小红 1 个月饼的一份还小,那么,小红吃得多。

师：同学们很了不起，对于分数已经有了自己的理解，1个月饼可以是一个整体进行平均分，1盒月饼也可以是一个整体进行平均分。

师：同学们，同一盒月饼的 $\frac{1}{4}$，为什么创造出了这么多图形？

学情预设：

虽然都是平均分成4份，取其中的一份，但是由于"单位1"的不确定，图示的画法就是多种多样的。由于月饼的形状、大小不确定，所以同学们创造的作品是多种形式的。

【设计意图】

兴趣是最好的老师，"我们当裁判"这个"润"境的创设就是为了让学生掉入老师设计的"陷阱"，而大部分学生确实认为小明吃得多一些。面对这样的现状，笔者适时启发学生思考，让大家把自己的答案用图表示出来。这样的点拨能够迅速唤醒学生们的知识经验，小红是把一个图形平均分成4份，将其中的1份涂色表示 $\frac{1}{4}$，小明是将4个图形中的1个用涂色来表示，也会有少数学生画出8个图形中的2个，16个图形中的4个，学生借图交流达成一致："小明吃得多。"在这种情况下，老师需要适时追问："一定是他吗？"给学生留足思考讨论的时间，重拾对"单位1"的思考。在此学生经历了一次深入研究的过程。

学生结合图示证明自己的想法，借形解数，直观感受"单位1"的大小决定了同一个分数的不同大小；借形解数，学生能够清晰看到自己的理性战胜了直觉，发现了数学的隐藏秘密，学生的理性思维得到了充实的孕育。

4.第四步骤：回顾反思，因润而悟

学生汇报在知识、技能、情感态度价值观等方面的收获。

【设计意图】

回顾反思，感悟提升，通过这一环节不但让学生有知识技能方面的收获，还可以让学生有了学习方法、情感态度方面的收获。

三、课后反思

(一)数形结合,让学生借力而行

学生在理解分数意义的过程中,需要经历从具体到抽象的过程,这个数学化的过程就需要图示来搭建沟通的桥梁。作为教师,我们要清楚学生的知识起点,从生活经验出发,提供多元的活动素材,让学生借力而行;课堂上,更多地相信学生,多放手,给学生充裕的时间展示自己的思维过程,避免老师过多干预,让学生在交流分享中得到知识的补充,完善认知结构。在本课中,借助"画出你心中的$\frac{1}{4}$"这一环节,让学生思维发生碰撞,教师也可以通过图示看到学生的创造性和独特性,让学生再次感受分数不仅是可以表示部分与整体的关系,还可以表示两个整体之间的关系,也是在重现分东西的过程。

(二)营造"悟"之"润"境,让学生溯流而上

概念教学课很容易变成教师自己的"主场",老师努力地分析定义中每个词语的意思,学生机械地听记,并不理解背诵定义对实际运用的指导意义。教学环境是影响学习的外在因素,也是制约学生发展的基本条件。[①] 因此,在课堂中,作为教师的我们应该有意营造"悟"之"润"境,让学生在自主探究的过程中顿悟知识本质。本课在践行"润悟"教学的过程中,通过创作"画月饼"这一"润"境,看似无心实则有意地引领学生进行对"单位1"的深度思考,打破学生的思维壁垒,让学生在观察对比中理解分数的意义。在本课中,没有老师的生硬解说和学生的死记硬背,保证学生在顺其自然中把握分数概念的要领,让概念教学变成了一种动态的、生长的课堂。

(三)践润悟之道,寻师之本心

"润悟"教学倡导"以悟为径,润泽生命",也就意味着教师要站在"教

---

① 曹培英.跨越断层,走出误区:"数学课程标准"核心词的解读与实践研究[M].上海:上海教育出版社,2017.

学生一天,为孩子一生"的教育高度,关注学生的发展与生命的成长。于本课而言,清楚分数的由来,理解分数的意义对学生一生的发展来看,似乎没有太大的意义,但是领悟知识的过程,解决问题的方法,敢于质疑、勇于创新的精神,清楚地表达想法,这些无形的东西对他们的人生起着至关重要的作用。

　　作为一名青年教师,需要不断强化自身理论水平,努力养成个人独特的学术魅力,形成特色鲜明的教学风格,不断契合新时代学生个体化差异要求,用学生语言创造学生领悟教学内容的"润"境,将学术魅力与人格魅力结合起来,进而达到教书育人的目的。

"长度单位"中的"润"与"悟"①

小学数学人教版二年级上册"长度单位"单元隶属于"图形与几何"领域,是图形测量内容的起始。测量把早期数学的两个关键领域"几何和数"联系在一起,初步深化了学生对数学的整体认识和思考,为学生学习角、面积、体积等内容奠定基础。

张奠宙教授在《小学数学教材中的大道理:核心概念的理解与呈现》一书中明确指出:"测量的实质是给每一条线段以合适的数。"也就是说,在确定长度单位的基础上,学生需要通过计数单位长度的个数来定义线段的长短。但由于测量对象属性的差异(水果的个数、动物的只数等属于非连续量,长度、面积、体积等属于连续量),学生在学习长度单位的过程中对平等分割、重复标准单位、距离累计、原点以及与数的关系等概念存在认知偏差。

一、平等分割

平等分割是把一个物体分成相同大小单位的活动。② 长度测量的本质是计数一条线段所包含相同长度单位的个数。因此,在理解、掌握长度测量方法之前,学生脑海里必须有相同小长度累加的模型,理解物体长度被平等分割成若干小段的必要性。只有具备这样的思维意识,才能更好地理解测量的本质。但通过课堂前测,笔者发现学生对于平等分割的意识明显不足,负迁移了点数的经验,认为尺子上的数仅仅表示一个刻度,而不是多少段长度的累加。

---

① 本文作者为孟庆阳小学数学工作室成员、天津市蓟州区同乐小学教师王春梅。
② 张奠宙,巩子坤,任敏龙等. 小学数学教材中的大道理:核心概念的理解与呈现[M].上海:上海教育出版社.2018.

二、重复标准单位

基于对长度测量本质的理解,在课堂教学中,笔者发现,若让学生自由选择学具去度量,部分学生会选用多种学具同时作为测量工具。面对这样的情况,就需要教师设计便于学生生成"重复标准单位"的思维模型,为接下来理解、计数、测量物体的长度做铺垫。

三、距离累计

"距离累计"指当重复一个单位的时候,点数的数词表征的是所有单位所覆盖的长度。这里学生的认知偏差主要是负迁移了数字点数的经验,不能理解点数的本质是点数相同长度单位的个数,而每一次点数的对象并非个数本身,而是长度这个属性。如面对题目:图1中,线段 A 和线段 B 哪个更长? 60%的学生认为线段 B 更长,因为线段 B 中的一段要比线段 A 中的一段长。25%的学生则认为线段 A 更长,因为线段 A 中有 5段,而线段 B 中仅有 4 段。仅有 15%的同学认为线段 A 和线段 B 同样长,因为线段 A 虽然每一段比较短,但是段数多;而线段 B 虽然每一段比较长,但是段数少;且 A 和 B 首尾端对齐,所以线段 A 和线段 B 等长。

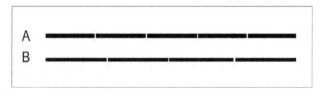

图1

四、原点以及与数的关系

"0"表示没有,因此在认识数的过程中,我们常常从 1 开始数起,这种点数经验给学生学习长度单位带来了一定的负面影响。如学生在测量物体长度时,常常将物体左端对准刻度"1",然后直接读物体右端对准的刻度,认为右端对准刻度几,物体的长度就是几。

基于以上的分析,我们可以将长度单位的教学核心概括为两点:一是对测量单位的界定;二是用这种单位来细分物体,再把这些单位量沿着物体头尾相连地重复摆放。

如果将有效的教学设计比作一个鲜活的人,那此时我们也仅仅是完成了骨骼的搭建。如何以单位思想为统领,将关键能力、思想方法、策略植入学生心中,使课堂教学鲜活起来,切实提升学生的迁移应用能力,也是我们进行教学设计必须思考的问题。小学数学"润悟"教学的出现,为我们达成有效教学提供了方法论的依据。下面笔者结合小学数学"润悟"教学,浅析对"长度单位"这一课教学时的一些思考和实践。

本设计秉承小学数学"润悟"教学所倡导的"创润境,施润法,达润果"和"以悟为根,以悟为径"的教学主张,以六个主体活动展开,关注学生真实的思维迷思,创"润"境;以"以悟为径"为主线,并不失时机地"施润法",使学生的思维不断进阶;遵循"以悟为根"的思想,以"单位"贯穿课堂教学的始终,注重学生数学思想、方法的掌握,致力于"润果"的达成。

活动一:在遥远的古代,人们常用拃(张开大拇指和中指或小指量长度)或度(成人两臂左右平伸时两手之间的距离)来测量长度。

图2是某班四位同学用"拃"量测课桌长的过程图。请你仔细观察,并说说你的思考和发现。

学情预设:

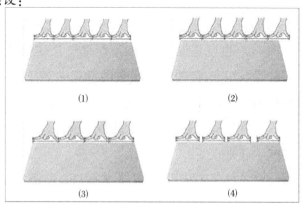

(1)　　　　　(2)

(3)　　　　　(4)

图2

学生可能说出的答案有以下几种：

生1：我认为第4位同学的测量方法不对，因为他的每"拃"之间都有空隙，这样量出的结果肯定不正确。

生2：我发现四位同学测量的结果都不一样，有人测量的结果是4拃，有人是5拃，还有人是5拃半。

生3：我也发现了，我认为四位同学的测量结果之所以不同，是因为他们的手不一样大。

生4：要想测量结果相同，我们用"拃"量任何东西的长都要用同一支手，这太麻烦了。

生5：量课桌的长我们可以用"拃"，量比课桌短（甚至比拃短）的物体长度我们该怎么办呢？

……

【设计意图】

以问题情境，引发学生初步感悟长度的守恒和连续属性，为学生认识长度单位，理解长度测量的本质做铺垫。

以古人量测物体的情境出发，使学生认识"拃""庹"这样原始的测量单位。教师引导学生模仿古人的量测方法，学生独立操作，用"拃"量测课桌的长。学生在感悟古人智慧的同时，能在以"拃"量桌子的操作过程中，初步体悟长度的守恒和连续属性，体悟度量的过程，为学生认识长度单位、理解长度测量的本质做铺垫。此环节是寻长度测量之"根"，实现"以悟为根"的第一步，也就是说，学生还不能理解长度测量的本质是长度单位的累加，只是在用非标准单位量、数的过程中，生成对长度属性的理解，并按照教师的预期自然生成认识的偏差，为后续活动埋下伏笔。此外，数学史的引入，不仅丰富、滋养了学生的数学情怀，也激发了学生学习数学的兴趣，活跃了课堂氛围。

活动二：请你以小组为单位，从学具袋里选择合适的学具，量一量研学单上线段的长（线段包含多少个铅笔、橡皮或回形针的长），并在组内交流自己测量的结果（学具袋里有若干铅笔、橡皮和回形针）。

学情预设：

学生可能得出的结果有：

生1：线段的长度要比一支铅笔的长度短。

生2：线段的长度比4块橡皮的长要长，比5块橡皮的长要短。

生3：线段的长等于10个回形针的长度。

生4：线段的长等于三块橡皮的长加三个回形针的长。

……

学生以小组为单位，从学具袋里选择合适的学具，量一量研学单上线段的长。此环节是寻度量之"根"的第二阶段，学生能够在尝试测量的过程中，选择合适的测量工具为单位进行测量。此外，有了活动一的铺垫，学生会自然而然地注意测量过程中测量工具的首尾相连，并在体悟、感悟的过程中对度量本质有进一步的认识。

接着，学生出现新的认知冲突——是用多个非标准单位测量，还是用统一的非标准单位测量？教学环节不断推进，从多个非标准单位走向用同一个非标准单位测量。此时，学生通过测量，思维水平处于体悟的深入阶段，对度量本质还没有深刻的理解。

活动三：在小组交流的基础上，组织学生在全班分享自己的思考和发现。

学情预设：

学生可能说出的内容有：

生1：铅笔太长，不适合量线段的长度，选择比线段短的物体测量比较合适。

生2：我发现当用较长物体不能量出线段的长度时，我们可以选择一个短一点的物体量。

生3：虽然线段恰好等于3块橡皮加3个回形针的长，但描述起来有点麻烦。所以我们应该尽量选择同一个物体进行测量。

生4：使用的测量工具都是回形针时，描述起来简单直观。

生5：只要找到合适的测量工具，是不是任何东西我们都可以量呢？

......

【设计意图】

以单位思想为统领，在探究中自觉将多种非标准单位转换成统一的非标准单位，自主生成转化意识，初步感悟统一非标准单位的必要性，深入理解度量的本质，为引发学生提出统一标准单位的猜想做铺垫，完善提升学生的推理意识和数学思维能力。

教师根据学生测量结果"施润法"，以问题引领学生进行有序交流，并在交流的过程中引发学生生成统一非标准单位的需要，自主优化测量方法，从用多个非标准单位测量，成功过渡到用统一的非标准单位测量，进一步深化了学生对单位思想的认识和理解。

活动四：请你自由选择合适的测量工具和被测量物体，并量一量被测量物体的长，看看你有哪些思考和发现，最后和全班同学分享你的收获。

学情预设：

学生可能得出的思考结果有：

生1：我用回形针量了尺子的长，发现尺子的长恰好等于7个回形针的长度。

生2：我用橡皮量了数学书封面的长，发现数学书封面的长正好等于4块橡皮的长。

生3：我用铅笔的长量了课桌的长，发现课桌的长恰好是3支铅笔的长度。

生4：在测量的过程中，我发现，使用相同的测量工具，只要知道测量工具的长，就能求被测量物体的长了。如测量工具长是1，那么测量工具测了几次，被测量物体就是几。

生5：每量一个物体的长度都要找一个测量工具，这样太麻烦了，有没有更好的办法呢？

生6：我本打算用尺子的长量课桌的长，但发现尺子上有数字0—20，其中相邻两个数字之间的距离相等，且从0—20共有20个这样的距离。这与我们上面用相同文具量物体长度是一样的。

生7:那只要弄明白 0—1 之间的距离有多长,是不是就可以用尺子量任何物体的长度了?

师:其实,尺子上每相邻两个数字之间的距离是 1 厘米,生活中长 1 厘米的东西还有图钉、一个田字格的边长、指甲盖的宽……

学生自由选择合适的测量工具和被测量物体,并测量被测量物体的长。在活动三的基础上,学生能够自由选择统一的非标准单位进行测量,既为接下来统一标准单位做好了承接,也让学生对度量本质有了进一步认识。此时,学生已经通过重复摆放统一的非标准单位,实现对度量本质的深入感悟,是从感悟到领悟的摸索阶段。

从"多个非标准单位"到"统一的非标准单位",教学设计始终以单位思想为统领,使学生在操作中逐渐深入感悟统一度量单位的必要性,体悟度量的本质。这样潜移默化地以数学思想浸润,也诠释了"润悟"教学中"润"的核心,实现"润"的目的,使数学学习真正达到"随风潜入夜,润生细无声"的境界。

活动五:请你先拿出尺子,仔细观察,并说一说你有哪些发现,并尝试用尺子量一量数学书封面的宽。

学生可能得出的结果有:

生1:尺子上共有 21 个数字,相邻两个数字之间有一个空格,所以尺子上共有 20 个空格。

生2:一个空格的长度表示 1 厘米,所以尺子共长 20 厘米。

生3:若将 0 对准被测量物体的左端,物体右端对应尺子上的数字几,物体就长几厘米。

生4:我将数学书封面宽的左端对准 0,发现数学书封面宽的右端恰好对准刻度 18,从 0—18 共包含 18 个格子,1 个格子是 1 厘米,所以数学书封面长 18 厘米。

生5:我将数学书封面宽的左端对准数字 1,发现数学书封面的右端对准刻度 19,我利用数格子的方法,数出 1—19 之间共有 18 个格子,1 个格子是 1 厘米,所以 18 个格子是 18 厘米。

生6：我还发现，只要用物体右端对准的刻度 19 减去物体左端对准的刻度 1，就是被测量物体的长度了。

学生观察尺子，并尝试用尺子量一量数学书封面的宽。从"多个非标准单位"到"统一的非标准单位"再到"统一的标准单位"，学生能够自然地发现"1 厘米"这个标准单位与之前"统一的非标准单位"之间的联系，使度量本质逐步清晰，并刻到学生的脑海里。

通过以上几个教学环节，学生自主经历、体悟了尺子的使用过程。通过测量数学书封面的宽，使先前活动积累的经验得以发挥，进而自主生成多种测量方法。此阶段学生对测量本质的理解从领悟走向顿悟，已经能够较好理解测量的本质，但还没有建立较为清晰的策略，需要教师进一步引导。

活动六：现在如果要测量任意一个物体的长，你会怎么做？如果其他小朋友质疑你的方法，你准备怎么解释？

生 1：可以将被测量物体的左端对准 0 刻度线，看物体左端对准刻度几，就是几厘米。

生 2：可以用数格子的方法，数一数被测物体的左端到右端包含多少个格子，被测量物体的长度就是几厘米。

生 3：还可以之间用被测量物体右端对准的刻度减去被测量物体左端的刻度，结果就是被测量物体的长度了。

生 4：求一个物体的长度就是求物体长包含多少个 1 厘米。

【设计意图】

学生在猜想、辨析等活动中，抽象长度测量的方法，深入感悟度量的本质，同时对长度测量有一个整体思考，发展学生的推理意识，培养量感，感悟数学方法的多样性。

通过对感性的经验、零散的方法和策略进行有条理地整理，学生对长度测量本质、思想方法及策略有了更为清晰地认识，培养了量感，实现了"体悟—感悟—领悟—顿悟"的过程，达成了对数学思想方法的理解与认识，实现了经验策略以及迁移应用能力的提升。

"用估算解决问题"中的"润"与"悟"①

近十几年,我国的课程改革从关注学生的基本知识、基本技能的落实"双基"阶段走向了落实学生的"核心素养",教育越来越重视人的发展、学科内涵和育人价值的实现。这就导致教师日常教学策略发生了翻天覆地的变化,现在的课堂不再是重结果、轻过程的教学,专家以及一线教师的研究方向也转向了引导学生的深度学习,以保障能力的提升、思维的培育,最终落实立德树人的根本任务。孟庆阳老师的小学数学"润悟"教学在这样的大背景下应运而生。下面笔者结合小学数学"润悟"教学法谈谈对"用估算解决问题"一课的思考。

一、设计准备

(一)把握对象、媒介与资源

小学数学"润悟"教学法提出:把教学内容当作教学的媒介和资源,提升学生的数学素养,浸润心灵,润泽生命。这就要求教师进行教学设计前一定要"吃透教材、吃透学生"。

估算在人们的日常生活中有着十分广泛的应用,《义务教育数学课程标准(2011年版)》强调了估算与数感的关系,并且多次提到了估算在"情境"中的运用,显示了估算与现实生活的紧密联系。可以说,估算教学是小学数学计算教学中的重要部分,新教材在不同学段增加了许多用估算解决实际问题的教学内容,以期增强学生的估算意识,发展估算能力以及分析、判断、解决问题的能力。对于计算教学,作为教师,我们首先要厘清估算、精确计算和近似计算的区别。史宁中教授说过:"精算的本质

---

① 本文作者为孟庆阳小学数学工作室成员、天津市武清区杨村第九小学教师王晓欧。

是数的运算,估算的本质是数量的运算。"[1]由此,估算不是近似计算,更不是精算以后的四舍五入,估算需要以情境为支撑,以运算技能为基础,以推理判断为核心。

教学中,我们发现学生估算的结果与准确值十分相近,究其原因是学生在估算时按照先精确计算出结果,再把结果四舍五入取近似值,这样的做法便失去了估算的意义和价值。估算虽然不是准确地进行计算,但也绝不是一个漫无目的、胡乱猜测的过程,而是一个有要求、有策略、有选择的过程。既然估算值是一个近似的数值,根据题目背景的多样性,估算方法也是多种多样的。

二年级学生利用估算解决问题只是单纯地把数估成整百数进行加减运算,由于问题单一,估算方法的多样性、合理性没有充分体现出来。三年级上学期的"利用估算解决问题"开始引导学生选择不同估算方法(往大估、往小估)去解决相应问题,学生对估算解决问题策略的认识相比以前上了一个台阶,也为后续进一步理解估算意义、掌握更多的估算方法打下了坚实的基础。

(二)悟什么

小学数学"润悟"教学指出:"以悟为径,润泽生命。"学生应在思、悟、辩、辨、润的过程中去自主建构知识。只有明确了让学生去悟什么,才能达成提升数学核心素养,从"知"走向"智"的育人目标。

笔者在充分挖掘教材的基础上,将本课需要学生去悟的内容分为了两个部分:

知识层面:引导学生去感悟生活中有许多问题能够用估算来解决,领悟估算策略与方法选择的合理性,掌握往大(小)估的估算方法,并会运用不同策略与方法解决生活中的实际问题。

能力层面:培养学生自主发现、提出问题的能力,使学生在解决实际

---

① 史宁中.数学思想概论　第一辑　数量与数量关系的抽象[M].长春:东北师范大学出版社,2015.

问题中,进一步体会估算在生活中的实际应用价值,进而培养学生的估算意识和应用能力。

(三)润什么

小学数学"润悟"教学倡导重视育人过程,通过教书实现育人,把教书与育人紧密结合起来,启迪学生智慧,点化生命。虽然一课时的时间非常短暂,内容也有限,对于育人的终极目标作用微乎其微,但是万丈高楼平地起,育人目标就是要靠积少成多,长期坚持滋润才能达成。

我们希望通过每一课时的设计激发学生学习数学的兴趣,想用、能用已有知识与经验去解决新的问题。学生基于已有经验,不断在生活中发现新问题、提出问题,并能够通过观察、猜想、操作、验证、检验等方法解决问题。学生在学习过程中提升和发展个体与他人的合作意识、交流能力、判断能力,最后在想用、能用的基础上实现创新发展。我们希望每一课时都充满思考、充满挑战,能够培养学生不畏艰难、积极思考、持续反省的好习惯,使学生形成理性思维。通过我们教育人不懈努力,真正达成史宁中教授所说的数学教育的终极目标:让学生学会用数学的眼光观察现实世界;用数学的思维思考现实世界;用数学的语言表达现实世界。

二、设计解读

小学数学"润悟"教学为我们广大教师提供了有效的教学解决方案,提出了三大实践策略:以润为本的教,以悟为径的学,以人为本的育。

小学数学"润悟"教学着重强调了学生发展的重要性,而学生的发展是以终为始,横向、纵向全面生长的,因此在实践教学中,教师采用让学生整体去悟的学习路径,创设结构化、系统化的问题情境和课堂活动,引导学生因悟而润,在润境中自主迁移已有经验,在活动中理解知识本质,从而解决新的问题,促使学生思维得以全面发展。这里的思维领悟不仅仅是知识、能力方面,还有在情感、态度、价值观的主动重塑、生命的唤醒和生命价值的领悟。结合本课具体而言:

（一）从生活到数学，寻找学生悟的真实起点

小学数学"润悟"教学强调教师要针对学生完成的学习任务，经过充分调研、分析把握学生学习的"前概念"，确保学生学习的真实性和有效性。因此在新课导入环节，教师应该让学生明白本课"悟的起点"。教师展示出二年级教材下册"买东西够不够"的情境时，提问："同学们，这个问题大家熟悉吗？还记得我们是怎么解决的吗？"直接展示情境图使学生直观感知旧知经验，从而初步唤起学生的思维起点。之后教师继续提问："生活中还有哪些问题能够用估算来解决呢？"教师从单元整体的视角出发创设此问题情境，引导学生自主结合已有经验，让学生感受到知识的连续性以及估算在生活中的应用价值，其实这个过程就是帮助学生寻找到悟的真实起点，从而激活学生已有生活经验，使其自主迁移到数学学习的过程，为深入探究估算策略提供了有力保障。

（二）从数学到数学，呈现学生悟的完整历程

1. 创"润"境——促数学活动真实发生

估算教学的目的在于发展学生的估算意识，在具体情境中选择合适的估算方法。因此可以看出，创"润"境对于本课的教学实践是至关重要的，考虑到本课教材是以学生观看巨幕电影为例，又以旅行团观看电影为巩固，情境分散，不能从整体帮助学生形成一致性思维。因此教师在本课中创设了"庆十一——高中低年级组开展演讲比赛"的活动，并将活动贯穿始终，此"润"境的创设更具有整体性，有利于引发学生深度体悟，所以当视频出现高年级组开展演讲比赛的情境时，立刻与学生的已有经验产生共鸣，教师顺势提出"大家觉得题目最想让我们帮忙解决什么问题？"学生自然就能提出"报告厅坐得下吗？"这个问题。这也为学生能够自主经历迁移、对比、思辨的过程提供引领，同时在这一系列活动中，教师应为学生提供充足的思考时间和空间，让学生自主经历发现问题、提出问题、分析问题、解决问题的全过程，在这样的完整体验中，学生通过"悟"使思维的种子得以生根、发芽。

2. 施"润"法——展数学思维生长路径

在"润"境中,需以施"润"法才能促使学生的数学思维生长,引导学生在探究的过程中,想去悟,能去悟,悟有所得,促使数学思维得以绽放。因此本课在展示作品环节,为了外显学生的思维发展过程,笔者引导学生经历了三个不同层次的"悟",首先是基于已有知识经验的"体悟",展示学生将人数估成整百的方法,再到基于对新经验理解的"体悟",展示将人数估成几百、几十的方法,让学生在生生交流、思辨中由浅入深地意识到估算是要建立在解决问题的基础之上的,脱离情境,为"估"而"估"是毫无意义的,最后是基于对整体理解的深入"感悟",展示精确计算解决问题的方法,让学生在自行对比方法难易程度的同时,感悟到解决此类问题时估算策略的价值。这样多维度的思维体现正是由于教师创设的润境足够真实、开放,学生才能够自主参与深度探究,挖掘用估算解决问题的数学本质。

3. 显"润"果——助数学模型自主建构

随着学生思维的生长发展,在解决中年级组够不够坐的问题后,为了使学生有效的"悟"继续深入,教师提出"刚刚我们都是在解决报告厅是否坐得下这个问题,解决的方法有什么不同的地方?"这样有深度的问题能够使学生思维不断提升并经历将零碎的思考片段梳理成理性分析的过程,从而深度理解估算本质:即在解决具体问题的过程中,选择合适的方法进行估算,体会估算的实际应用价值。

此时学生的"悟"从"感性"逐渐达到"理性",能够选择多样化的方法解决报告厅低年级组够不够坐的问题,在这一过程中让学生充分感悟到估算策略的灵活性和解决问题方法的多样性,更让学生深刻体悟到变中有不变的思想,也就是在用估算解决问题时,选择什么样的方法,要根据具体的问题,进行具体分析,进一步培养学生的分析、推理能力和应用意识。这整个过程是学生通过积累数学知识经验从而建立数学模型的过程,是学生在经历完整"悟"的历程中,对数学思想方法的内化,因悟而润,从而呈现润果的过程。

（三）从数学到生活，完善学生悟的思维体验

我们知道，在数学教学中，应该让学生通过学数学、做数学从而感悟到"数学源于生活又服务于生活"的教学目的。因此在学生畅谈收获后，教师提出："大家看看这些问题可以用估算来解决吗？"这样的问题设计不仅能够深度考查学生所学内容，更重要的是使其感悟到估算在实际生活中广泛应用价值。此时学生的思维得到了全方位的发展和提升，为了进一步完善学生的思维体系，教师又提出最后一个问题，让学生深刻体会到有些问题可以估算，而有些问题是需要精确计算的，我们应该学会灵活选择合适的方法解决生活中的实际问题，从而进一步培养学生的应用意识和思维能力，让学生自然而然地经历从数学的理性思考到能够选择便捷方式解决生活问题的过程，进一步完善体验"悟之行"——"润之心"，感悟数学学习的价值和意义。

由本节课的教学实践可以看出，让学生经历"整体的悟"，能够促使学生完整体验知识的产生、发展、形成的过程，进而完善知识体系。在以"润"为法中，能够使学生深度把握数学知识的本质，挖掘知识背后蕴藏的数学思想方法，最终让数学核心素养真正在课堂上落地生根，学生的思维得以发展。

"用字母表示数"中的"润"与"悟"①

我国始终坚持把教育摆在优先发展的战略位置,2021 年,国家出台了"双减"政策,其核心是在保证学生学业质量的前提下,减轻学生过重的课业负担,其根本目的是提升课堂教学质量,促进学生全面健康成长。要落实"双减"目标,重中之重便是提高教师课堂教学质量。孟庆阳老师提倡的小学数学"润悟"教学法,即"以悟为径,润泽生命"的教学理念,对于教师更新教育观念,把握课堂方向,回归教育本真,提升学生素养,最终落实立德树人根本任务具有一定的引领作用。笔者结合小学数学五年级"用字母表示数"一课,谈一谈教师何以施"润"境以提高教学之效果,何以促"悟"理以落实学生之能力,从而实现提质减负的双重目标。

一、"润"前准备,寻"悟"起点

小学数学"润悟"教学法指出:教师要站在育人的高度,先思考数学教学能够带给学生怎样的发展,再思考如何实现学生的发展。在授课之前,教师既要从知识层面上考虑课程目标,又要以学习内容为媒介,确立学生发展目标。即找到学生思维上"悟"的起点,为其量身打造"润"法。

"用字母表示数"一课是学生建立方程概念的基础,既是对已学四则运算的意义和数量关系的进一步深化,又为今后初高中学习多项式、复杂的方程做铺垫,是知识衔接的一面"承重墙"。从用字母表示数到建立方程概念,其本质是发展学生的代数思维。小学阶段一至四年级的学习过程中,学生接触过带有符号的算式,能理解符号在算式中的含义,并会用字母表示运算律。这些学习经历,使学生感知了代数思维的作用。到了五年级,学生承接已有经验,尝试应用"符号"、用字母表示数(一般数量

---

① 本文作者为孟庆阳小学数学工作室成员、天津市河北区红权小学教师戴美丽。

关系、运算定律、运算公式)，这是由算术思维到代数思维的一次跨越。学生的思维需要从用数来表示量的确定性进阶到用字母表示数的不确定性，体悟以"符号"代"数"的意义，强化符号意识，进而学会用含有字母的式子表示相等关系，即建立方程概念。这一层跨越，学生通常很不习惯，这也是学生"悟"抽象的起点。

基于学生学情，教师做"润"前准备，定位本节课的发展性目标：能在具体情境中用字母表示数与数量关系，初步了解用字母表示数的意义与作用，发展数学语言与符号意识；经历猜想、观察、对比、交流、讨论等学习活动，在用字母表示数的过程中，感受数学抽象思想；在用字母表示数的过程中，感受字母表示数的优越性，体会由具体到抽象、由特殊到一般的过程，感受由算术思维到代数思维的进阶。

二、"润"中施法，促"悟"生成

基于学生"悟"的起点，借助小学数学"润悟"教学三个层次的基本流程：即"以疑导悟—以润促悟—因悟而润"，"用字母表示数"一课的设计流程如下：

(一)唤醒经验，以疑导悟

1.谈话交流，唤醒经验

师：同学们，在学习生活中，常见的英文字母和数学有怎样的联系？请大家举例说一说。

学情预设：

学生可以用字母表示运算定律，如：$a+b=b+a$、$a(b+c)=ab+ac$。

学生能够指出三角形的三个顶点用字母 A、B、C 表示。

学生提出自己学过的单位名称常用字母表示：如 cm、kg、km/h……

2.引发猜想，三问设疑

一问：用字母可以表示运算定律，大家猜想一下，用字母可以表示数吗？

二问：什么情况下需要用字母表示数呢？

三问:如何用字母表示数呢?

师:带着这三个问题,开启今天的数学探究之旅。

【设计意图】

通过谈话交流唤醒学生对字母表示数的已有经验,三问设疑,激发学生探究知识的欲望,调动学习内需,引发学生对"用字母表示数"进行猜想,凸显数学知识间的关联性。

(二)试中体悟,以润促悟

1.出示情境,聚焦问题

小红:我1岁时,爸爸31岁。

爸爸:我比小红大30岁。

通过小红和爸爸的对话,你了解到了哪些信息? 怎样将小红和爸爸任意一年的年龄简洁地表示出来?

学情预设:

小红和爸爸相差30岁,可以像运算定律那样,用字母来表示他们的年龄。

(1)借助经验,自主尝试

师:用你喜欢的方式,尝试将小红和爸爸的年龄表示出来。

学情预设:

第一种表示方法:学生将小红的年龄用字母 a 表示,将小红爸爸的年龄用字母 b 表示。

第二种表示方法:学生将小红的年龄用字母 a 表示,将小红爸爸的年龄用 a+30 表示。

第三种表示方法:学生将小红的年龄用字母 a 表示,将小红爸爸的年龄用 b=a+30 表示。

第四种表示方法:学生将小红的年龄用字母 a−30 表示,将小红爸爸的年龄用 a 表示。

(2)聚焦思考,评中悟理

师:他们是否能将小红和爸爸的年龄简洁地表示出来?

学情预设：

第一种表示方法仅用字母表示出小红和爸爸各自的年龄，但没能表示出小红和爸爸年龄之间的关系。

第二、三、四种方法都用字母表示小红的年龄或爸爸的年龄，用一个式子表示出另一个人的年龄。

引导学生在交流中体会，字母 a 可以表示出小红任意一年的年龄，具有"普适性"。只要确定了小红的年龄，爸爸的年龄由"a+30"这个式子就能确定，引导学生体会字母表示数的"抽象性"。

【设计意图】

创设学生易于理解的、熟悉的问题情境，使学生具有"代入感"。通过自主尝试、对比分析，给学生提供个性化思维加工的时间与空间，在评价他人思维成果的过程中，引发数学思考，初步感悟用字母表示数的本质与内涵，体会字母表示数的简洁性，感悟用字母表示数的抽象性。

（3）二次尝试，再悟"抽象"

①迁移经验，完善认知

在月球上，人能举起物体的质量是地球上的 6 倍。你能用含有字母的式子表示出人在月球上能举起的质量吗？

学情预设：

第一种表示方法：学生将人在地球上举起物体的质量用字母 a 表示，将人在月球上举起物体的质量用 6×a 表示。

第一种表示方法：学生将人在地球上举起物体的质量用字母 a 表示，将人在月球上举起物体的质量用 6a 表示。

第一种表示方法：学生将人在地球上举起物体的质量用字母 a÷6 表示，将人在月球上举起物体的质量用 a 表示。

②评价互动，"辩"中领悟

师：哪种表示方法能简洁准确地表示出这组数学信息？你更欣赏哪种表示方法？

学情预设：

3 种表示方法都能表示出人在地球上能举起的质量与人在月球上能举起的质量以及之间的关系。用字母表示倍数更简洁。

（3）对话文本，规范形式

学生从教科书中了解到规范的书写形式，"省略乘号时，一般把数写在字母前面"，并修改完善自己的作品。

代入求值，从"抽象"到"具体"。

（1）$a=1$ 时，$6a=($　　　$)$

　　$a=2$ 时，$6a=($　　　$)$

　　$a=15$ 时，$6a=($　　　$)$

（2）a 还可以是哪些数值？

师生在交流中达成共识——因为人的力量是有限的，所以 a 的大小也在一定范围之内。用字母表示数可以简洁地表示出数量关系，但字母表示的数可能是有一定范围的。

【设计意图】

刚刚获得的学习经验，在真实数量关系背景下，引导学生自主应用学习经验，用字母表示数和数量关系。在评价互动、辨析作品的过程中，碰撞学生真实的思维火花，积累探究活动的经验，通过对话文本，完善对字母表示数的认识。从具体到抽象，再从抽象到具体，学生进一步感悟用字母表示数的本质与内涵，逐步加强符号意识，发展代数思维。

（三）学以致用，因悟而润

背景资料 1：燃烧一吨垃圾产生的电能约为 400 度。

某垃圾处理厂 10 月份焚烧垃圾产生了 b 度电，焚烧了 _____ 吨垃圾。

当 $b=8000$ 时，焚烧了 _____ 吨垃圾。

【设计意图】

在自主阅读、分析信息的基础上，用字母表示数量关系，提高学生阅读、提取、分析信息的能力，体会用字母表示未知数量，用含有字母的式子可以表示出与其相关联的数量。真实数据的代入求值，进一步理解含有字母式子的含义,使学生感悟垃圾数量之大,提升其环保意识。

背景资料2:每天收到的垃圾中有三分之一可以回收利用。

猜猜看,$\frac{1}{3}x$ 表示的可能是什么?

当 x = 900 时,$\frac{1}{3}x$ 的值是(　　　　)。

通过以上关于垃圾的有关素材用字母表示数并求值,你有什么感想?

【设计意图】

以逆向思维的练习方式,帮助学生实现思维的转化,真正理解代数式的含义,培养学生的代数思维。

结合背景资料1,联系生活实际:

小明家1个月用电 y 度,焚烧1吨垃圾产生的400度电,够小明家用(　　　　)个月。

妈妈告诉小明,家里一个月实际用电度数 y =(　　　　)。那么焚烧1吨垃圾产生的400度电够小明家用多长时间?

【设计意图】

从生活获取知识,从知识走向生活,体会数学与生活的密切关联,在迁移运用所学字母表示数的知识的同时,加深对知识的理解以及方法的应用,体悟节约能给我们带来的好处,使环保理念深入学生内心,实现数学学科的育人价值。

(四)回顾反思,感悟提升

学生梳理汇报对"用字母表示数"的新认识,在知识层面和情感态度层面的收获。

【设计意图】

回顾反思的环节,意在梳理本节课关于用字母表示数的相关知识,体悟用"符号"代"数"的优势,体会数学学习的价值,激发良好的学习情绪。

(五)以"润"助"悟",落实能力

作业设计是促进学生"悟"知识的升华环节,恰当合理的作业设计,既能提升学生对本课知识的本质理解,又能将所学所悟引向深入,达到即"提质"又"双减"的教学目标。

作业要求:根据所提供的的信息,寻找相关联的数学信息,选择自己感兴趣的内容,写出一个含有字母的式子,并说一说自己想表达的是什么信息。猜一猜同伴所表达的是什么信息。

开放性的练习设计,旨在为学生创设尝试主动应用字母表示数量关系的情境,使学生独立提取已有经验,大胆尝试,大胆猜想。用字母表示的数可以是不同的信息,所呈现出来的式子就会有不同的含义,这样的练习方式以期帮助学生实现思维的转化,将所悟所学落到实处,从算术思维走向代数思维,真正理解代数式的含义。

本节课的教学实践遵循小学数学"润悟"教学法的理念,能有效落实"双减"目标,提升课堂教学质量。学生在教师所施"润"境之下,完整经历"悟"数学的过程,始终围绕知识的本质,在不断的"润"境中,体悟、感悟、领悟、顿悟数学思想和方法,最终实现从"悟"中落实学习能力,在"悟"中提升数学核心素养,受到心灵的浸润,生命的润泽。

"角的度量"中的"润"与"悟"①

小学数学"润悟"教学通过创设有效润境,提供给学生充分悟的空间,与已有知识经验或生活经历进行关联、碰撞和自省,通过体悟、感悟、领悟、顿悟等过程,在感悟数学思想方法的同时完成新知的习得。"润"境是创设能够自主建构认知的环境,进而进行有效迁移,重视建立知识之间的结构,助力于单元整体教学的实践研究,帮助学生从更高的视角审视所学知识,并纳入已学的知识体系。

"角的度量"以比较两个角大小的任务为驱动,在体悟角的度量过程中,完成领悟角的度量的本质及如何利用量角器度量一个角的度数目标的达成。下面笔者结合具体活动谈一谈如何创设有效润境,通过学生体悟角的度量,打破知识壁垒,冲破课时束缚,领悟几何度量本质的一致性,起到启迪智慧、点化生命的境界。

一、剖析本质施"润"境

小学数学"润悟"教学倡导创设有效"润"境,以达到导悟、促悟的效果。在实施教学之前,教师要立足于单元视角,重新审视教材,深刻剖析知识本质,教师只有基于知识本质才能创设以生为本的"润"境,同时对知识背后所蕴含的数学思想方法进行梳理,站在育人的高度对学生的认知起点和思维水平进行全面了解,精准把握学生的迷思,为创设有效"润"境提供重要依据,完成提升学生核心素养的育人总目标。

---

① 本文作者为孟庆阳小学数学工作室成员、天津市蓟州区下仓镇大杨家庄中心小学教师李亚。

二、以润为本悟法理

(一)创设"润"境,因悟得法

第一个"润"境要给学生一个唤醒已有知识经验的机会,并与生活经历进行结合,核心问题是:如果让你比较两个角的大小,你有什么想法?这个问题促使学生想象出两个角的需求,进而比较大小。学生想象出来的角不同,比较方法也就不同。

学情预设:

生1:用眼睛观察应该就能直接看出角的大小。

生2:可以把两个角剪下来,放在一起比较一下。

生3:我觉得两个角如果不在纸上的话剪下来比较就不方便了。

生4:可以像直尺测量长度那样先测量一下角的度数,然后再比较大小吗?

【设计意图】

唤醒学生已有角的认识的相关经验,结合生活中的经历,对判断两个角的大小形成初步的设想。

【实践反思】

让学生想象出两个角进而比较大小,这样创设的"润"境是开放的,给学生提供了足够的思维空间。在没有提供任何角的情况下,直接让学生思考如何判断两个角的大小是有困难的,这就促使学生提炼头脑中已有的所有关于角的信息和生活中遇到角的经历,有的学生想象到的两个角度数相差是比较大的,此时通过观察就能比较出大小,而有的同学想象的两个角度数相差较小,最简单的方式就是剪下来放在一起比较。也有的同学想到的是利用类似尺子的工具来直接测量出角的大小,然后进行比较。学生出现这些想法都值得老师尊重,这些想法提供给学生最初的比较两个角大小策略上的支持。

第二个"润"境要重视学生操作的过程,同学们在不同的比较方法中受到启发,明晰比较这两个角大小的策略。核心问题是:先猜一猜学习活动纸上两个角(位置不同,边的长短不同,度数为 25° 和 23° 的两个角)的大小,然后用自己的方法进行验证,完成后和小组同学交流一下自己是怎么比较的。学生在比较过程中不仅唤醒了已有的对角的认识的相关经验,同时在互相启发中激发了同学们借助其他工具进行比较的创造性思维,这就完成了"思—悟—辩(辨)—润"四步中的第一步"思"。

学情预设：

生 1：我发现第二个角的两边长,所以第二个角的度数大。

生 2：我不同意你的观点,因为角的两条边是射线,射线能够无限延伸,所以不能靠边的长短比较角的大小。

生 3：我把两个角剪下来,将顶点和其中一条边重合,我发现第一个角比较大。

生 4：把角剪下来确实能够比较出两个角的大小,但是这样比较太不方便了。

生 5：借助三角尺的一个角(30° 的角)分别与两个角对比,第二个角空余的部分大,所以第二个角比较小。

生 6：三角尺的这个角比这两个角大,如果有更小的角比较起来就会容易些了。

【设计意图】

在猜想时,学生通过观察并结合用手指测量等非常规方法,初步有了两个角大小关系的直观感受,但这种感受不一定是正确的,学生在验证过程中不断修正自己对角的大小直观的感受,通过交流辨析,学生明白了角的大小与边的长短无关,引发角的大小与什么有关的思考。以比较两个角的大小这个问题为驱动,启发学生对角的大小产生认识,对度量单位以及角的度量工具进行深度思考。设计的两个角的两条边长度的差异是为了让学生辨析比较角的大小与边的长短无关,并激发对角的大小与什么有关的思考。学生在交流过程中,老师可以进行鼓励："同学们不仅想到了将两个角剪下来直接比较,还能想到借助其他的角来间接比较这两个角的大小,真了不起!"这类问题解决对学生的思维方式进行浸润,学生的思维从直接比较到间接比较自然地进行过渡,同时感悟解决实际问题方法的多样化。

【实践反思】

大部分学生对于如何判断一个角的大小是陌生的,只能通过观察获得直观的感受,当有学生通过借助三角尺等工具对两个角的大小进行比较时,教师要积极接受学生的思维并做到及时"润情",用欣赏的眼光对待学生的思维,重视学生情感上的体验,当学生获得情感上的认同后,就能激发其继续深入思考的动力。学生在解决如何比较两个角的大小过程中,教师给了学生充分"悟"的空间,从直观观察,到把两个角剪下来直接比较,到通过三角尺的一个角间接比较,从非标准量自然而然地过渡到用标准量进行测量角的度数,学生的学习是循序渐进的,学生的思考是自然而然地发生的,这提高了师生之间的信任感、默契感,学生能够体会到成就感、自豪感和认同感,这就达到了"润情"的作用。

第三个"润"境要给学生自主探索的机会,学生在利用纸质角度量大角的过程中,会遇到不能"满铺"的现象,这就促使学生思考如何能够度量的更精准。核心问题是:信封中有10°和6°的两种纸质角,请同学们借助其中一种度数的纸质角比较这两个角的大小,并和小组同学说一说自己在操作过程中有什么体会。

学情预设:

生1:选择10°的纸质角,度量第一个角时用两个完整的角和一个把10°的角对折的角恰好填满整个角,说明第一个角的度数是25°。将两个完整的10°的纸质角和一个对折后的10°的纸质角摆到第二个角中,发现有些空余,所以第二个角比较小。

生2:选择6°的纸质角,度量第一个角时,先填满了4个完整的角,还有一点空余,而填满四个纸质角后要比第二个角大,所以第一个角的度数大于第二个角的度数。

生3:我觉得摆放纸质角的方法不错,但是有时候需要将角再对折就比较麻烦,如果纸质的角再小一些的话,就能更加准确地度量出两个角的大小,这样比较起来就方便多了。

【设计意图】

当用10°和6°这样的纸质"小角"去度量25°和23°这样的"大角"时,必然会产生不能"满铺"这种情况,这就激发了学生对现有纸质角进行加工的需求,在对折的过程中,学生不断自悟,当纸质的角越小时,更能够更加准确地度量角的大小,引发了学生用小角去测量大角的意识。

【实践反思】

同学们能够将纸质角根据需要灵活对折,能够提高测量角大小的精度,这其实是提供给学生"悟理"的过程。教师结合"度量角的大小需要单位吗? 度量单位可能长什么样?"等问题,对学生的思维进行浸润,学生通过体验用现有的工具角去度量角的过程,体会该用更小的角度量更准确一些,产生用更小角及角的度量单位去度量角的需求,此时学生初步形成了角的度量单位的雏形。在将"如何摆放纸质角的方法"等细节问题贯穿整个活动,形成"大角"就是由若干个"小角"组成的,形成度量单位个数的意识。

(二) 以润促悟,做中感悟

在利用纸质角度量角的过程中,学生有了将纸质角不断缩小能够测量得更精准的体验,而通过对10°和6°纸质角的运用,对1°角的大小有了初步的感知。活动要求:你能想象出1°的角是什么样的吗? 自学教材,看看1°是如何规定的。学生根据自学内容完成活动:借助将圆平均分成360份的图分别量出两个角的度数,并说说自己这样做的理由。

学情预设:

学生自主将两个角摆放到屏幕的图中,将角的顶点与圆心重合,然后数出角中包含了多少个1°的角,分别读出角的度数,最后进行比较。

【设计意图】

由于没有量角器上面的刻度,减少了对0刻度线的依赖,学生度量角其实就是在数有多少个1°的角,这样度量角的过程体现了角的度量本质,避免了学生将重点放在度量角的技巧方法上,同时学生能够体会若满足快速准确度量角的度数,需要赋予刻度值,进而产生用量角器度量角的需求,为量角器的使用奠定基础。

【实践反思】

学生将角摆放的位置不同,度量出相同样的度数,体悟角的度量的实质是计算角里面包含了多少个 1° 的角。用 1° 的角去度量角的度数,完成了从非标准量到标准量的过渡,使"悟理"走向深入。

(三)法理融合,融会贯通

通过刚才的活动,学生对角的度量的本质有了清晰的认识,一个角的大小实质上是这个角包含多少个 1° 的小角。通过量角的体验,学生也感悟到将圆平均分成 360 份的方法比较麻烦,对此,产生了利用类似与直尺这样的工具测量角的需求。学生通过播放量角器的相关视频学习量角器的知识,并完成活动:请你用手中量角器量出这两个角的度数,完成后和同桌说一说在用量角器量角的过程中需要注意哪些问题。

学情预设:

生 1:量角器的一边与零刻度线对齐,与量角器的中心角的顶点对齐,度数另外一条边所对应的刻度就是这个角的度数。

生 2:在读数的时候,要注意内圈和外圈的问题。

生 3:角的一条边不一定必须与零刻度线对齐,只要将两条边对应的刻度相减,也能得出角的度数。

【设计意图】

创设"利用完整的量角器再次测量角的度数"的"润"境,学生能够自然地与前面几次度量进行对比,以悟出利用量角器能够度量一个角的度数的原理,同时体会利用量角器量角的便捷性。

【实践反思】

学生在交流过程中,老师穿插"用量角器测量与前几次的测量有什么不同之处"这个问题,让学生辨析不同度量方法的过程,帮助学生从度量的工具使用中跳出来,站在更高的视角看度量的本质是度量的对象里包含多少个度量单位,避免学生陷入度量的技巧而忽视对角的大小本质的理解。而"两合一看"这些度量的技巧并不重要,学生只有深刻理解度量的本质,"一条边一定要与 0 刻度线重合吗? 为何需要两圈刻度?"这类问题才能够迎刃而解。学生在"体悟—感悟—领悟—顿悟"的过程中,达到了自主构建新知的目的。度量工具是度量单位的叠加,利用量角器能够度量出角的大小就是利用了角的度量本质,即一个角里面包含多少个 1 度的角。小学教学"润悟"教学将"两合一看"这类量角的技巧和方法为核心的教学理念转移到了以学为中心、指向学科核心素养的高度。完成活动后,学生不仅对为什么量角器能够量出角的度数有了更深入的认识,同时也对利用量角器度量角的方法有了全面的了解,完成了法理融合的目标。

三、启迪智慧促提升

学生对度量角的本质和量角器的使用方法都有了深入的认识,但从单元整体教学的角度出发,不能止步于此。学生应立足于度量大观念,将所学知识融会贯通,达到启迪智慧、点化生命的总目标。教师提出核心问题:通过这节课的学习,你觉得今天我们学习的角的度量和以前学习的长度度量和面积度量有什么相同点和不同点?

学情预设:

生 1:不管哪种度量,都先要确定一个度量单位,然后再数出单位的个数。

生 2:长度度量是用短的线段去量长的线段,角的度量是用小角量大角,也就是都用小的单位去量大的。

生 3:角的度量其实和长度度量是一样的,而且都能用工具测量出它的大小。

【设计意图】

将角的度量与长度度量和面积度量进行对比辨析,促使学生站在更高的角度去审视度量,从整体上把握几何度量。体悟度量的本质,感悟度量方法的一致性。

【实践反思】

通过与长度度量、面积度量进行对比,体会度量的本质是度量单位的累加,基于度量观的重建,能够帮助学生站在更高的视角上俯视角的度量,明白角的度量是整个度量下的一个分支而已。认识角的度量单位和长度单位、面积单位的不同,同时又将角的度量纳入几何度量知识体系结构。

总之,小学数学"润悟"教学倡导"以悟为径,润泽生命"的教学主张,顺应了学生思维的产生和发展的过程,淡化教师的"教",重视学生的"学",尤其重视学生思维的进阶过程。学生的思维层层走向深入,由模糊变为清晰,最终达到豁然开朗。学生在体悟、感悟、领悟、顿悟的过程中使知识、技能、思想、方法、情感态度、价值观等方面得到发展,学生的思维由被动接受思维转变为悟性思维,帮助学生逐步养成学会思考,善于思考的良好习惯用。进而在课堂上落实立德树人根本任务,这就是"润悟"教学所追寻的"以悟为径,润泽生命"的教学主张。

"三角形三边的关系"中的"润"与"悟"①

　　《义务教育数学课程标准（2011 版）》指出，在数学课程中，应当注重发展学生的数感、符号意识、空间观念、几何直观、数据分析观念、运算能力、推理能力和模型思想。其中，推理是数学的基本思维方式，也是人们学习和生活中经常使用的思维方式，推理能力的发展应贯穿整个数学学习过程中，这就要求教师在教学过程中，深入解读教材，潜心研究教法，用心读懂学生，在读懂学生的基础上以知识为载体，围绕知识本质，以润助悟，培养学生用数学的眼光去观察；用数学的思维去分析；用数学的语言去表达。本文结合人教版小学数学四年级下册"三角形"中关于"三角形的特性"第二课时"三角形三边的关系"一课，谈一谈笔者在践行"润悟"教学的实践中如何让学生感悟知识本质，从而推动学生思维的成长。

　　孟庆阳老师的"润悟"教学在教学实践中倡导教师努力探索构建真实学堂，让学生的学习真正发生，在这个过程中促使学生达成"润"与"悟"，实现知识的传承、能力的培养、核心素养的提升，培养学生求真的数学精神和人文的情怀。

　　学生在前面的学习中已经学习了角，初步了解了三角形的定义，积累了三角形的知识与经验，"三角形三边的关系"一课的学习是进一步研究三角形的特征，对三角形概念的深化，理解三角形三边的关系为今后学习三角形的其他知识积累经验。本课的学习中，学生知道了三角形是由三条线段围成的，但是对于"任意的三条线段不一定都能围成三角形"这一知识却没有任何经验。因此在探究知识本质的过程中，教师通过创设"润"境引导学生猜想验证，促使学生"悟"出三角形三边的关系。

　　基于此，在本节课的教学过程中，学生体会由特殊到普遍，从画图中

---

　　① 本文作者为孟庆阳小学数学工作室成员、下窝头镇大王务中心小学教师王阳。

找数据进行大胆猜测,到将线段公理和三边关系进行关联的过程中,感受推理过程,层层递进得出三角形三边的关系。学生经历了"发现问题、大胆猜测、操作验证、修改完善、得出结论"的探究过程,培养了学生的推理能力;学生的思维得到了锻炼,感悟到知识的本质,在这样一系列的活动中发展推理能力。以"三角形三边的关系"为例做简述:

一、创设情境,以疑导悟

师:同学们,今天老师带来了三根小棒(教师手中拿的小棒露出一半,让学生看到),咱们就从这三根小棒开启我们今天的学习之旅吧!

一问:你们觉得用这三根小棒能围成三角形吗?

二问:你觉得出现什么情况时这三根小棒就不能围成三角形了?

三问:黄色小棒长 10cm,紫色小棒长 7cm,红色小棒长 28cm,它们能围成三角形吗?

师:看来不是任意的三条线段都能围成三角形,那什么样的三条线段才能围成三角形呢?

师:别急,孩子们!遇到困难我们可以回头想办法,我们先拼几个三角形,看它们的三条边之间有什么奥秘,是不是能帮我们解决这个问题。今天我们就来一起研究三角形三边的关系。

【设计意图】

通过让学生观察藏在信封中的三根小棒,给学生大胆猜测这样的三根小棒能否围成三角形的机会,唤醒学生已有的知识经验,点燃孩子们求知欲望,引发学生的理性思考。

在此环节的创设中,通过创设"让学生猜想藏在信封中的三根小棒能否围成三角形"的"润"境抓住学生的好奇心理,再到让学生全部看到这些小棒的活动,引发学生聚焦知识本质开展数学思考,借助问题"什么样的三条线段才能围成三角形"唤醒学生已有的知识经验,引发学生理性的思考。

二、以悟为径,润中感悟

（一）"思"中感悟

师：我们按刚才的思路围出几个三角形看一看,刚才大家说,这根红色小棒太长,如果我们把它剪短点,大家觉得裁出一根多长的小棒,它们就能围成三角形了呢？

学情预设：14cm、10cm……

师：大家觉得最长能裁成多少厘米的小棒呢？

学情预设：16cm、18cm……

一问：大家想一想,18cm 可以吗？

二问：大家觉得最长是多少厘米呢？

学情预设：17cm。

师：掌声鼓励！有的同学一定很纳闷,为什么还不确定 17cm 的小棒行不行,老师就要表扬他呢？ 17cm 可不是猜出来的,是很有思维含量的！大家知道这个 17cm 是怎么想到的吗？

学情预设：黄色小棒 10cm 与紫色小棒 7cm 的和正好是 17cm。

师：还有谁也这么想？你们都是会倾听、会思考的孩子,掌声送给会倾听会思考的同学！

师：17 厘米到底行吗？ 想象一下,当黄色长 10cm,紫色长 7cm,能和 17cm 的红色小棒围成三角形吗？

学情预设：不能,黄色和紫色小棒两边的和与第三条边重合了。

师：所以当红色小棒长 17cm 时,是不能围成三角形的。

【设计意图】

本环节顺着学生的思维而定,设疑于教学重难点：临界点问题,让学生大胆猜测第三边能裁成多少厘米的小棒,引发学生猜测第三根小棒最长是多少,从而成功突破临界点问题：两短边的和等于第三边不能围成三角形,促使学生"悟"的发生。

师：有了刚才的研究,我们知道红色小棒长 17cm 不行的原因,那

18cm、20cm 就更不行了。我们再看像这样能围成三角形的情况,这三条边的长度有着怎样的关系呢? 大家大胆地猜一猜。

学情预设:紫色和黄色这两条边的和应该比第三条边要大;两短边的和大于第三条边。

师:大家觉得三角形的三条边有这样的关系:两短边的和大于第三边。

(二)"做"中体悟

师:是不是所有三角形的三条边都存在这样的关系呢? 请同学们在活动纸上任意画一个三角形,然后用尺子量一量,标出每条边的长度,算一算是不是像我们猜测的"两短边的和大于第三边"。请大家动手画一画,把自己画的和小组同学说一说,从大家画的三角形上看是不是有这样的规律。

学情预设:学生通过画出各种各样的三角形去尝试证明自己所想的三角形的三条边的关系:两短边的和大于第三边。

师:同学们,刚才我们每人画了一个三角形,全班一共画出了 40 多个,这能代表所有的三角形两短边的和大于第三边吗?

学情预设:不能,因为没有画出所有的三角形,画出的都是特殊的三角形。

师:请同学们看图 1,如果我们任意画一条线段 AB,在线段 AB 外任意取一点 C,C 点可能在哪? 我们连接 AC 和 CB,是不是都能和 AB 围成三角形? C 点的情况有多少种?

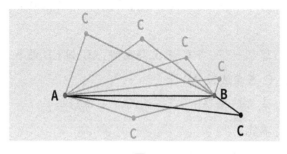

图 1

学情预设:无数种。

师:在这无数种情况当中,是不是都是 AC 加 BC 的和大于 AB 呢?怎么证明呢? 难道我们都用尺子量吗? 有没有更好的办法?

师:没有办法,没关系。我们来看看生活给我们带来的启示,请大家看图 2 小明选择从家去学校,有很多条路可以走,如果你是小明,选择走哪条路呢?

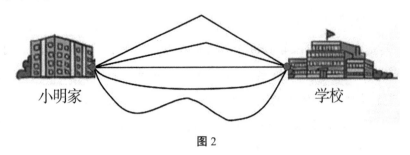

小明家　　　　　　　　　　　　学校

图 2

学情预设:走中间这条路。因为走直线最近,拐个弯就远了。

师:那也就是说,从小明家到学校之间有这么多条路,但是最短的距离是哪条呢?

学情预设:中间这条直线。

师:最短的是中间这条吗? 那也就是说,这两点间这么多连线中,最短的距离是中间这条。也就是在两点间所有连线中线段最短,这条线段的长度叫作两点间的距离。

师:这是生活给我们的启发。现在大家觉得如果我们不用尺子量,能试着说服所有的同学为什么 AC 加 CB 大于 AB 吗?

学情预设:因为 A、B 两点的连线中线段 AB 是最短的,所以 AC+CB >AB。

师:同学们想象一下,当 C 点在哪里时,AC 加 CB 的和最短呢?

学情预设:C 点在线段 AB 上。

师:如果 C 点在线段 AB 上,还能围成三角形吗?

学情预设:不能。

师:如果说画三角形量边长再计算验证是用数据说话。那刚才我们通过生活中的启发,明白解决数学问题就是以理服人。在刚才的研究中,当 C 点不在线段 AB 上时,除了 AC+CB 一定大于 AB 之外,你还有什么发现?

学情预设:

不管 AB 是不是最长的,两条边的和一定大于第三边。

AB+BC>AC。

AC+AB>BC。

师:孩子们,现在你觉得三角形的三条边之间有着怎样的关系呢?

学情预设:

每组两边的和都要大于第三边。

随便两边的和都要大于第三边。

任意两边的和都要大于第三边。

师:非常棒! 同学们,你知道随便(或者任意)是什么意思吗?

三角形任意两边的和大于第三边,这是我们大家共同的研究成果,现在请同学们打开课本第 62 页,看看课本中说的和我们发现的一样吗?

师:同学们看,不管是这个三角形,还是这样的三角形,或者是这样的三角形,只要它是三角形,那么它的三条边都存在着怎样的关系呢?

学情预设:任意两边的和大于第三边。

【设计意图】

本环节的活动将学生的思维从开始的直观猜测,通过合情推理,运用不完全归纳法得出三角形三边关系的雏形,并通过生活情境给我们的启发,让学生有机会触碰演绎推理,引导学生运用线段公理"两点间线段最短"来验证结论。

此环节活动的设计,学生经历两个层次的"感悟"。活动中,学生不是单纯、机械地完成教师指令,而是学生个体行为反省体察的过程。整个过程让学生经历了从特殊到普遍,从用数据说话到理性思考,让学生从画图中找数据进行大胆的猜测,到将线段公理和三边关系进行关联,实现了用理说理、层层递进得出三角形三边的关系。学生解决问题的策略在这两个层次的"感悟"过程中逐步形成。学生经历了通过合情推理运用不完全归纳法得出三角形三边关系的雏形、通过演绎推理运用线段公理验证结论的推理过程。

三、巩固练习，用中再悟

你能判断下面哪组线段能围成三角形？为什么？

（1）2cm，6cm，3cm

（2）6cm，3cm，5cm

（3）11cm，13cm，8cm

【设计意图】

借助判断三条线段能否围成的三角形，让学生经历对比、优化的过程，最终优化出较短的两条边的和大于最长边，那么剩下的那两组两条边相加肯定大于第三条边。

师：请大家认真思考：学校航模社团要做一个三角形支架，现在已准备了两根长度分别是3厘米和5厘米的木条，第三根木条的长度你准备怎样选择（木条的长度取整厘米数）？

【设计意图】

在实际问题的应用中，让学生在解决问题地过程中优化出最佳方案，进而强化三角形三边的关系的最优化问题，体会三角形三条边之间的关系。让学生感悟到考虑问题要全面，只有全面地考虑问题才能使我们的思维更加的缜密。

此活动，学生基于前面两个活动中积累的丰富经验，在实际的应用中优化出最佳方案，再悟出三角形三边关系的最优化问题，在这个过程中使得学生的思维更加缜密，学生的思维从开始的直观猜测走向理性思考，以理服人，用理解决问题，培养了学生的理性精神，严谨求实的态度，使其养成良好的学习习惯。

四、回顾反思，润物育人

学生梳理汇报对"三角形三边的关系"的学习，在知识层面和情感态度层面都有怎样的收获。教师根据学生发言提升点拨:"同学们,我们要敢说、会说,学会用理说理,在说理的过程中'感悟'知识的本质。"

【设计意图】

回顾反思,感悟提升,通过这个环节的学习让学生在知识技能方面有收获,也要让学生有了学习的方法、情感态度方面的收获,再一次激起良好的情绪体验。

"三角形三边的关系"这堂课在教学的过程中,学生感悟到了知识的本质,通过两个层次的"感悟"发展了学生的合情推理和演绎推理,从而推动学生思维的成长从直观猜测走向理性思考,促进学生养成善思乐学的学习品质,全面提升学生的数学素养,助力学生的终身发展。